匠心之光

——中国电建成都院工程建设全景扫描

中国电建集团成都勘测设计研究院有限公司◎组编

中国电力出版社
CHINA ELECTRIC POWER PRESS

图书在版编目（CIP）数据

匠心之光：中国电建成都院工程建设全景扫描 / 中国电建集团成都勘测设计研究院有限公司组编 .— 北京：中国电力出版社 , 2022.9

ISBN 978-7-5198-7068-3

Ⅰ.①匠… Ⅱ.①中… Ⅲ.①电力工业－工业企业管理－成都－文集 Ⅳ.① F426.61-53

中国版本图书馆 CIP 数据核字 (2022) 第 175630 号

出版发行：中国电力出版社
地　　址：北京市东城区北京站西街 19 号（邮政编码 100005）
网　　址：http://www.cepp.sgcc.com.cn
责任编辑：王晓蕾（010-63412610）
责任校对：黄　蓓　常燕昆
版式设计：张俊霞
责任印制：杨晓东
印　　刷：三河市万龙印装有限公司
版　　次：2022 年 9 月第一版
印　　次：2022 年 9 月北京第一次印刷
开　　本：710 毫米 ×1000 毫米　16 开本
印　　张：18.5
字　　数：350 千字
定　　价：128.00 元

前　言

江河流淌，光阴为鉴；山川不言，时代为证。

从龙溪河畔横空出世，到巍巍横断山脉熠熠生辉；从南海之滨声名鹊起，到雪域高原座座丰碑，与党和人民事业同呼吸共命运的中国电建集团成都勘测设计研究院（简称成都院），追逐时代大潮，一路兴起、奔腾、向前，点亮神州山河。

继往事，知来者。在新时代，我们对成都院建设的重大工程进行全景式扫描，汇成《匠心之光》一书，让存于文字间的厚重积淀，藏于岁月中的澎湃气魄，得以酣畅淋漓展示，翻开书的每一页，都让人感到敬佩且自豪。

一路走来，我们用梦想致敬光明。 抱定兴水建功的梦想，怀揣"高峡出平湖"的夙愿，多少成都院人迎着雪山的斑斓醒来，枕着大河的波涛入眠，用坚守与奉献书写着水电发展史的波澜壮阔：龚嘴水电站奠定成都院设计水平基础，让四川发展进程进一步加速；二滩水电站骄傲地向世界宣告"中国人有能力去建设我们需要修建的电站"；溪洛渡水电站、锦屏一级水电站等巨型水电站，标志着中国水电建设技术步入国际领先水平。成都院成功建设的世界抗震设防要求最高的拱坝——大岗山拱坝、深厚覆盖层上世界最高的土石坝——长河坝大坝、世界海拔最高的抽水蓄能电站——西藏羊湖电站、世界海拔最高的水电站——藏木水电站、世界第一高坝——双江口大坝、藏区综合规模最大的水电站——两河口水电站等一大批巨型工程，在巩固成都院水电建设领域领先地位的同时，使得西南地区强大的电力通过"西电东送"

大动脉为千家万户送去光明，为祖国经济腾飞注入不竭的动力。

一路走来，我们用美好致敬江河。今天，江与河，山与川，已不再是成都院标签式的企业意象。我们转型发展，进入城市，以水为媒，接续澎湃，为全球各地提供美丽方案：在西南，成都院设计建设的兴隆湖被誉为天府新区"生态之肾"；东安湖即将迎接八方来客，喝彩青春大运；月亮湖讲述西昌文化，刷新月城容颜。在西北，成都院洞穿秦岭，水润关中；在湾区，成都院全新打造生态新城，守护湾区河清岸绿。在南亚，成都院EPC总承包达舍尔甘地污水处理厂，让金色的孟加拉底色更新，让"一带一路"倡议更加深入人心。天地有大美，成都院人以匠心守初心，正全力做活"水"文章，全新演绎"水"故事，唱响曲曲治水长歌，描摹幅幅美丽图景，用绿水青山装点着地球村更多角落。

一路走来，我们用幸福致敬未来。翻开成都院的二次创业史，可以看到她的理想与抱负，是迸发的旺盛活力，是实力的快速生长，是让天地换新颜的胸怀与气魄。从"一张白纸"到满眼繁华，奇迹在成都院人的手中不断诞生。曾经农庄寥落的成都东部新区，如今天府机场傲然矗立，神鸟展翅高飞；曾经交通闭塞的达州长田新区，如今交通往来，车水马龙；曾经荒野滩涂的宜宾江安，如今大道纵横，路畅景美。在一代代成都院人的努力下，泸州医教园区焕然一新，书声琅琅；地铁、快线纵横交错，城市神经末梢打通，空间距离拉近；高速、大桥贯通封顶，架起致富路，天堑变通途。这是城市建设日新月异的缩影，更是成都院改革创业千锤百炼的印迹。5000 名成都院人所创造出的速度与激情，在让城市翻天覆地的同时，也增强着我们对转型发展的信心。

一路走来，我们用使命致敬时代。时代风云的洗礼，漫漫征程的磨练，造就了一代又一代成都院人对能源事业锲而不舍、执着追求的坚韧品格。从水电到风电再到光伏，成都院人踏水追风逐光，用一座座"绿色引擎"，坚定助力双碳目标实现。在宁静祥和的安宁河谷，风机融入山川图画，成为美好风景；在荒坡杂草的万家山上，光伏海洋在金色阳光的照耀下蓄势待发；在棱角分明的茨达山峰顶，大风机鳞次栉比，转换着自然的力量；在酷暑难耐的加勒比海岸，光伏花海向阳而开，源源不断为古巴提供清洁动力；在寒风呼啸的扎纳塔斯郊外，风机起舞，装点着广袤无垠且苍凉的戈壁景观；在人迹罕至的海拔 5100 米，追风传奇在高原之巅成功上演。在许许多多地方，有成都院人的足迹，就有奇迹的发生。成都院人用"平凡"造就"不平凡"，让"不可能"成为"可能"。

大江东去，不舍昼夜；成都院人，只争朝夕。成都院将不忘初心、牢记嘱托，以实际行动迎接党的二十大胜利召开！

目　录

前　言

第一章　诚创业之基
——打造大国重器 　　001

大坝无言立雅江	002
梦圆溪洛渡	007
最"坝"气的智慧高拱坝	022
65 载坚守，"电"亮雪域高原	027
"太阳走不拢的地方，我们走拢了"	032
岁月有痕，山河为证	036
贡嘎山下出平湖	039
水电发展新坐标	044
"小小"瓦支沟，尽显"大"文章	049
锦屏山下的世纪丰碑	052
二滩，世界水电史上的丰碑	058
为了新疆阿克苏明珠更闪耀	064
雪域高原的呼唤	067
十年磨剑更锋芒	077
小工程做出大文章	080
为了大江的顺利截流	085
大震之后，一个央企的行动	088
此心安处是吾乡	094
峡谷深处那些难忘瞬间	098

一片桑树林的"拆迁"故事　　　102

炼得长缨缚苍龙　　　105

扎坝大峡谷不会忘记　　　108

给世界拱坝一双"慧眼"　　　112

第二章　呈城市之美
——赋能美好生活　　　117

为了大湾区的河清岸绿　　　118

敢教月城换新颜　　　123

问渠那得清如许　　　128

匠心打造惠州"水城共融"盛景　　　132

月城西昌山水月尽望　　　137

将电建奇迹篆刻在 4100 米高度　　　141

只为雪域明珠放光彩　　　146

洞穿秦岭　　　150

南亚最大污水处理厂抗疫履约"大考"中的电建

力量　　　154

一江清水送关中　　　158

守护"金色孟加拉"最美底色　　　162

星光背后　　　165

第三章　成百姓之愿
——守护美丽环境　　171

这条高速公路，联通幸福与未来　172

从"打通"到"联通"，派墨公路让莲花圣地
与世界"相通"　177

深谷起飞虹　天堑变通途　182

让幸福如花般绽放　185

峡谷见证，世界第一高墩的诞生　191

一座承载梦想的泸州医教园区的崛起　195

让成都"东进"之路更畅通　200

电建速度，加码天府新区新速度　204

从无到有"探路"新业务模式　208

不畏三九寒　唱响第一春　213

虽道阻且长，然行则将至　217

得妥情深，梦想继续　223

出发！搭上开往"春天"的电建班列　227

匠心之作，照亮自贡夜空　230

梦想照进现实　233

第四章 承国家之策
——建设清洁能源

239

舞动"大风车",成就越南最美风景   240

别样的风   247

做风电,就得有点"疯"劲   251

干好了,才能有个交代   254

起航万家山   260

我是风电人,我为风电人骄傲   264

"哈儿"成长记   267

点亮加勒比明珠   272

在高原之巅上演"追风"传奇   275

让"不可能"成为"可能"   279

第一章　诚　创业之基

——打造大国重器

大坝无言立雅江

2021 年 9 月 29 日，由中国电建成都院勘测设计，中国水电五局、水电十二局、水电十四局、水电十六局等施工的雅砻江两河口水电站首批机组投产发电，为新中国 72 周年华诞献上一份厚礼，向世界展示又一项"中国创造"。

雅江东来风雨过，高峡平湖梦始圆。两河口从被人们发现，到描绘成型，再到建成投产，经历了建设者半个世纪的艰辛探索与付出。时光回溯到 1965 年，雅砻江上春水乍暖。承担水力资源普查的成都院人早已在峡谷间跋山涉水。面对雅砻江 3000 多米落差，他们感叹这条"流金淌银"的能量之江，想象着一级级电站矗立而起。成都院筑梦雅砻江从此刻开始。

从二滩、锦屏走来，向两河口走去，成都院的梦想和雅砻江紧紧相依，从未间断。

能源梦·绿色工程

雅砻江，发源于巴颜喀拉山，是中国水能资源最富集的河流之一。

两河口梯级水电站被选择在雅砻江、鲜水河、庆大河交汇处，一坝可锁三江，坝址得天独厚。当它首次在报告中出现后，世界关注的目光投向了这里。

20 世纪 90 年代，成都院启动了两河口水电站勘测设计，随着研究逐渐深入，巨大的难题横亘在面前。

两河口地处中国西南横断山脉深处的崇山峻岭之中，海拔 3000 米以上，峡谷两岸壁立千仞，地形地质极其复杂，300 米级的高土石坝体积超过 6 个鸟巢总和，要拦断浩荡江水，工程浩大，谈何容易。

两河口总装机容量 300 万千瓦，年平均发电量可达 110 亿千瓦时。在丰水期通过蓄水减少下游弃水，平枯期则释放蓄水增加下游电站的发电量。对金沙江下游梯级水电站以及长江的三峡、葛洲坝等巨型水电站群具有巨大的梯级补偿效益，每年能减少标准煤消耗 1330 万吨，减少二氧化碳排放 2130 万吨，相当于少建 16 座年产百万吨的大型煤矿。

贡献清洁能源，让绿水青山不变色不走样，是设计者考虑的第一步。

两河口建设需要的施工场地面积大，工程区为典型的峡谷地貌，天然场地不能满足需求。工程开挖渣料数量巨大，势必会影响原有环境。

设计者本着"少扰动、多融合"的理念，创造性提出渣料时空调运、沟水处理拓展施工场地、分层取水泥石流沟治理等绿色施工场地拓展技术，统筹协调解决施工渣料堆放与施工场地布置的矛盾。

"每一方料都要发挥它的最大价值。"针对复杂的防渗土料料源情况，工程师们开展了高密度全覆盖的勘察工作，首创了土料场关键粒径和含水率分布三维分析云图技术，实现了土料的高效利用。

在保护中开发，在开发中得到更大保护，需要理念与行动并进。设计者坚持生态文明理念，前瞻性做好流域内生态保护。环境保护与主体工程同时设计、同时施工、同时投产使用，建成了全国最大级别的珍稀鱼类增殖放流站之一。通过增殖流放等措施，实现了雅砻江水生态系统的可持续发展。

对于两河口这个超级能源工程，成都院人从源头上奠定了绿色基础。

科技梦·智慧工程

汶川地震后，特高坝的抗震安全上升到更高的位置。两河口地处横断山脉断裂带，电站同样面临高地震风险。高海拔、复杂地质条件、高坝大库，其抗震难题几乎无可参考范例。

成都院汲取瀑布沟大坝等巨型土石坝工程成功经验，发挥已有核心技术优势，通过联合院士专家团队开展创新研究，首次提出大坝非等强抗震措施的理念和方法，首创了坝内设置预制混凝土框格梁和土工格栅的柔性抗震结构，成都院的特高土石坝抗震设计技术在保障大坝抗震能力的同时，还节约工程投资近一半。

——刚柔并济，以柔辅刚。成都院人，让高坝"稳"了。

进入施工期，难题接踵而至。上坝料的质量如何控制，碾压质量如何控制，如何应对高寒地区冬季施工问题？如果冻土上坝，冻融问题将会极大影响坝体质量；如果碾压控制不好，心墙防渗将大打折扣；如果冬季不能有效施工，总工期将严重滞后。

作为设计单位，成都院必须拿出解决方案。

设计团队从冻土机理研究入手，建立了冻土快速识别体系、土体冻融模型及三维可视化预测模型，提出了"冻土不上坝""冻土不碾压""碾后土不受冻"的设计技术标准，研发了土料冻融防控及快速施工成套技术，成功解决了大坝防渗土料冬季施工难题，确保了大坝填筑质量。

成都院通过开展特高坝安全监测关键技术及仪器保护措施系统研究，对合成孔径卫星雷达监测、地空雷达及超宽带雷达实时监测、管道机器人等进行探索性应用，首次提出大坝上游堆石区全过程沉降监测技术方案，构建了特高砾石土心墙坝"空·天·地"一体化安全监测体系，为智能大坝的质量安全保驾护航。

——智能填筑，系统监测。成都院人，让填筑"实"了。

除了身躯巨大的大坝，泄水等宏大建筑物也是成都院人重点关注的对象。

两河口溢洪道出口水流流速达 54 米/秒，位列世界第二，国内第一。高海拔叠加超高流速，使泄洪水流防空蚀面临世界最高难度。下游天然河道宽度仅 50 米左右，为同规模工程中最狭窄河谷。为确保泄水建筑物的安全可靠，成都院进行了大量深入的计算分析和模型试验论证工作，创新提出了一系列建筑物挑流坎体型方案和掺气减蚀措施，首创了国内最大规模混凝土抗冲旋挖桩群下游护岸设计方案。

以泄洪洞为例，要应对 4076 米³/秒的最大泄量，也就是 160 辆满载

25 吨货的卡车群快速冲撞的冲刷力，这对混凝土的抗冲磨质量提出了极高要求。

从原材料控制，到全过程温控，再到高质量智能养护标准，成都院人提出的解决方案，考量了深厚积淀和独到匠心，也历经了无数次的试验和计算。

——严控质量，科学布置。成都院人，让泄水"顺"了。

"互联网+""物联网+""智能建造+"……科技赋能，质量作盾，成都院人将"智慧大脑"装在了超级大坝上。

致富梦·民生工程

两河口工程所在的甘孜州，曾经是四川典型的深度贫困地区。承建的两河口库区移民安置代建工程，成为成都院投身甘孜脱贫攻坚、乡村振兴的有力抓手。

这项庞大的工程覆盖甘孜州雅江、理塘、新龙、道孚 4 县 20 个乡 82 个村，涉及搬迁安置人口超过 7000 人，包括交通、市政、水利、输变电等多项工程，战线绵延超 200 千米。

远离江河的高原地带腹地，饮用水源尤为珍贵。为了寻找可靠水源，设计者徒步攀爬海拔4700米的无人区，60多个小时不眠不休，只为带回珍贵的水源资料。

这项工程给世代生活在这里的人们带来了新的希望。现在，路通了，灯亮了，宽敞明亮的新家有了。

"原来水也没有，电也没有，晚上走路点的是松油灯，哪个能想到今天的这生活哦。"道孚县荣须荣恩村支部书记洛让坐在宽敞明亮的新房子里，额头发光，掩饰不住内心的激动。

成都院进入库区建设的第二年，7岁的曲吉央宗和同学们搬进了崭新的校舍。而在这之前，她们和老师一起面对的是教室漏雨停电、路途遥远崎岖的窘境。

年轻的女医生日沙姆姆盼来了新的卫生院，有着十多年松茸经营经验的多吉迎来了通往县城宽阔的水泥路……库区移民建设，为这片曾经贫困的土地撑起了致富伞，为这里与外界隔绝的人们搭建了联通桥。

历经十余载春秋，两河口水电站这个闪耀着科技之光的"大国重器"，已巍然屹立在雅砻江上，见证了成都院人造梦、筑梦、圆梦的高光时刻，也沉淀下了红色传承、饱含深情的央企责任。

大坝无言，平湖为证。那些前辈们在苍茫峡谷间生出的构想，那些开创者在自我挑战中缔造的奇迹，那些建设者在恶劣环境里托举的希望，将永远镌刻进两河口的巍巍大坝之中。

（杜长劼　邱　云）

梦圆溪洛渡

在金沙江溪洛渡峡谷拦水筑坝是一个久远的梦。这个梦，从 20 世纪 50 年代开始，起起伏伏，一波多折。最终，历史的重任落在成都院人肩上，从此一场追梦的历程就不再停歇。建功金沙江，梦圆溪洛渡，凝聚了多少水电人的青春年华，承载了几代勘测设计者的梦想与艰辛！

缘起

长江，从世界屋脊蜿蜒流淌，汇集无数涓涓细流从青藏高原奔腾而下，在攀西和云贵高原上切割出一条长达数千里的峡谷。由此，一个名字响彻中华大地——金沙江。美丽而雄壮的金沙江进入永善后，就变得狭长、深厚、险峻起来。青山巍巍，金江滔滔，这里地处深山峡谷，交通不便，多少年来，滚滚的金沙江水白白流失，丰富的水能资源没有得到合理利用，两岸的各民族同胞绝大多数过着贫困的生活。

早在 20 世纪 50 年代，国家就规划在金沙江上修建向家坝、溪洛渡、白鹤滩、乌东德 4 座梯级水电站，并对开发溪洛渡水电站给予了高度重视。

1952 年，长江水利委员会派出水文勘测队伍陪同苏联专家一起赴溪洛渡峡谷进行了水文及地质查勘和勘测。进入 60 年代后，因中苏关系恶化和中国遭受"三年自然灾害"，苏联专家撤走，钻探工作停止。接踵而至的"文化大革命"，导致溪洛渡项目一再搁浅。

20 世纪 70 年代初，水利部副部长张冲专程到溪洛渡考察。那时候，只有一条羊肠小道从永善县城到溪洛渡。热切期盼开发水能资源的永善人民，用"滑杆"将张冲抬到溪洛渡渡口，又抬着他沿金沙江岸逆流而上百余千米，走遍溪洛渡水电站库区的各个乡镇。考察后张冲异常兴奋地感慨称赞："这是世界上难得的绝好的开发水电资源的黄金水道啊，溪洛渡水电站一定要建！"

1985年12月，在水利电力部水电总局安排下，成都院正式启动溪洛渡水电站前期勘测设计工作。两年时间内，成都院开展了溪洛渡水电站地质勘探。1994年5月，全国政协副主席钱正英率团考察溪洛渡，情不自禁赞叹："天生一个好坝址！"这一声赞叹催生了溪洛渡水电站的建设。踏勘过溪洛渡坝址的资深水电专家一致认为：溪洛渡水电站是深藏在崇山峻岭中的水电明珠。

经过成都院的精心勘测、设计与论证，1986年至1995年，预可行性研究的勘测设计工作完成。1995年11月，国家明确中国长江三峡工程开发总公司（简称三峡总公司）为建设溪洛渡和向家坝两个水电站的业主。1998年国家计委批复三峡总公司，同意按照"溪洛渡在先，向家坝在后"的排序意见开展工作。

时不我待，2001年底成都院向国家提交了由14个篇章、38个专题报告组成的翔实而厚重的《溪洛渡水电站可行性研究报告》。

2002年3月，国家计委副主任张国宝赴溪洛渡考察，促成了溪洛渡电站立项，经国务院批准后，进入前期工作的筹建阶段。

万事俱备，璀璨的高峡明珠——溪洛渡水电站终将展现在世人面前。

宏图

总装机容量达1386万千瓦的溪洛渡水电站工程是我国继三峡工程之后的又一座巨型水电工程。经过成都院艰苦卓绝的研究工作，工程枢纽布置基本敲定。

山高谷深，两岸地形完整对称，以混凝土量少而承压能力强的拱坝作为挡水建筑物是再合适不过的了。但是，坝高多少适宜？采用何种体型最优？在千万吨水推力和强地震作用下，安全度如何？这些问题尖锐地摆在成都院人面前。层层比选后确定的大坝为混凝土双曲拱坝，最大坝高285.5

米，壅高水位约 230 米，形成一座长约 200 千米，平均宽度 690 米的河道型大水库。平湖美景，诗意与现实终将融为一体。

也许你有幸见过二滩电站泄洪时的情景：坝身洪水宛如巨龙出海，空中对跃，一下子钻入水中，只留下铺天盖地的水雾，气势惊天动地。那么，坝身孔口泄洪功率为二滩两倍的溪洛渡，又会是怎样一番景象呢？既要宣泄巨大的洪水，又要确保最大程度的发电效益，如何布置泄洪建筑物最合理？水流携带的无穷能量，采用哪种方式来消解能量，以减弱岩石淘刷，减轻降雨强度，减少雾化范围，确保大坝及各建筑物的长久安全？种种考虑，确定了溪洛渡较优的泄洪建筑物格局，以"分散泄洪、分区消能、按需防护"为原则，采用坝身孔口、两岸泄洪洞和适当台数机组共同承担泄洪任务的布置方案。

金沙江水进入电站取水口后顺着流道一路高歌，推动机组转动后再沿尾水隧洞流向下一个征途。过程极其简单，但江水按照何种路径流动，流道如何布置，采用哪种体型才能保证枢纽格局紧凑，使流道之间的岩体受影响最小，从而提供足够的围岩刚度，同时要求水头损失较小而保证工程效益？临时建筑物在完成使命之后，能不能被利用起来作为永久建筑物，以节约投资缩短工期？引水系统和尾水系统的合理布置无疑是个难题。

电站枢纽在左右两岸浑厚的山体里各设一座巨大的地下厂房，均安装 9 台 77 万千瓦混流式水轮发电机组，这是整个电站的心脏。拦蓄的金沙江水在这里转化为电能，变成强大的电流输向千家万户，为中国经济发展注入新的动力。

溪洛渡工程规模宏大，除了可观的发电效益，还将产生哪些综合效益呢？这个问题难免会引发人们的兴趣。我们不妨稍微列举几条：

溪洛渡电站一旦建成，可增加下游三峡、葛洲坝水电站的保证出力 37.92 万千瓦，增加枯水期电量 18.8 亿千瓦时。

金沙江中游是长江主要产沙区之一。一到雨季，江水发黄，浊浪滚滚，从另一个方面注解了"金沙江"的名字。溪洛渡水库形成后，三峡库区入库沙量将比天然状态减少 1/3，对促进三峡工程效益发挥和减轻重庆港的淤积具有重要作用。

由于溪洛渡水库具有水量调节和拦沙作用，将增大枯水期流量，建成后，溪洛渡下游河道船只穿梭将有溪洛渡的一份功劳，长江作为通航的黄金水道更加名副其实。

水电是一种清洁、可再生能源，溪洛渡水电站大量的优质电能代替火电后，每年可减少燃煤4100万吨，将大大减少二氧化碳、二氧化硫等有害气体排放量。同时，库区生态环境和水土保持措施的落实，将有助于提高区域整体环境水平。

溪洛渡水电站的建设，带来库区对外、对内水陆交通条件的改善，移民及工程开发建设资金的投入，会积极推动库区各县的基础设施建设、资源开发利用、产业结构优化。

有些数字和概念对工程界之外的人而言，是抽象晦涩的，但溪洛渡工程的修建，将会让下游电站产生更多的电能，使下游减少洪水的危害，促进生态和人们生活加快改善。这些显而易见的亮点，无不让人欢欣鼓舞、翘首相盼。

启航

2003年8月，国家发展改革委在北京主持召开了《金沙江溪洛渡水电站可行性研究报告》审查会议。会议认为该报告满足可行性研究阶段设计深度要求。至此，历时近20年的溪洛渡水电站的前期设计工作基本告一段落。

对国家而言，这是一项关系到国民经济发展的国家重点工程。对成都院而言，这是一次难得的机遇。

东风号角已吹响，梦想之旅扬帆起航。

设计是工程建设的核心和灵魂。溪洛渡水电站具有高拱坝、高地震、高边坡、大泄量、大机组、大型地下洞室群等特点，要想让其体现出成都院的设计水平，需要有坚强的领导、全院各专业的紧密配合，需要工程技术人员齐心协力、不懈努力、勇于挑战、坚守奉献，恪守"诚信、负责、卓越"的信念。

　　2003年3月9—10日，筹建工程即将展开之际，成都院成立了溪洛渡项目部和现场设代处以配合现场需要。2003 年 8 月 5 日，溪洛渡施工区第一条公路的第一声炮响，标志着溪洛渡工程正式拉开建设序幕。溪洛渡到处热情似火，成都院人的头脑却是冷静的。从长远发展战略角度审时度势，他们深深地感到，溪洛渡水电站的设计，不仅仅是将溪洛渡建成发电的问题，更重要的是要从技术和服务上打造精品，这将对金沙江流域梯级滚动开发和国家"西电东送"战略的实施带来深远影响。

于是，一切就有了思路。成都院领导带头，抓一流班子，带一流队伍。在溪洛渡导流洞工程开工前，项目部和现场设代工作就已运行得有条不紊了。

对溪洛渡水电站这样一个有着许多世界级设计难题的巨型工程，必须要做好勘测设计和服务工作，全力保证工程需要。机遇与风险同在，挑战与命运并行。如何变压力为动力，变守旧为创新，变滞后为发展，这是每一位班子成员必须面对的严峻课题。

从制定第一条设代规章制度开始，成都院人就力求完美。类似于《溪洛渡水电站设计质量、安全保证文件》这样的规章，成都院人制定了不下百项，保证了工作的良好开展。在各项考核中，项目部成绩总是优秀，最高得到了 98 分。多人获得国家和省级五一劳动奖章，团队多次荣获"全国工人先锋号"称号。

不满足现状，决定了成都院人步履匆匆。班子成员中，从项目经理到设计总工、副总工再到专业负责人、设计代表，经过多年的历练，不论在技术上还是管理能力上，都取得了质的进步，获得了更大的发展空间。荣誉伴着梦想之花不断盛开，发展随着梦想之花不断壮大。肖白云、杨建宏、赵文光、郑家祥等溪洛渡水电站历任副总工，他们有人成为专家，有人成为项目经理，有人成为专业带头人，还有人成为工程勘察设计大师……不论身份如何变化，这些人植根溪洛渡的情怀不变。这与多年前成都院设计并服务二滩工程的情景惊人地相似。二滩工程造就了一大批人才，也奠定了成都院水电设计的领先地位，为后来溪洛渡、锦屏一级、瀑布沟等巨型水电站的设计做好了技术储备。毫无疑问，溪洛渡工程将是一个新的起点。

这是一个懂得传承，也懂得发扬壮大的群体。

追梦人前进脚步不止。溪洛渡真实地记录了他们的追梦历程。

情怀

2005年12月26日，金沙水欢腾，见证了中国水电建设史上具有重大意义的一天，备受瞩目的溪洛渡水电站工程开工典礼隆重举行。溪洛渡水电站工程成为我国"十五"期间开工的最后一项巨型水电工程，也是金沙江下游梯级电站的第一个开工建设项目。

在这个庄严的时刻，时任成都院院长郑声安、副院长兼项目经理章建跃郑重承诺：一定要向国家、向人民递交一份满意的答卷。

这张答卷，其实就是一份沉甸甸的社会责任和使命，其中还有水利水电史上未曾填补过的空白。

一诺千金，落地有声，决不食言！圆梦的路上洒满了汗水。复杂的地质条件，重重的技术关隘，沉重的社会责任……成都院人走的是前人没有走过的路。

几多辛劳几多人，几多汗水几多情。纵观溪洛渡工程从前期到实施阶段多年来的风风雨雨，不能不提到第四任总设计师王仁坤。

王仁坤身材微胖，浓眉大眼，浑身透着精明和睿智。他是河海大学硕士研究生毕业，又到清华大学攻读博士学位，得到两院院士潘家铮的言传身教，如今已是水电行业资深专家。

对于溪洛渡工程，王仁坤情有独钟。20多年来，他把所有情感都倾注在工程上，书写了不平凡的业绩。有人说"溪洛渡成就了王仁坤"，也有人说"王仁坤为溪洛渡添了彩"。无论怎么说，都充分说明了王仁坤的溪洛渡情结，反映了他对溪洛渡工程的突出贡献。王仁坤先后主持并参与了溪洛渡工程坝址选择、预可行性研究、技术方案比选、可行性研究、招标设计、技施设计等阶段的设计工作，是成都院担任溪洛渡总设计师时间最长、工程阶段跨度最大的设总，是溪洛渡建设全过程的主要参与者和历史见证人。

王仁坤常说："一个合格的工程师，要具备扎实的专业基础和丰富的实践经验，更要具有超前的设计思维和先进的设计理念。"在溪洛渡工程的整个设计过程中，世人看到了他的这种超前思维和先进理念，尤其在工程的优化、深化设计中得到了充分体现。

《溪洛渡水电站可行性研究报告》审查意见中肯定了工程的技术方案。在招标设计阶段，本着设计人员精益求精的精神，本着为国家为业主高度负责的态度，王仁坤率领大批优秀科研技术人员，在充分保证工程安全可靠的前提下，通过进一步深入分析地质勘查资料，结合现代水电建设技术的发展成就，对溪洛渡工程多种建筑物进行了优化设计，取得了丰硕成果。

混凝土拱坝建基面在可行性研究阶段是放在微新岩体上，进行优化后，主要利用弱风化下段岩体。这样的调整，对于一座特高拱坝的安全有没有影响？影响到什么程度？这些问题显然不是一个简单的算数问题。特高拱坝的建基面嵌入深度的大小，对投资的影响是巨大的。优化设计的基本要求是必须确保大坝绝对安全可靠的前提下，探寻适宜的建基面嵌深和性能优良的拱坝结构，做到安全可靠、经济合理、技术先进、资源节约、生态环保。这一系列重大问题在王仁坤带领的团队里一一得到了解决。建基面适量外移，通过加强基础固结灌浆及锚固处理，仍可维持基础具有良好的承载能力和抗滑稳定。优化后的拱坝方案，通过巨量数值分析计算和物理模型验证，大坝安全不仅维持原有等级不变，而且因建基面嵌深减少，整体刚度增强，大坝整体超载安全度略有提高。并且基础开挖和大坝混凝土浇筑工程量较可行性研究推荐方案分别减少约 160 万米^3 和 110 万米^3，节省工程直接投资约 6 亿元，经济效益十分显著。《溪洛渡水电站混凝土拱坝优化设计报告》获得多名院士、专家组成的审查专家组的一致肯定，被潘家铮院士称之为高坝设计宝典，并对溪洛渡工程设计团队给予这样的评价："对工作的认真负责、不断前进的精神是应该充分肯定的。"溪洛渡拱坝优化设计获得 2006 年度全国优秀工程咨询成果一等奖，建基面优化科研成果获得四川省 2010 年度科技进步一等奖。

正因为有不断探索的精神，"时变事宜变"，考虑到水库优化调度和上游白鹤滩梯级很快得以开发，王仁坤又在枢纽布置上做文章，通过论证优化取消了一条非常泄洪洞，节省投资近 3 亿元。

　　法国诗人雨果说过：世界上最宽阔的是海洋，比海洋更宽阔的是天空，比天空更宽阔的是人的胸怀。王仁坤以其博大的胸怀深藏着对祖国水电事业以及与他朝夕相处的每一位员工的热爱，展现了成都院优秀的人文情怀。如今已是成都院副院长兼总工的他，在繁忙的工作之余，依旧喜欢与员工交流，总是妙语连珠，让倾听者如沐春风。他对孔子"三思而后行"有这样的解释：面对问题，多思考，找思路，并上升到思想的高度定出路，如此三思后的行动就不会偏离真正能解决问题的有道之路。溪洛渡团队在他的带领下，成熟壮大，与他这种智慧是分不开的。溪洛渡大坝最终实施方案所选定的坝线叫 X 坝线，这是溪洛渡比选坝线及勘探线唯一采用英文字母编号的坝线，而其他勘探线的编号为Ⅰ、Ⅱ、Ⅲ……若需在期间增加勘探线，则编号为Ⅱ-1、Ⅱ-2……或Ⅲ-1、Ⅲ-2……如此类推。这里定个 X 坝线，不禁让人好奇。王仁坤说出了自己当初为之定名的由来及含义：在预可行性研究阶段和可行性研究初期阶段，枢纽布置一直围绕Ⅰ坝线开展工作，由于地形条件的限制，泄洪洞进水口被布置在厂房进水口上游较远的位置，枢纽布置很不紧凑。针对坝址区总体地质格局及河道地形特征，提出 X 坝线并对枢纽布置进行大胆的调整，从而形成了最后的枢纽布置格局。X 坝线较Ⅰ坝线下移 200 米，在厂房进水口位置不变的情况下，将泄洪洞取水口布置在 X 坝线与厂房进水口之间。经过大量勘测设计工作和论证后，这一方案不仅缩短泄洪洞一半的长度，而且建坝条件更优，工程投资大大节省。X 坝线由当初提出的新（Xin）坝线，地质条件未知（X），希（Xi）望的坝线，最终成为实施的溪（Xi）洛渡坝线。很难想象，一个工程技术出身的人，却有如此的诗意情怀。

责任

　　2005 年 11 月 10 日，国家发展改革委在北京召开金沙江溪洛渡水电站工作会议，三峡总公司与四川、云南两省签订溪洛渡水电站移民包干协议。国家发展改革委副主任张国宝指出：溪洛渡水电站工程基本具备开工建设条件。

　　开工，意味着溪洛渡工程从蓝图向现实转化。这个过程，离不开勘测设计人员的现场服务。

水电工程建设设计是灵魂，地质是基础。要建设世界一流的水电工程，必须要有一流的设计，而一流的设计必须要有一流的地质工作为基础。要说哪个人对溪洛渡的地质情况最清楚，定要提及杨建宏。杨建宏一直参加和主持溪洛渡的地质工作，他言语不多，动作却很利索，跑遍了坝址周围100千米²的区域和200千米长的水库，熟悉坝区的每一个钻孔和平洞，每一条沟谷乃至每一块石头。他总说地质是个很朴实的工作，只要你腿勤、手勤、脑勤，心中有工程就行。这就是常年奋战在深山峡谷中的水电人一种远离浮躁、不以物喜、不以己悲的真实纯粹的工作状态。而杨建宏就是这些人中的代表。大量的工程实践证明，一旦地质条件发生变化，轻则增加投资延长工期，重则将对工程方案带来颠覆性的改变。作为溪洛渡工程的地质总负责人，杨建宏为溪洛渡工程倾注了大量的心血，在许多重大技术问题的决策中起到了关键的作用。他一直认为是溪洛渡工程给了他一个舞台，是溪洛渡造就了他。

有段时间，杨建宏在严重失眠和腰椎间盘突出的情况下，连续加班一个多月，编写了《溪洛渡拱坝建基面岩体条件评价与地质缺陷处理》专题报告和多媒体汇报材料，这些资料获得了业主和咨询专家们的一致好评，使大家对溪洛渡拱坝的建基条件有了清晰的认识，为拱坝设计和基础处理提供了依据，确保了工程的顺利施工。大坝开始浇筑以后，复杂地质问题基本得以解决，但杨建宏忙碌的身影依然出现在工区每个角落，继续书写着水电人的风采。

溪洛渡工程开工建设后，工地到处进行开挖及混凝土浇筑，各个工作面都离不开设计人员，遇到的问题常常要求设代人员快速作出判断，提出处理方案。工程的环境是艰苦的，工作是酸甜苦辣交相辉映的过程。领教了苦处和难处，读懂了什么叫"栉风沐雨""风餐露宿"，但是大家坚定了一个信念：干，就是硬道理！为此，项目部集思广益，制订了一系列的现场工作要求、工作流程和方法、工作重点和技术标准等。领导带头坚持现场值班，及时解决施工中出现的问题。高边坡是溪洛渡工程的一大特点和难点，设计人员在研究中发现规律，在摸爬中制订方案，从地质条件、影响程度、投资及施工角度，提出了适宜的治坡思路和方案，这些方案得到了专家的认可，也经受住了时间的检验。

在导流隧洞施工初期，由于进出口段结构面透水性强，洞室埋深浅，施工中发生了较大的涌水，严重影响了施工的进度。地质人员经过大量的资料收集与分析论证，查明了涌水的原因、涌水的通道和涌水量，与业主和设计人员一起提出了防渗堵漏的办法，较好地解决了导流洞施工中的涌水难题。隧洞在未贯通前，洞内空气污浊，洞室内温度高，像个严实的桑拿房，几秒钟内就让人汗流浃背呼吸不畅；当隧洞处于高地应力区时，还可能发生岩爆伤人事件，在这样的环境下，年轻的地质人员坚持察看和编录，坚持将工作做完，收集第一手宝贵的地质资料。

汗，是力的结晶、热的化身，它伴随着劳动者神圣的劳动，创造了一个又一个人间奇迹。

随着拱坝浇筑日益增高，仓面验收与检查难度也加大，在烈日炎炎的夏天，设计人员在上百米的排架爬上爬下，往往会中暑气闷，但大家毫无怨言。有时在现场，遇到施工人员操作不规范等情况，设计人员严格要求时，对方难免产生抵触情绪。为了不给工程留下丝毫隐患，设计人员需要反复给对方耐心解释，这既需要技术水平，也需要沟通技巧。

在溪洛渡工程中，这样的事例不胜枚举。从一个个小的缩影中可以折射出成都院人负责任、敢担当的精神。

奉献

有人说：水是有限的，也是有形的，而溪洛渡精神却是一种无形的力量、无限的资源。

2007年11月8日下午3时，在金色的阳光下，溪洛渡水电站截流仪式在美丽的金沙江畔举行。随着一声令下，早已整装待发的车队浩浩荡荡开进截流现场，大江截流成功合龙，千万年来桀骜不驯的金沙江水顺从人们的意志从导流隧洞穿越两岸山体之后，再回归到奔向长江的归途。

大江截流是溪洛渡工程建设史上的一个重要里程碑，这一天的到来对成都院许多人来说，已经等了几十年。通过十多年的艰苦论证，确定了溪洛渡枢纽布置方案。电站从2003年开始筹建，至2007年截流历时4年多，比原规划进度提前了整整两年半时间，这时间是成都院人用自己的聪明才智，不断研究、全面深化、层层优化设计赶出来的，早一天截流就能早一天发电，早点产生经济效益。

汗水、泪水交织成一首首奉献交响曲。肖白云，是四川省工程设计大师，是溪洛渡水电站第三任设计总工程师，在水电设计界声望很高。当时虽已年过花甲，却依然挑战身体极限，经常到现场工作并与年轻同志一起加班。不记得有多少次，为了高质量做好多媒体汇报系统，她带领年轻人一道加班到深夜，她认为，只要溪洛渡工程顺利开工建设，这点苦累算不了什么。

奉献，有时候就意味着痛——痛到流泪。让我们记住一位母亲——陈丽萍，她一位朴实无华的女性。因为她是一位水电设计人员，不得不将背影留给家人。在溪洛渡深化及招标设计阶段，陈丽萍同时承担着溪洛渡拱坝设计、锦屏拱坝可研设计及拱坝程序开发测试等工作，时间紧、任务重。为了更好更快地完成溪洛渡拱坝设计工作，她废寝忘食，全身心投入到工作中，根据自己多年的工作经验，充分发挥聪明才智，按时完成了承担的任务，并成为一名拱坝体型专家。陈丽萍的丈夫是溪洛渡现场设代处主任，两口子经常顾不了家，工程开工建设后，他们连续有几个春节在工地度过。10年时间，儿子从可爱儿童长成少年郎，陈丽萍觉得亏欠儿子太多，有时难免自责，懂事的孩子给了她极大的心理慰藉，前年已顺利考入一所名牌大学。

精品设计需要在实践中检验。工程施工过程中，不断出现的技术问题需要时刻关注并及时解决好。很多设计人员在工地一待就是几个月，顾不上家中白发苍苍的老人和咿呀学语的幼子，有时连自己身体也顾不到。溪洛渡峡谷4月的天气也经常闷热，因连续的超负荷作业，地质负责人崔长武严重腹泻病倒了，本应去医院住院治疗，但为了不影响工作进度，他利用晚上时间到当地小医院输液，第二天仍带领其他同事顶着烈日暴晒，收集资料，处理问题。类似情况，也曾发生在溪洛渡设代处处长赵文光身上。这种牺牲自我服从大局的精神，至今都在溪洛渡传颂。

奉献不分性别，也不分年龄，更不分岗位等级。一个做设计的小伙子刚结婚不久，但由于现场设代需要，不能与妻子在一起。后来，妻子赴工地与他团聚，并在工地怀孕生了对龙凤胎。小伙子索性以溪洛渡工程为名，为孩子取名加溪、加洛，可见他对溪洛渡感情之深。他还说，等儿女长大懂事后，带他们来看看自己曾经战斗过的地方，说话时脸上洋溢着自豪。

今天，仅以有限的篇幅及笔力记录在此。不过，我们期待着，当溪洛渡工程竣工欢庆的彩旗迎风飞舞、鞭炮连天炸响的时候，他们的身影会像所筑的拱坝丰碑一样挺拔，他们的笑脸会比太阳还要灿烂。

蝶变

溪洛渡工程是为落后的永善、雷波送去的最贵重的礼物。在两岸人们眼中，溪洛渡工程就是一个金娃娃，一棵摇钱树。几乎所有的人对当前的生活都充满着幸福感。

经济富庶，生活幸福，是百姓的梦想，也是建功溪洛渡的出发点。溪洛渡工程的兴建，给沿江两岸的人们带来了福音。溪洛渡水电站3千米以外就是永善县城。溪洛渡水电站的建设彻底改变了她。施工区大面积的绿化和生态环保措施，使得那里的环境改善了，空气湿润了，山也变绿了。

永善在溪洛渡工程开工建设以前，还是只有一条街的旧县城，现在已逐步发展成为一个具有现代城市面貌的新县城。崭新的振新大街宽阔敞亮，一眼望不到头。街道两旁商铺林立，大型酒店、旅馆不断涌现，各种娱乐购物场所如雨后春笋般冒出来。当然，还会有许多汽车响着喇叭匆忙奔驰而过，这些挂着全国各地牌照的汽车同时出现在这里，这在以前是难以想象的。当地人说，以前从来没有见过这些。甚至连县城所在地的名字也因为溪洛渡水电站的建设而改变了，它原来叫景新镇，现在的名字是溪洛渡镇。

相对永善而言，对岸的雷波县城离工地较远，但电站的修建带来了大量资金和人员。每到金秋十月，脐橙飘香醉四方。利用电站提供的便利对外交通，雷波抓好马湖这张旅游名片和雷波脐橙特色产业，并加紧开发矿产资源，经济也进入快速发展期。

兴建一座电站，造福一方百姓，这也是成都院人的梦想。多年前，为了改善当地的教育事业，成都院捐款修建了希望小学，让更多的孩子接受教育。每当看到沿途的小学生，迎着我们的车辆举手致敬时，心中无不充满自豪与激动。

追忆

远远望去，溪洛渡大坝如一道宏伟壮阔风景线。

而你所看到的这一切，在 10 年前，还是一片山，一块土地。这些山脊、峡谷、沟口，都曾留下过成都院人跋涉的脚步，辛勤的汗水。豆沙溪沟是溪洛渡几条大型沟谷之一，2003 年在对其进行踏勘时，当时天气炎热，沟内还没有道路，队员只能沿坡道前行。队伍中有已 70 岁高龄的老领导老专家。为了进一步落实该沟水处理的取水口位置，这些老专家与队员一道抓着杂草、一步一步攀上了豆沙溪沟的最高峰。今天，当我们回忆起这一幕，心绪还难以平静。老同志这种不怕苦和累、对工作孜孜以求的精神，激励着年轻一代不断向水电科学高峰攀登。

假如你从永善县城出发穿过一个岗亭，沿着一条公路，就可以到达三坪营地。在蓝天和白云之下，在起伏的山丘之上，在茂密的樟树与小叶榕中，三坪营地静静矗立。三坪营地作为业主、设计、监理办公之地，大部分建筑青瓦白墙，与天地景致和谐统一。有阳光的日子，草地的石径上有永善市民散步聊天。

从 1969 年起，成都院原党委书记刘显辉及院长王磊、杨培柏、赵志欣先后到溪洛渡现场查勘、规划，1974 年成都院地质勘测队进驻溪洛渡进行勘测、修路、建房，拉开地质勘测的序幕。抚今追昔，遥想当年的勘测设计人员，住在江边的一排简陋的房子里，爬山涉水，一笔一划勾绘宏伟工程蓝图，是多么艰辛。如今，那排简易的房子早已不复存在，但前人留下的足迹依旧清晰可见。

现今，从成都出发，开车经宜宾到普洱渡再转到工区道路到达溪洛渡，时间不到 6 小时。遥想当年，为了进行前期的勘探，队伍要到达工区，至少得 3 天时间。一路的风尘，全为了一个溪洛渡梦的实现。今天年轻的我们，走在前人走过的征途上，在优越的环境里，怎能不拿出更加饱满的热情，加倍努力工作呢？

铭记

在溪洛渡工程建设进入尾声、将要发挥效益的日子里，我们不应忘记那些移民，正是他们所做出的巨大牺牲，离开祖祖辈辈生活过的土地换来了今天的喜庆收获；我们不应忘记那些默默无闻连姓名都没有留下的建设工人，是他们的汗水和双手乃至生命取得了工地翻天覆地的变化；我们也不应忘记与我们一起工作、战斗、圆梦溪洛渡的建设单位、施工单位、监理单位和各级部门，因为一个共同的理想，走到一起，才有了今天的溪洛渡；我们更不应忘记我们的使命，继续发挥才智，百尺竿头，尽善尽美努力将工程全部建成投产。

2012 年 5 月，天色阴沉，一个噩耗传来。成都院副总工程师、专家委员会成员李杰意外辞世，一时大江含悲，天地落泪。溪洛渡电站厂房长 440 米、宽 28.4 米、高 75.6 米，是世界上最大的地下厂房之一；与厂房平行布置了主变压器室和大跨度的尾水调压室，高度达 95.5 米。洞室群规模巨大，结构复杂，层间层内错动带致使岩体不完整，洞室的开挖顺序怎样才合理，直立墙开挖的稳定如何确保，采用何种支护方案更加安全经济，这些都是厂房专家李杰所直面的难题。经过十几年如一日的努力，难题早已攻克，一批技术骨干也成长起来。时隔一年余，装修后的发电厂房，气势恢宏，首批机组顺利运转发电，这些李杰已无缘看到。魄兮归来，英魂永在，今天的我们不会忘记他，高耸的溪洛渡大坝也不会忘记他。

2013 年 8 月 1 日上午 10 时 40 分，溪洛渡首批机组投产运行仪式举行，向世人庄严宣告首批 4 台机组全部投产。这是一个历史性的时刻，也是一个令无数人铭记和告慰的时刻。

延续

如今，300 米级高坝已在金沙江河道上拔地而起，平湖美景展现在世人面前。

昂立山头，鸟瞰溪洛渡工程全貌，体会"截断巫山云雨，高峡出平湖"诗句的豪迈情怀；登上坝顶，零距离感受雄伟壮丽的大坝，直面雷霆万钧的泄洪气势；站在610观景平台向下俯瞰，感受中华大地的辽阔与豪迈。这时，我们所有的汗水和辛劳，都是值得的，我们为能够参与或者目睹溪洛渡兴建而感到庆幸和自豪。

不久的将来，溪洛渡水电站周边县市和群众可依托水库资源，因地制宜，发展旅游业和水产养殖业、特色果蔬药材种植等，逐步提高他们的收入，改善他们的生活。

不久的将来，溪洛渡及金沙江上的其他水电站与三峡联合调度，可使长江中下游防洪标准由百年一遇提升为千年一遇，那个时候，我们再不会目睹洪魔肆虐、人民生命财产受到威胁的惨剧。

不久的将来，溪洛渡水电站积累的施工、管理宝贵经验以及勘测设计重大创新技术，无疑大大提升中国水电的国际地位，为中国水电加快走出国门步伐积淀力量，从而更好地实现电建集团"国际优先"战略。

不久的将来，有像溪洛渡这样巨型水电站提供源源不断的清洁能源，天将更蓝，水将更清，人们的生活更加幸福，一个美丽中国屹立在世界东方……

是的，路还很长，溪洛渡梦还在延续……

（邱 云）

最"坝"气的智慧高拱坝

远眺大岗山水电站，巍巍拱坝横贯大渡河，"坝"气十足。与其雄姿相得益彰的是，大岗山水电站先后将中国电力科学技术进步奖、工程建设项目优秀设计成果一等奖、国家科学技术进步奖二等奖、国家优质工程金质奖、中国土木工程詹天佑奖等重要荣誉揽入怀中。

这座位于雅安市石棉县境内、大渡河上唯一的超高薄壁拱坝电站，是国家西部大开发重点工程、四川电网骨干电源，最大坝高 210 米，总装机容量 2600 兆瓦。因其地质条件复杂、抗震设防烈度世界最高而闻名中外。

高拱坝设计，底气从何而来

大岗山水电站作为超高地震烈度区特高拱坝建设的经典代表，离不开设计单位的匠心与付出。作为大岗山全过程规划论证、勘测设计单位，成都院在中国水电建设史上创造了诸多经典之作。

在这个集体中，走出了中国工程院院士，走出了中国勘测设计大师，走出了一大批代表我国水电设计高水平的专家。人才辈出的背后，离不开一个个中国纪录和世界纪录工程的历练。在祖国水能富足的大江上，成都院设计了中国第一座 200 米级高拱坝——二滩大坝，让世界开始惊讶中国的水电设计和建设管理水平；成功设计坝身泄量最大、地下洞室群系统最复杂的高拱——坝溪洛渡大坝，世界难度最大、最大坝高 305 米的世界第一高拱坝——锦屏一级大坝，也完美设计了经受汶川特大地震、仍然岿然屹立的世界最高碾压混凝土拱坝，被专家院士们誉为"最牛大坝"的沙牌大坝……

这些光环闪耀的水电站造就了中国一大批水电人才，也奠定了成都院水电设计的领先地位，为后来各种类型、不同规模水电站的设计做好了技术储备。成都院，既懂得传承，更懂得发扬壮大。

为了将大岗山尽早开发建设，2003 年 12 月 18 日，成都院原副院长、原总工程师郑文正在前往大岗山工地时，不幸遇难，时年 63 岁。有着卓著业绩和荣誉的郑文正，本可以乐享天年，但退休以后他离职不离岗。在生命定格的瞬间，他的手中还紧握着记有一个个水力发电工程特性的工程记录本。

为了将大岗山设计成又一经典，勘测设计者不断调整参数以获得最优体形，上万次搜索控制坝肩稳定的关键块体，多方案比选以获得最优的基础处理方案——他们做着旁人看来再枯燥烦琐不过的基础工作。

他们都是大坝设计者。大坝设计的工作性质赋予了他们科学、负责、坚韧的可贵品质。

据大岗山设计项目经理黄彦昆介绍，大岗山水电站除了高地震烈度，还具有高边坡、大型地下洞室群等工程特点，拱坝抗震安全、混凝土温控、复杂地层灌浆等技术问题十分突出。

鸡蛋，从外打破是食物，从内打破是生命。换言之，从外打破是压力，从内打破是成长。对成都院而言，迎难而上，才能实现自我蜕变，适应新的环境，迎接新的挑战。

如何适应与迎战，这是新的考题。面对大岗山工程建设安全风险大、质量标准高、进度压力大、投资风险高等的实际，在业主的主导下，结合现场安全、质量、进度、投资等施工管理的重难点，建立了"数字大岗山"智能化管理系统。

毋庸置疑，大岗山工程又是一个新的起点。

智能化设计，凝聚匠心精神

高水平设计是工程建设的核心和灵魂，其内核是匠心精神。

高难度工程需要高水平控制技术和手段，成都院依靠"施工仿真"，通過模擬大坝施工在水文气象、坝体结构、施工机械、施工资源、工期规划、施工技术要求、施工组织水平等众多约束条件下的大坝施工全过程，研究大坝施工不同阶段制约进度的关键因素，从而有针对性地提高施工效率、优化施工组织、纠正进度偏差。

"施工仿真技术具有考虑全面、分析效率高、不干扰原型系统运行、直观的优点。"参与研究的设计者这样总结。

拱坝相对重力坝最大优点是混凝土用量少，但混凝土水化热带来的温度控制难度依然不小。控制不当，拱坝易出现裂缝，而裂缝对拱坝的整体受力极其不利。国内曾有水电站因为拱坝坝身裂缝出现较多，蓄水发电进程一再推延。

大岗山拱坝当然不能出现这种情况。

在大岗山建设过程中，将混凝土坝施工仿真技术与现代筑坝技术的发展、物联网技术的研究应用、数字大坝技术相结合，针对混凝土高拱坝温控应力的个性化控制要求和大坝不同施工阶段的进度控制特点，提出了基于物联网技术的高可靠度施工仿真技术及系统，在现代高拱坝建设过程中再次创造奇迹。

此外，成都院三维协同设计这一核心技术也派上用场。利用三维精确建模与地面激光扫描雷达技术开发的大岗山坝区三维地质模型，直观而精确展示大岗山坝肩及基坑复杂地质情况，为大岗山数字大坝系统研发、大坝应力研究提供基础模型，从而有力支撑了大岗山智能大坝的建设。

中国工程院院士陆佑楣曾表示："拱坝是真正培养工程师的地方。"与常规重力坝相比，拱坝特别是高拱坝的结构、受力情况极为复杂，整个施工过程中，坝体的受力状况都在不断调整。这些特点，给拱坝的施工质量控制带来很大挑战，因此，拱坝也被认为是水工界最复杂的建筑物。

高混凝土坝施工过程智能控制技术的质量控制系统有了用武之地。施工质量智能控制技术，实质是物联监控技术，采用物联网终端设备对施工中混凝土生产、运输、平仓、振捣过程进行精细化实时监测，进一步对影响施工质量的各关键控制参数进行智能跟踪分析，及时反馈至物联网终端

匠心之光

设备调整施工参数，并向施工人员和管理人员发出预警，以控制工程施工质量。

在浇筑过程中，采用温度计、光纤测温等手段全面了解混凝土温度变化情况，利用数字大坝体系研究实施了人工智能通水冷却降温控温系统，严格遵循设计要求的控制参数，确保大坝浇筑至今没有出现任何危害大坝结构安全的温度裂缝。

开创性设计，带来深远影响

大岗山水电站距雅安芦山不远，2013 年芦山 7.0 级地震发生时，刚浇筑完成 110 米的大坝安然无恙。2015 年 10 月，全部 4 台机组投入正常运行。截至目前，工程已运行多年，监测成果分析表明，工程运行性态正常，大坝坝体无渗漏。

无疑，大岗山的设计是成功的。它的成功建设，开创了在近地震断裂带建设高坝大型水电站的先例，引领了我国乃至世界水电工程抗震设计和建设管理技术的发展。

坝址区设计地震基岩水平峰值加速度为 557.5 厘米 / 秒^2，高坝在水推力作用下，遇到更大的地震，能否"泰山压顶不弯腰"呢？成都院开展了专题研究论证。对比选出的拱坝体型，考虑各种影响因素的三维非线性有限元动力分析和三维整体动力模型试验，结合高坝抗震设计要求及工程类比分析，综合评价大坝抗震能力。

大岗山设计总工程师邵敬东自豪地讲述了成果价值。她说，针对工程"三高一大"的特点，经过和业主及相关科研单位开展大岗山智能化课题研究，为国内外水电工程施工，尤其是为高地震烈度地区高拱坝智能化施工积累了可靠的大数据和丰富的管理经验，具有极高的参考价值。

除了创新性提出高强震区特高拱坝抗震设计理论、措施和施工方法，解决了高地震烈度区安全建设特高拱坝的技术难题，成都院在大岗山的开创性设计还有很多：针对坝基河床存在腐蚀性承压热水（这也是水电工程中首次发现这一问题），创新性提出了复杂地质坝基综合加固处理技术；为保证大岗山复杂高边坡安全稳定及抗力问题，通过对卸荷裂隙密集带边坡破坏模式及其形成机理研究，创新性提出综合加固治理技术；为确保大岗山特高拱坝无温度裂缝，根据拱坝温控边界条件及温度应力分布特点，创新性提出强震区特高拱坝温度控制系统设计思路；在"大泄量、高流速、洞线长"岸边泄洪洞设计中，首次采用挑、跌坎组合形式的连续掺气坎措施，解决空蚀破坏难题……

研究的最终目的，是指导实践和提供借鉴。成都院各类创新研究成果使得大岗山水电站高效快速施工，直接经济效益 1.93 亿元，其中缆机防碰撞等技术应用在藏木等水电工程中取得显著效果，为峡谷地区大型水电工程的建设提供了工程借鉴和实例。

这些成果，是在"啃"大岗山关键技术"硬骨头"的过程中总结与提炼出来的。继大岗山水电站后，成都院又在开展叶巴滩、孟底沟水电站多座高拱坝设计。不难想象，大岗山大坝的成功，将大大指导今后高拱坝的建设，进一步提升成都院在水电设计中的龙头地位，尤其是复杂高拱坝设计领域的领先优势。

大岗山大坝屹立于滚滚大江中，接受来自世界赞许的目光。

（邱　云）

65 载坚守，"电"亮雪域高原

这是一片神奇的高原，雪峰连绵，与蓝天白云遥相呼应；万水奔腾，邀铁塔银线连接万里。

彩旗招展，格桑花开。今天，这片高原迎来和平解放 70 周年。布达拉宫，见证沧海桑田的变迁；雅鲁藏布，奏响换了人间的欢歌。

能源，是巨变产生的动力和催化剂。无数能源建设者接续奋战，雪域高原被"电"亮，实现了从寒冷幽暗走向温暖光明，从能源稀缺到输出反哺的完美蜕变。这其中，离不开中国电建人 65 年来艰苦卓绝的坚守。他们在西藏的大江大河留下深深足迹，树立起水力资源普查、规划选点、清洁能源开发、输变电工程建设的座座丰碑，也见证和托举西藏一个又一个发展奇迹。

初心不变，填补西藏水力资源普查空白

新中国成立之初，河流水文资料匮乏，成为摆在水电建设者面前的一道难题。西藏地区河流位于高寒高海拔地区，人迹罕至，更是属于无资料的"空白区"。

成都院胸怀水电报国的使命，建院后对西南河流开展水力资源普查。1956 年，5 支普查队活跃在西南大中型流域。其中，一支队伍奔赴川藏边界的金沙江及西藏昌都测量，开展地质、水文、社会经济调查，拉开了服务西藏、建设西藏、援助西藏的历史大幕。

青藏高原是亚洲水塔，在世界屋脊上，要摸清其家底显然并非易事。

道路状况极差，滑坡、崩塌、雪崩、泥石流等灾害随时都会发生，还需克服高寒缺氧。普查队为了绕过一段悬崖，或跨越一条深涧，需要攀爬好几天。

"乘羊皮筏子渡江遭遇险滩，一名战友被激流卷走不幸牺牲。"类似这样惊心动魄的记录，在队员的调查本中偶有发现。

西藏此时正处民主改革期间，匪患肆虐，队员必须携带仪器、自卫武器及生活用具。不难想象，每一段河道的勘测调查，要付出多大的艰辛。

所有一切，并没阻止队员脚步。他们以强烈的责任感和担当精神，多次进藏，对昌都鄂穆楚河、再兴沟、金河和澜沧江等河流进行实地查勘，带回一系列宝贵资料。3年后，成都院对昌都电站开展勘测设计。

江河不息，奋斗不止。至1979年，成都院整理分析澜沧江、雅鲁藏布江、拉萨河、堆龙曲、沃卡河等河流勘查规划资料，羊卓雍湖及直孔等电站勘测设计资料，最终完成西藏水力资源普查成果。

时光，如雅鲁藏布江滚滚向前。2006年，成都院对"大拐弯"水力资源进行全面考察。30多人组成的考察队伍，兵分两路深入无人区，直面生死考验，为西藏接续能源基地建设描绘壮丽蓝图。

科学设计，推动7市区主力电源点建设

援藏建藏，是中国电建矢志不渝的追求。65年间，建设者踏遍七市区山山水水，让一颗颗水电明珠闪耀江河，照亮雪域。

西藏和平解放后，世界屋脊改天换地，高原处处百废俱兴、生机盎然。拉萨周边新建了一些小型水电站和火电站，但电力跟不上经济发展和社会稳定的需要，大型电站上马被提上日程。成都院于1973年开始对拉萨地区开展规划选点工作，1974年提出了开发羊湖电站的建议。

羊湖取水口海拔4450米，天然落差840多米，装机容量11.25万千瓦，是当时西藏最大水电工程。在如此高海拔修建高水头抽水蓄能电站，世界上还未有先例。中国电建敢为人先，以西藏发展为己任，经过20多年的艰难探索，当时世界海拔最高、中国水头最高、隧洞最长、自动化水平最先进的抽水蓄能电站于1998年投产，极大地缓解了拉萨、山南、日喀则等地

区电力紧缺的局面，谱写了征战雪域的英雄壮举。

在中国电建最早进入西藏的昌都地区，一座装机 6 万千瓦的水电站巍巍矗立在金河上。

1995 年，成都院承担了金河水电站可行性研究勘测设计工作。设计周期紧，时任成都院副院长的晏志勇任队长，带领 70 余人精干队伍奔赴现场。在高原上工作，最稀缺的是氧气，最宝贵的是精神。队员们发扬"缺氧不缺精神、艰苦不怕吃苦、海拔高境界更高"的革命精神，战胜了高原的恶劣自然条件，按时提交高质量的设计报告。金河 2000 年破土动工，2004 年全部建成投产，比计划提前 5 个月，结束了昌都电网严重缺电和没有骨干电源支撑的历史，为玉龙铜矿工程的开发、昌都社会经济发展和改善群众物质文化生活提供能源支持。

令人痛惜的是，在金河电站建设期间，一名驾驶员驱车前往工地，翻越海拔 5000 米怒江山突发脑出血。"坏了，眼睛看不见了！"话音刚落，他以顽强意志踩下了人生最后一脚刹车，将车安稳停在悬崖边，挽救了车上 4 位同志的生命。

2010 年 11 月，素有"天河"之称的雅鲁藏布江首次被建设者拦腰截断。作为西藏"十一五"规划重点项目，藏木水电站是雅鲁藏布江干流建成的第一座大型水电站，带动了加查、大古等电站建设，实现了西藏装机规模的大跨越。

为了减少对鱼类生存繁殖的影响，成都院在藏木水电站成功设计出世界上海拔最高、落差最大、规模最大、长度最长、过鱼效果最好的过鱼设施，并建设了鱼类增殖站，每年培育 10 万尾珍稀鱼类，成就了工程建设与资源保护同步推进的高原样本。

不懈坚守，提升西藏能源覆盖供给能力

西藏地广人稀，高寒农牧区、边远地区用电成了薄弱环节。让边远地区的人们，真正用上洁净、充足的电，是中国电建不懈坚守的动力。

阿里，位于西藏最西端，被称为"生命禁区"。2006 年前一直是全国唯一的无常规电源地区。

1992 年，成都院开展狮泉河水电规划选点工作。狮泉河海拔 4350 米，空气稀薄、温差大，极端最低气温零下 37 度。

在狮泉河建设的十多年时间里，成都院人经历了生与死的较量，创造了在生命禁区建成高原明珠的奇迹。2007 年，电站投产，阿里首府狮泉河镇无常规电源、靠柴油机发电间歇供电已成历史。

西藏除了水资源丰富外，太阳能资源也极为丰富。2008 年，成都院在阿里选址光伏电站。因为有了稳定电能供应，阿里一年发生巨变，外来人口大幅增加，公共设施、办公大楼和住宅楼鳞次栉比。时任阿里行署专员达瓦说："狮泉河电站不仅为我们带来了光明，更主要的是水库建成后，狮泉河镇的气候和湿度大大改善，过去种不活的红柳，现在能种活了，人们生活舒适多了！"

作为全国最后一个通公路的县，西藏墨脱在 2013 年才告别"高原孤岛"。与交通不便相伴随的，是电力不足，当地生产生活用电靠小型柴油发电机发电。2013 年底，墨脱县最大的水电站——亚让电站在墨脱人们的深切期盼中，终于开工建设。为了让宝贵电能早日服务墨脱，中国电建以大局为重，加大对项目资金、人力、技术与管理的倾斜力度，在不到 2 年的时间内，让墨脱彻底摆脱"电力孤岛"。从四川来此经营宾馆的陈亚高兴地说："再也不愁因为停电，游客吵着要换地方的事啦。还计划升级改造，满足中、高端客人需求。"

电源的建设也带动西藏电网的日益发展壮大，藏中电网等电力天路建设，使得青藏高原清洁电能源源不断地送往远方；地处高原深处的普马江塘乡，海拔 5373 米，成都院设计的输变电工程结束了这个"世界海拔最高乡"无电历史，也大大促进了牧民群众增收致富；普芒康县盐井 110 千伏输变电 EPC 工程，实现了当地人民由"用上电"向"用好电"的转变。一张张光明的网、幸福的网已在雪域高原织密。

中国电建依托强大能源电力建设能力，不断向新的领域进发。山南措美哲古风电场，为 4500～5500 米海拔区域的大规模风电开发提供研究成果和工程借鉴，填补超高海拔风电开发领域的空白。

格桑花向着红太阳，雅江水唱出幸福曲。如今，120 多万平方公里的雪域高原，每一寸土地都升腾起喜悦。中国电建 65 载坚守，信念如喜马拉雅山脉般坚毅，在高原至纯至美的背影下，生动磅礴。

（邱　云）

"太阳走不拢的地方，我们走拢了"

他们来自五湖四海，把十年的青春留在了甘孜；他们翻雪山过峡谷，只为寻找更适合居住的环境；他们不断挑战自我极限，确保国家重器顺利推进。他们是参与两河口移民安置工作的中国电建成都院移民人。

2021年9月，两河口水电站正式发电。这座矗立在康巴涉藏州县群山环抱中的水电站正式开始发挥它的巨大效益。2014年，两河口水电站正式核准开工。移民工作要追溯到2009年。两河口水电站是我国涉藏区开工建设规模和投资规模最大的基建工程，同时也是涉藏区移民人数较多大型水电工程。水电站建设征地涉及雅江、道孚、理塘、新龙在内的4座县的20个乡82个村，共计人口7460人，集镇6座，寺庙4座。该如何平衡电站影响和当地百姓生活习惯，征地移民工作从一开始就困难重重。

"滑索停在江中央的时候，我真的以为完了"

2009年的春天，两河口水电站建设征地实物指标调查工作正式开始。进涉藏州县前，调查队做好了充分的思想准备，但"拦路虎"一个比一个"凶残"。

首先面临的困难是"出行"。涉及搬迁的82个村大多没有通公路，出行全靠溜滑索。一根绳一根木，安全措施也很难到位，队员们先借由重力滑到江中央，再由对岸的人拉上岸。在完成理塘县雅砻江右岸村组调查之后，再使用过江溜索到左岸。

由于人数太多，大家体力消耗得很快，轮到其中的一位年轻调查队员过江时，本应该被拉回对岸的他，突然又滑回了江中央。彼时，严重的恐高加上多日连续工作的疲惫，让这个 25 岁的年轻小伙子失声尖叫。等最终被拉上岸时，他软瘫在山坡上感叹道："滑索停在江中央的时候，我真的以为我完了。"

10 年过去了，当年的滑索道已不复存在，一条条崭新的柏油路在群山里穿梭，畅通了区域交通。如今，这 20 个乡镇，都通上了公路，柏油马路直达家门口。不管是运输农作物，还是去县城读书，或是在家乡做电商，当地百姓拥有了更多的机会和选择，致富道路也越走越顺。

"他们是央企技术人员，我相信他们"

如果说翻雪山过草地、吃方便面、睡帐篷还是调查员们主观可以克服的困难，那和涉藏州县移民们的沟通则充满了不可预知。调查组进驻每个村组，从政策普及开始，配合当地移民工作人员，一点一点地宣贯修建水电站的意义。但也还是不可避免地出现了一些"小插曲"。理塘县呷柯乡正好处在淹没区，需要整体搬迁，在调查小组测量工作接近尾声的时候，当地村民突然对测量数据表示不信任，要求全部返工重新测。完成一个村子的测量需要七八天的时间，复测不仅花费人力物力还会影响整个调查工作的进程。然而不管调查组怎么解释，村民们仍然坚持要求复测。

"他们是央企技术人员，我相信他们。"正当大家进退两难的时候，老村长扎西突然站了出来，他不但给调查组做担保，还带着几个村民对其中争议最大的几户农家进行了复测，结果显示调查组的数据非常准确。最终，老村长带头在确认书上签下名字，呷柯乡的调查工作也顺利结束。

如今，复建的呷科村拥有了属于自己的中心小学，村里小孩上学再也不用淌泥巴路、溜索道，通行时间也从单边两三个小时，缩短到车程不到半个小时。不仅是学校，村里的基础设施建设也有了极大的改善，家家都通上了电、煤气、自来水。看着眼前越来越美丽的乡村，扎西老村长为当初的举动感到自豪。

"移民安置工作，要以心换心"

"我不愿意搬，我们家族一直生活在这里，能搬去哪里？""原来的房子都是石头一块一块垒起来的，新房子怎么就不能用石头了？"

随着移民搬迁工作的深入，问题也越来越多。成都院移民人"以心换心"，时常站在同胞角度来思考问题。传统的房屋修建使用当地的石头，虽然方便但下雨容易漏水开裂；混凝土浇筑的方式明明更优越，却很难被接受。为了找到原因，周亮深入到藏族同胞生活中，和他们拉家常聊农家事，发现原来是他们不了解混凝土浇筑方式，认为会很麻烦。为了解决这个问题，周亮又组织大家找来施工队，把浇筑原理一点点地介绍给当地百姓，还帮他们联系砂、石、水泥等修建必需品。最终，复建区一栋栋带着涉藏州县特色的混凝土小楼拔地而起，"这比文字宣贯要麻烦很多，但能换来涉藏州县同胞们实打实的信赖，我们愿意付出。"

工作上的困难可以想办法解决，但对家人的想念却是"无药可解"。9个月不间断的指标调查，让调查组的队员们都患上了"思乡症"。在去往雅江县木绒乡开展调查时，调查组早上7点从大山顶上的木绒乡政府出发，10多个人挤坐一辆拖拉机到庆大沟边，再骑2个小时马，再走七八个小时的山路，才到达庆大沟淹没范围。晚上，村民用麦草在房顶晒坝为调查组铺了一个临时床，天盖地席、皓月当空、夜静风爽，也不知道谁发现房顶角落的天线旁有移动信号，小小的角落排起了大长队，"喂，妈，我还在甘孜，过两个月就回来。""老婆，孩子会叫爸爸了没？叫一声听听！""少说两句，该我了，等下没信号了！"

"群众的眼睛都看着呢，必须拿出成效"

2013年，两河口移民安置工作正式进入实施阶段。各级政府和项目法人要求高标准和高要求、高精度开展建设征地移民安置实施工作。在围堰截流移民安置验收前，需完成"先移民后建设"工作。在蓄水阶段移民安置验收前，要完成7000移民搬迁安置和7个安置点的建设，完成4座寺庙和4个修行点的迁建、处理，完成3条等级路、3座跨江大桥的建设及其他蓄水验收11个必备条件，并要求实现工程下闸蓄水无过渡安置、无群体性事件、无搬迁滞后的目标，提出了以"两河口水电站成为全省水利水电工程移民安置工作示范项目"开展移民安置实施工作。

面对要求，成都院移民人倒排时间表，设立专人专项责任制度，确保现场设计（设代）服务不间断。两河口水电站的移民安置工作涉及7000余人。考虑到涉藏州县同胞的生活习惯不同、资源利用也不同，成都院移民人积极研究探索符合涉藏州县实际情况的移民相关政策和补偿安置方式，创新两河口水电站建设征地移民安置规划工作，针对两河口水电站建设征地移民安置特点对其移民安置方式、补偿补助项目、寺院等宗教设施处理等进行专题研究，并成功将研究成果纳入移民安置规划，成功将规划成果实施落地。

为了找寻水源，工作队义无反顾地爬上海拔4000米的雪山；为了取得百姓的信任，他们走村入户，与移民同吃同住；为了让工作更加精准，他们的足迹遍布库周每一座高山、每一块草地。每当夜幕降临，啃着烤土豆的时候，移民人就会唱起一首涉藏州县歌曲"太阳走不拢的地方，我走拢了；月亮走不拢的地方，我走拢了……"

如果说水电事业是一座必将驶向远方的大船，那移民工作就是为他铺路架桥的基础。11年时间，成都院移民人和时间赛跑、和自己打擂，最终成功"拿下"了这个高难度移民安置项目。如今，两河口水电站搬迁安置和生产安置已全部完成。6个集镇居民点和1个集中居民点已建设完成并入住，等级公路、库周交通等主要专项设施基本迁建完成并恢复功能，寺庙迁建已完成，实现了百分之百完成搬迁安置、百分之百完成生产安置、百分之百完成集镇迁建、百分之百完成寺庙迁建。

移民人用实力兑现了对村民们的承诺，也用时间证明了什么是移民人的担当。

（李林璠　刘　建）

岁月有痕，山河为证

近日，中国电建成都院全阶段勘测设计的两河口水电站首批机组正式投产发电。大坝无言，平湖为证；水电之光，情满山河。作为雅砻江中下游梯级电站的控制性水库工程，两河口水电站刷新了多项国内外纪录：世界规模最大的边坡群、世界最深的水库、世界最高的电站进水塔、世界第二的泄洪速度、中国调节性能最好的水电站……

一项项令人瞩目的成绩背后，体现的是一代代成都院人半个多世纪艰辛探索，是水电人持续奋斗、砥砺前行的真实写照。

两河口水电站地处川西高山峡谷地带，工程区内河谷狭窄、谷坡陡峻、河道弯急，雅砻江两岸沟谷交错、边坡倾倒变形发育，地形地质条件极其复杂。在整个建设周期中，成都院人的足迹遍布两河口的山岭河谷，凭借坚实的理论经验积累与积极的技术创新，全面攻克了复杂土料勘察、高边坡治理、蓄水期岸坡预测预警等诸多技术难关。

聚石成坝，建最高土石坝

作为国内已建最高的土石坝，两河口水电站大坝最大坝高达 295 米。为了保证坝体稳定，土石坝的厚度要远大于相同高度的混凝土坝，这使得高土石坝的体量十分巨大，两河口大坝防渗心墙所需的土料达 441 万米^3，外层堆石区所需堆石料总量高达 3000 多万米^3。

如此大的用料需求，土石料从何而来？经验丰富的地质工程师心中自有分寸。

为了提供充足的筑坝建材，确保大坝顺利施工，前期地质勘察工作中进行了多次地质调查，配合各项试验，对土石料的强度、颗粒大小、级配等做了详细研究。两河口土石料分散而复杂、料性变化大，传统的二维图纸很难直观反映土石料在三维空间上的分区、分层，更难以对某一区域土料物性进行统计。面对这一技术难题，地质工程师们运用地质三维数字建模技术，将料场的主要物性指标进行可视化表达，实现了料场勘探采剥动态化、信息化，真正实现了料源可追溯、剥离量可控。这种技术手段在提高开采效率的同时，也大大节省了工程建设成本，赢得了业主和相关参建方的一致好评。

高崖千尺，立最大边坡群

边坡稳定性是影响水电工程的重要因素之一，这一影响因素在两河口水电站表现尤其突出。

两河口水电站坝址区两岸地形高陡，靠近坡表的岩体经过卸荷作用，形成大量裂隙，结构趋于破碎，同时陡立的层状岩体在漫长的时间中逐渐向临空面弯折倾倒，形成落石、甚至滑坡，对工程造成极大的安全隐患。

在高达 684 米的高陡边坡面前，人是如此的渺小，但是团结的力量是巨大的，智慧的力量是惊人的。

面对世界规模最大的边坡群，众多工程建设者并没有被吓倒，反而激发了他们更快更好地征服这些边坡的昂扬斗志。为了对这些高陡边坡进行加固，工程师们的脚步在陡立的"天路"上扎根，调查取得了边坡翔实可靠的勘察成果，进而针对性地布置了一万三千余根锚索深入山体内部，将坡表倾倒变形的岩体牢牢固定在山体之上，如同为边坡穿上铠甲，使其足以抵御高烈度地震的威胁。

长库百里，成最深人工水库

雅砻江、鲜水河、庆大河在两河口坝前汇流，三个库区回水总长度将达到 232 千米，坝前最大水深达 285 米，为世界之最。

水库蓄水导致的库岸滑坡、变形是水电建设中普遍存在的难题，两河口水电站库岸稳定问题十分严峻与复杂，对其进行有效防治面临的挑战更大。

为切实有效推进库岸稳定性调查和复核工作，成都院充分发挥自身技术优势，通过遥感技术、无人机、数字化等手段建立了天—空—地一体化的"四查"体系，从不同角度和尺度判别和发现重大潜在不稳定库岸，摸索并建立一套行之有效的判别系统。针对排查中发现的安全隐患，工程师经过分析、论证，根据其风险大小，分别采取监测、预防、治理等不同处理手段与方式，有力保障了两河口电站的安全建设及运行。

奉献能源，促双碳目标实现

作为中国调节性能最好的水电站，两河口拦蓄的每一方水可以发出6度电；作为我国涉藏州县开工建设规模和投资规模最大的水电项目，两河口为涉藏州县脱贫致富与乡村振兴作出了应有贡献；作为龙头梯级水库电站，两河口形成近110亿米^{3}库容，可大大减轻长江中下游洪涝危害。

两河口水电站正式运行后，每年可节约原煤消耗1330万吨，减少二氧化碳排放2130万吨，将极大促进国家"双碳"目标的实现。面对世界级的诸多建设难题，两河口充分展现出成都院水电领域雄厚实力，传达着水电人的情怀和艰苦奋斗精神。

随着两河口水电站首批机组正式投产发电，滚滚江流化为源源不断的清洁能源，汇入电网，穿越千里，点亮万家灯火，推动产业发展。筑成巍然高坝的是钢铁土石，更是建设者的智慧与心血。两河口的山河见证了成都院人艰苦奋斗的水电情怀与攻坚克难的实践创新精神，深入甘孜涉藏州县腹地，投入两河口的岁月从不曾无痕流逝；在两河口工程中摸索积累形成的经验、技术也将从此出发，服务于更多的工程建设。

（钟雨田　王　勇）

贡嘎山下出平湖

2015 年 7 月 4 日，大岗山水库蓄水至死水位 1120 米，泄洪洞过流。蓄水成功，距离水电站的正式建成又近了一步。作为参与建设的设计者，在这具有里程碑意义的时刻，更是倍感自豪！

大岗山水电站位于大渡河中游，是大渡河干流规划的第 14 个梯级。电站枢纽主要由挡水建筑物、泄洪消能建筑物、引水发电建筑物等组成。挡水建筑物采用混凝土双曲拱坝，最大坝高 210 米，电站装机容量 2600 兆瓦，年发电量 114.3 亿千瓦时。

大岗山水电站工程规模较大，河流泥沙含量高，具有高地震烈度、高边坡、辉绿岩脉及其破碎带多、岩体蚀变强烈、岩体风化强烈、坝基相对抗水层埋藏较深等特点，拱坝抗震设防、泥沙设计难度大。

前期勘察成果丰富

对大渡河的最早认识来自那篇《飞夺泸定桥》的课文，"水流湍急"是她给我们的第一印象，长大后才知道那里蕴藏着巨大能量，是我国西南水电富矿的重要组成部分。

1969 年在大渡河水力资源普查工作中，大岗山坝址区开展了少量的钻探工作。1977 年至 1983 年大岗山水电站规划阶段勘察工作开展，老一辈成都院人在石棉挖角留下了深深的足迹。

2003 年初春，勘察工作搁置近二十年之久的大岗山再次迎来成都院人的脚步，挖角坝的勘测基地还在，只是已经破败不堪了；枢纽区的勘测便道还在，只是或被砂石覆盖，或杂草丛生，部分还出现垮塌；老前辈们记录的地质点还在，测绘的地质平面图还在，虽然只是手绘的；山上的勘探平洞也还在，都还好。

真正认识大岗山之后，才会见识它有多难。大岗山的坝不是最高，水库库容也不大，但其大坝设防地震动参数是目前世界在建、已建水电站中最高的，直接导致设计难度呈几何级增长。要铸造精品，勘测设计必须担当重任。

2003年2月至2006年4月，从预可行性研究到可行性研究，短短3年多时间，成都院共完成60余条平洞、130个钻孔的勘探，开展了大量野外工程地质测绘、室内和现场岩（土）体试验。科研团队集中他们的聪明才智，解决了勘测设计过程中遇到的实际问题，获得了丰富的研究成果，前期共完成10项工程地质专题研究、坝址选择、坝型选择及阶段设计报告等。成都院人从来都不畏惧前行，这一切的努力，只为查明工程区的地质条件，为设计工作和工程建设铺平道路。

预可行性—可行性研究，以水电水利规划设计总院为首的专家对勘测设计大纲、重大工程地质问题等实行全过程的咨询、指导，为明确工作方向，促进工作进度，提高产品质量起到了积极的作用。

设计服务 成绩斐然

根据施工规划，大岗山水电站主要划分为导流洞、坝顶以上开挖、大坝、帷幕灌浆、引水发电建筑物、泄洪洞、料场开采等标段，2006年6—2011年3月完成各主要标段的招标设计报告和招标文件编制。2007年完成项目评估报告，2007年开展坝址区小断层活动性专题讨论，2010年12月正式核准建设。

2005年大岗山水电站开始场内交通等筹建项目施工，2006年9月左、右岸导流洞开始施工，大岗山的现场设代服务自那时起，至今没有中断过。最开始的几年，业主建设营地还没有建成，住铁皮房，洗冷水澡，这些生活上的困难都没有难倒成都院人。他们从一开始就掂量到自己身上所背负的责任，尽力保证每一个边坡、每一个隧洞的稳定和安全。

随着主体工程开工，施工开挖的高峰也如约而至，两岸边坡开挖、引水发电系统开挖，一个接一个的标段，对现场设计人员来说就是一项接一项的任务。要现场收集编录资料，要分析地质条件的变化，要动态设计，要合理给出支护处理措施，这些构成了繁忙的设代生活。

右岸边坡勘探工作滞后，直至右岸边坡施工期，结合边坡锚索孔施工进行了取芯、岩体声波测试等工作，完成17条平洞和25个钻孔。根据新的勘探资料，设计优选了边坡支护处理措施，对右岸边坡采取了6层抗剪洞、锚固洞、斜井、系统锚索、贴坡混凝土挡墙、深排水孔的支护方案，确保了边坡的安全。

大岗山地区的岩性为花岗岩，穿插有多条规模大小不等的辉绿岩脉，大大降低了岩体完整程度。左右岸都分布有对大坝岩体稳定构成威胁的岩脉，设计方案对其进行开挖置换。坝基深部置换洞的开挖追踪岩脉破碎带，多位于Ⅳ、Ⅴ类岩体，要求每一个开挖循环之后，设计人员都要去现场，既要地质编录，还要对下一循环的开挖支护提出合理建议，是真正的动态设计。这样的方式导致工作量巨大，很辛苦，但还是圆满完成了。

地下厂房洞室群的开挖，就像修建一个迷宫，几十条大小各异的隧洞纵横交错，既要考虑开挖揭露的围岩情况，又要考虑洞室稳定，仅仅每个工作面走一趟，都要花上大半天时间，更不用说细致入微的收资编录和稳定性判断了。连轴转的工作状态也挺锻炼人的，忙碌已经成为一种习惯。但是对于工程质量，面对不合理的要求，又要真正地当起黑脸包公。如果由于自己的工作失误，导致了什么不良后果，谁也担得起这个风险和责任，唯有兢兢业业、如履薄冰。地下工程面对的主要是隐蔽工程，为确保围岩稳定，开挖后要求及时封闭，所以对于地质人员来说，最繁重的任务就是开挖后及时进行地质编录。每一个隐蔽工程部位不会有第二次编录的机会，每一次都是唯一的，错过了就会一直错过，要不留遗憾，唯有过程中认真。

白天爬边坡、下基坑、钻洞室，晚上及时分析整理收集的资料，这就是现场设代期间的基本生活。任何时候，只要工程需要，设代处都能提供服务，隐蔽工程验收随叫随到，不因设计原因影响一天工期。这是大家共同的信念。辛勤付出能保证工程的建设顺利，是他们最大的心愿。

工作中爬坡上坎汗流浃背，节假日失去与家人团聚机会，错过孩童的成长岁月，这些会成为遗憾，但工程实现了一个又一个节点。一切都是值得的。

大岗山的设代团队是一个团结互助的团队，每一个来过大岗山的人，都会被那种亲情般的温暖感染，员工之间的情分从这里出发，走向更多的工地，走向更久远的人生。

2011年6月20日，大坝基坑开挖顺利完成，2014年10月30日，大坝混凝土全线浇筑到坝顶高程1135米，可视为对多年设代坚守的最大奖赏。

首次蓄水　平湖初现

自2013年12月开始大岗山水电站枢纽工程蓄水安全鉴定工作以来，2014年10月～12月、2015年4月～5月大岗山水电站分别完成第一阶段、第二阶段蓄水安全鉴定咨询和蓄水验收审查。数年建设，终于迎来了蓄水的日子。

2014年12月30日，左岸导流洞下闸，12月31日凌晨，坝身导流底孔过流，31日中午，水库水位上升至1004.5米；2015年5月29日上午，导流底孔下闸，正式开始第二阶段蓄水，5月30日，晨坝身泄洪深孔过流。

首次蓄水期间，设代处现场值班人员加强水库区、枢纽建筑物巡视，

及时分析监测资料，监测、水工、地质等专业每天参加监测分析工作会，了解巡视、监测等方面的最新情况，共同分析蓄水过程中的有关问题，制定合理的蓄水计划。按照蓄水计划控制水位上升速率，前后历时共 36 天，2015 年 7 月 4 日，水库蓄到死水位 1120 米。

水库成功蓄水，是电站建设过程中又一个重要的里程碑。

大岗山已经站起来了，作为见证人和亲历者，我们热切地期盼着发电目标的实现，也许我们不能从城市的霓虹中分辨出那一缕属于你，但我们知道，那亮光中必有一缕属于你。

大岗山水电站建设实现了成功蓄水这一重要节点目标，发电指日可待。如今，在大坝，在厂房，常能看见业主、设计、监理、施工等参建各方几人一队的巡视队伍，他们在密切关注蓄水后引起的蛛丝马迹，他们期待它的安然无恙。成都院人没有放松，他们仍在紧张地关注大坝蓄水可能带来的一系列细微变化，分析巡视、监测资料，检查各建筑物是否正常运行，任务众多，依然忙碌，为了取得大岗山工程建成的全面胜利，成都院人仍在努力！

（吴灌洲　邓忠文）

水电发展新坐标

在 2015 第三届碾压混凝土坝国际里程碑工程奖评选中，中国电建成都院勘测设计并监理的沙牌水电站获此殊荣，也是本届唯一获奖的中国水电工程。这一盛誉，无疑为即将到来的成都院建院 60 周年庆献上一份厚礼。

这座位于四川省阿坝藏族羌族自治州汶川县境内，岷江支流草坡河上游装机规模不大的电站，为何受到国际坝工专家如此青睐呢？

十年攻关与探索 实现技术新突破

要回答这个问题，先要了解当时国内筑坝技术尤其是碾压混凝土坝的现状。

沙牌水电站采用"全碾压混凝土坝"模式设计，全断面薄层碾压、连续上升工艺施工，于 1997 年开工建设，2003 年竣工，成为 21 世纪初建成的世界最高碾压混凝土拱坝。

以往碾压混凝土主要用于重力坝上，用于拱坝上很少，两者的结构作用有本质差别。重力坝断面体积大，主要依靠各独立坝体单独承受荷载和维持稳定；拱坝依靠坝体的整体性来传递和分配荷载，被认为是水工界最复杂的建筑物。

据沙牌水电站设总陈秋华介绍，沙牌碾压混凝土拱坝具有混凝土量大、施工环境条件复杂、坝体应力水平高等特点，工程技术难度大。在沙牌水电站之前，国内外修建的碾压混凝土拱坝数量极少，坝高均小于 75 米，还没有修建 100 米级以上碾压混凝土拱坝的实例和经验。

沙牌水电站为什么要选择碾压混凝土拱坝来挡水呢？除了地形地质条件，从工程功能、安全、经济上考量，最关键的一点是施工速度快，施工方法简单，保证施工质量相对容易。

要实现快速浇筑，对枢纽布置，坝体结构、体型、分缝等方面都有严格要求。沙牌水电站采取厂坝分离布置，坝身无泄洪建筑物，选用三心圆单曲拱坝，结构简单，应力和稳定条件好，较大地简化了碾压混凝土拱坝结构，为碾压混凝土快速施工创造极为有利的条件。

但对碾压混凝土拱坝而言，施工期温度荷载引起的温度拉应力对拱坝应力有较大影响，拱坝越高，越容易产生裂缝，拱坝温度应力和裂缝控制问题非常突出。潘家铮院士曾指出：不解决这个问题，碾压混凝土高拱坝就很难发展。

设计是工程建设的核心和灵魂。对沙牌水电站这样一个有着世界级设计难题的工程，成都院选择了迎难而上，适时开展"九五"国家重点科技攻关项目——碾压混凝土高拱坝筑坝技术研究，攻克了这座世界最高碾压混凝土拱坝设计、分缝及建坝材料、快速施工、施工期全过程温度仿真计算及温控技术等一道道难题。

在长达 10 年科技攻关中，前后历经两任设总，成都院举全院之力，实现了该领域多项重大技术突破：碾压混凝土拱坝分缝理论与技术、碾压混凝土温度控制技术、高抗裂碾压混凝土技术、坝体防渗技术、碾压混凝土快速施工技术，完善了碾压混凝土拱坝原形观测技术等。

经专家鉴定，沙牌碾压混凝土坝取得的成果均达到国际先进水平，其中坝体成缝技术和碾压混凝土预埋高密度聚乙烯冷却水管降温等技术达到了国际领先水平。

巨大效益与成就　擎起行业新高度

多年来，岷江滚滚东流，丰富的水能资源没有得到合理利用。阿坝州当地百姓在相当长时期内，以砍伐森林作为能源补给。

"必须坚持生态保护第一"，这是中央对西藏和涉藏州县工作的一大战略指导思想。发展清洁能源，对于"严格生态安全底线、红线和高压线，完善生态综合补偿机制，切实保护好雪域高原，筑牢国家生态安全屏障"具有十分重大意义。

沙牌水电站投产之时，正是阿坝州停止砍伐森林木材，少数民族地区经济发展面临下滑与转型之际。沙牌水电站的投产，将岷江支流上的水能转化为电能，优质高效的清洁能源为少数民族地区的经济发展提供了强大动力。除贡献利税外，还带动了阿坝州从森林经济向工业经济和旅游经济逐步转型，促进了阿坝铝厂新建、百花水泥厂扩建、草坡水电站扩机等工业企业的发展，促进了旅游经济的开发与发展。

沙牌水电站高达 130 米高的拱坝，拦蓄了近 2000 万米 ^{3} 库容，是阿坝州电网唯一具有季节性能的水电站，除了可观的发电效益，综合效益也令人欣喜。建成后，为下游草坡水电站扩机 1.5 万千瓦提供了充分保障。

沙牌碾压混凝土拱坝于 2002 年 5 月建成，拱坝 2003 年 5 月下闸蓄水成功，运行情况正常。

整个大坝经过施工期高温和严寒的考验，经过蓄水及运行考验，大坝至今没有发现裂缝，这在国内外混凝土筑坝工程中十分罕见，说明对碾压混凝土高拱坝关键技术问题的解决比较科学合理。沙牌工程在推动科技进步上方面，解决了碾压混凝土高拱坝建设关键技术问题，形成了碾压混凝土高拱坝筑坝成套技术，提高了碾压混凝土筑坝技术水平。

沙牌工程的成果及经验，推动了国内碾压混凝土设计或施工规范的修订：《碾压混凝土坝设计规范》（SL 314—2004），《水工碾压混凝土施工规范》（DL/T 5112—2000），《水电水利基本建设工程 单元工程质量等级评定标准（八）水工碾压混凝土工程》（DL/T 5113.8—2000）等。在蔺河口（100 米）、石门子（109 米）、招徕（107 米）等碾压混凝土高拱坝工程中，沙牌成果及经验已得到推广应用。涡漩内消能竖井泄洪洞技术受到广泛关注，已成为深山峡谷区水电站泄洪消能的新技术。

美国土木工程师学会（ASCE）杂志 2002 年 10 月介绍了沙牌工程情况，高度评价了中国工程师在碾压混凝土筑坝技术上取得的成就。2003 年在西班牙召开的第四次国际碾压混凝土坝研讨会，中国、日本、美国、巴西、西班牙等 40 多个国家的代表参加。大会专题总结报告评价认为：以沙牌拱坝等为标志的高度超过 100 米的拱坝在中国的成功实现，证明了中国走在其他碾压混凝土技术先进国家的前列。

成都院依托沙牌水电站，取得了多项大奖——

碾压混凝土拱坝筑坝配套技术研究，获 2005 年获国家科学技术进步奖二等奖；

沙牌碾压混凝土拱坝筑坝配套技术研究，获 2001 年获"九五"国家重点科技攻关计划优秀科技成果奖；

沙牌碾压混凝土拱坝筑坝配套技术研究，获 2004 年获中国电力科学技术奖一等奖……

这些成果，是在"啃"沙牌一些关键技术"硬骨头"的过程中，总结和提炼出来的，具有极强的实践性与指导性。国家级、省部级大奖的获得，无疑进一步提升了成都院在水电设计上的地位，尤其是碾压混凝土高拱坝设计领域的领先优势。

经受强震考验　无愧至高荣誉

在沙牌水电站正常运行 5 年之后，2008 年 5 月 12 日，四川省汶川县发生了里氏 8.0 级的特大地震，汶川一片狼藉，灾害损失十分严重。而沙牌水电站距离震中 36 千米，离龙门山后山断裂 8 千米，离龙门山中央断裂 29 千米。

地震发生时，沙牌大坝水库基本上接近满库状态。"满库＋远超设计地震基本烈度"工况，是成都院设计者所没料到的，他们立马赶往现场察看震损情况。当发现震后大坝主体建筑物完好，坝基未发现渗漏，坝与基础连接完整，设计者大大松了一口气。沙牌拱坝较强的超载能力和抗震能力，成功经受住了山崩地裂的考验，专家们称赞其是汶川大地震中最"牛"的大坝。震后一年，大坝运行正常，滴水不漏，顺利恢复发电。

2015 年 9 月，国际大坝专家考察组 40 余人，来到沙牌大坝现场进行技术考察。

国际大坝委员会委员、澳大利亚 GHD 公司经理 Brian Forbes 说："现在可以告诉你，碾压混凝土坝国际里程碑工程评奖，我打的最高分，现场考察后，比会场材料中的介绍还要震撼，名副其实。"

西班牙大坝委员会委员、西班牙 FOSCE 公司总裁 F.Ortega 说："印象很深刻，一座经过强震考验的碾压混凝土坝，性能表现优秀，中国工程师很能干，西班牙大坝委员会愿意与中国工程师一起，宣传和推广沙牌拱坝的经验，共同促进碾压混凝土坝的发展。"

沙牌工程摘取国际大奖，是成都院水电设计实力的深刻体现。"从诞生之日起，成都院就勇挑中国水电建设事业重担。沙牌、二滩、溪洛渡、锦屏一级、瀑布沟等一大批具有世界影响力的水电工程，相继在成都院人手中变为现实，这是一个大院的担当。"成都院总经理章建跃对于"大院"有着如此定义。

沙牌水电站，这颗深山峡谷里的明珠，她的伟岸身姿，经受住地球强烈颤动的考验，带给世界一个魅力四射的形象；她像一轮冉冉升起的太阳，在西南大地上发出耀眼的光芒；她是一座中国水电科学发展的新地标，谱就了水电发展史的新华章，展示了中华民族的自豪与骄傲。

（邱　云　陈秋华）

"小小"瓦支沟，尽显"大"文章

《礼记·中庸》曰："凡事预则立，不预则废。"瓦支沟泥石流防护工程就是成都院在大打两河口水电站建设之"战"前所做的充分准备工程。

两河口水电站位于四川省甘孜州雅江县境内的雅砻江干流与支流鲜水河汇合口下游约 2 千米河段内，为雅砻江中、下游的"龙头"水库，电站为砾石土心墙堆石坝，最大坝高 295 米，装机 300 万千瓦，正常蓄水位库容约 108 亿米^3。坝址区河谷深切，两岸岸坡陡峭，阶地不发育，呈典型的峡谷地貌，近坝区基本没有可供利用的平缓山坡和滩地，施工场地条件总体较差。鉴于如此的场地特点，成都院设计者们经过不懈努力，反复比选研究，最终科学规划出在瓦支沟内设计两河口水电站 2 号渣场。

瓦支沟为两河口水电站坝址上游约 400 米庆大河左岸一级支流，为两河口水电站库内二级支流，沟口位于庆大河口上游约 2.5 千米处。根据工程建设需要，2008 年距瓦支沟沟口 1.9 千米处设计建成了瓦支沟沟水处理工程，修建有一座土石挡水坝和一条右岸排水隧洞，工程下游依次规划布置两河口最大的 2 号渣场和 1 号渣场直至大坝基坑。2 号渣场设计容量约 3000 万米^3，渣场平台高程 2800.00 米，平台上布置有瓦支沟混凝土成品骨料备料场、瓦支沟混凝土生产系统、瓦支沟反滤料和心墙掺和料加工系统、1 号钢筋和木材加工厂、左岸施工机械设备停放场、13 号公路、15 号公路以及其他通往渣场料场的施工道路等。

2010 年，瓦支沟内暴发了一定规模的泥石流，而位于排水洞取水口上游侧的左支沟是距挡水坝最近的小支沟，因两侧山体植被遭受火灾破坏，于2011年又单独暴发了一定规模的泥石流，所幸两次泥石流都未对原沟水处理工程造成致命破坏。鉴于沟内存在的泥石流风险，成都院地质人员立即开展了瓦支沟泥石流调查研究，通过几个月的详细调查研究，最终认定瓦支沟为一条典型的沟谷型泥石流沟，且属于易发型，危险性指数评价结果为危险性中等偏大，一旦暴发泥石流引起排水洞严重堵塞，将极有可能翻坝从而对2号渣场上的建筑物造成不可预估的破坏（距电站蓄水渣场运行要求约6年时间），进而在工程建设关键期造成不利影响。

考虑到泥石流的复杂性、暴发不确定性及预测难度较大等，2012年成都院施工处导流室立即成立约7人的专题组，开始研究瓦支沟泥石流的防护设计，并于2012年9月编制了《瓦支沟泥石流防护设计专题报告》。鉴于防护工程的重要性和复杂性，业主和成都院多次组织会议对设计方案进行讨论和评审（甚至进行了相关的水力学物理模型试验），最终通过大会3次，小会多次，于2014年2月最终确定防护设计方案，6月完成《两河口水电站瓦支沟泥石流防护工程施工招标文件》。

2014年10月，瓦支沟泥石流防护工程施工进场；2015年6月底，工程主要建筑物基本完工，并开始发挥防护功能。

瓦支沟泥石流防护工程的安全等级为二级，对应降雨强度50年一遇，工程建筑物包括：挡水坝（原沟水处理工程挡水坝基础上加高，重设防渗系统）、新型进水塔（原沟水处理工程排水洞进口新设）、上游1号钢筋石笼拦挡坝、上游2号钢筋石笼拦挡坝。建成的瓦支沟泥石流防护工程在保证工程安全运行的情况下最大的拦蓄库容约100万米^3。

瓦支沟泥石流防护工程亦运用了多项创新技术，整个工程获得多项发明专利、实用新型专利（专利主要为新型进水口、新型拦挡溢流坝、内置土工膜防渗土坝等），发表多篇论文。可以说，瓦支沟泥石流防护工程充分考虑了工程的合理性、安全性、经济性，并结合利用改建原有沟水处理工程，提出设坝停淤和进水塔多孔水石分离的思路，为水电工程不同类型泥石流防护设计的标准化体系和工程实际应用树立了科学、合理、经济的典型。

"小小"瓦支沟，对于建设投资巨大的两河口水电站工程来说太小，但结合工程建设的实际情况，"小小"的她却书写了一篇"不小"的科技创新大篇，这也充分体现出了成都院优良的设计传统。"小小"的瓦支沟未来还将继续为两河口工程保驾护航，而今年她也正在用她"小而坚"的身躯为成都院建院"60 周年"华诞献礼。

（汤　雷）

锦屏山下的世纪丰碑

2018 年 6 月 3 日，从第十五届中国土木工程詹天佑奖颁奖大会上传来喜讯：由中国电建成都院完成全阶段规划论证和勘测设计，水电五局、七局、十四局等单位承担施工，凝聚了几代水电人企盼和心血的锦屏一级水电站，荣获了中国土木工程界"奥斯卡"之称的重量级大奖。

水电界一直有"三峡最大、锦屏最难"的说法，业内专家认为锦屏一级水电站是当今"技术难度最大、施工布置难度最大、建设管理难度最大"的世界级工程，尤以技术难度大最为突出。也就是这座世界最高的大坝，将我国 300 米级高拱坝设计与建设水平推上了国际领先的地位。赞誉和荣誉的背后，承载了几代成都院人前赴后继、为之奋斗半个多世纪的梦想和追求。

大河湾筑坝发电之梦

雅砻江，从青藏高原雪山流出，聚纳众川，切入横断山脉褶皱带的深谷巨壑，以磅礴浩荡之势奔腾而下。锦屏山，犹如一道摩天绿色画屏横亘在攀西大地上。桀骜的雅砻江在锦屏山下止住脚步，掉头向北，又向东向南流去，形成了约 150 千米的大河湾，也造就了 300 多米的河流落差，蕴藏了丰富的水能资源。

开发雅砻江锦屏大河湾是中国几代水电人的梦。从资源普查、规划、勘探、设计，直到最后研究、论证，历经了半个世纪的风雨历程。

这里曾经难以寻觅人类的踪迹，亿万年的时间里，只有这座山，伴着这条江，静默守望。

1955 年，成都院承担了包括雅砻江在内的水力资源普查的任务，将水电建设者的足迹第一次留在了这方土地。十载辛勤劳动，付出了智慧和汗水，甚至生命，1965 年完成了《雅砻江流域水力资源及其利用报告》。有了翔实的第一手资料，到 1979 年，锦屏水电工程建设终于被提上议事日程。成都院对锦屏开发方案进行了调整研究，《雅砻江锦屏水电站开发方案研究报告》出台，提出了锦屏一级高坝水库和锦屏二级引水两级开发方案。这是一个大胆而令人鼓舞的方案，充分利用大河湾天然落差，再加一座高坝，形成 600 米的落差，总装机接近半个三峡的发电量，而投资却不大，也就是今天已经辉煌呈现在雅砻江下游的锦屏一级、二级"双子星"方案。

大坝坝型选择之争

根据河段规划，锦屏一级水电站的挡水建筑物为一座 300 米级的高坝。放眼世界，在当时无论是当地材料坝还是混凝土坝，都没有超过 300 米的先例，已经建成的顶级高坝基本都在 200 米左右，一下子将坝高提高近百米，难度可想而知。

随着研究工作的深入，一个艰难的抉择摆着成都院人的面前：究竟是选择当地材料坝还是选择混凝土拱坝？

中国工程院院士、中国科学院院士潘家铮曾经这样形容锦屏的地理地质环境："峰如斧劈江边立，路似绳盘洞里行。"应该说，锦屏坝址区两岸河谷陡峻，非常适合修建拱坝，但锦屏复杂且局部较差的地质条件，却是摆在拱坝方案面前的拦路虎。

不论哪种坝型，都将毫无悬念地成为世界第一高坝，究竟选择哪个坝型更合适？两者各有利弊，也各有千秋，当地材料坝技术难度及制约因素相对较少但投资大，而拱坝虽然经济但技术难度大、制约因素多。

面对难题唯有攻克一条路可走。成都院人选择迎难而上，深入开展科学实验及专题研究，并联合国内最有实力的科研单位开展有针对性的科技攻关。从 1999 年底开始，成都院广大工程技术人员克服重重困难，攻克一个又一个技术难关，夜以继日地工作，不到三年的时间，完成科研试验报告 60 多份，专题研究报告 35 份，取得了丰硕的坝址及坝型选择研究成果。在大量的研究成果的支撑下，成都院最终大胆拍板，认为在普斯罗沟坝址设计与建设一座 305 米的混凝土双曲拱坝是完全可行的。

当地材料坝成功经验比较多，成都院对此也颇有研究，论证的深厚覆盖层上世界级大型堆石坝瀑布沟，在当时就已经取得许多关键性成果。而拱坝被认为是水电界最复杂的建筑物，成都院选择最有挑战的坝型自有其底气。20 世纪 60 年代到 80 年代，成都院在雅砻江上就设计论证了二滩拱坝，尽管坝高和装机均不及锦屏一级，但也是中国第一座超过 200 米的高坝，坝高 240 米，开工建设后一直进展顺利，为锦屏修建 300 米级拱坝提供了重要参考和借鉴。另外，世界第三大水电站也是 300 米级拱坝的金沙江溪洛渡水电站，基本和锦屏同步开展相关研究论证，两者可以相互印证和提升。

世界拱坝设计之难

坝址与坝型已定，拱坝设计与建设中遇到的难题接踵而来。

锦屏一级拱坝在世界拱坝史上的高度，绝非一个简单的吉尼斯世界纪录认证可以体现。工程位于地质灾害频发的深山峡谷地区，地质条件复杂，工程规模巨大，技术难度高，具有"三不对称"特点：坝址地形不对称、坝址两岸地质条件不对称、拱坝体型及应力不对称。在拱坝建设中，有一个"不对称"存在，难度就增加许多。而如此多的不对称，给设计带来的挑战不可想象。

对于坝址地形条件不对称的问题，成都院创新性地提出了大垫座的设想。据成都院副总经理、总工程师、全国勘察设计大师王仁坤介绍，为确保大坝基础固若金汤，方案设计时在左岸增设了一个高度在 155 米、混凝土方量达到 55 万米³ 的大垫座，这就好比给大坝穿了一双靴子，来均匀分散拱坝坝基的应力。而针对拱坝体型及应力不对称的问题，提出了"通过结构刚度的不对称分布，适应结构尺寸的不对称分布，从而使结构获得较对称的应力分布"的拱坝体型设计思路。

努力自有收获，心血没有白费。"锦屏一级大坝的技术在国际上来说都是最先进的。"国际知名水电咨询公司美国美华哈扎公司专家迈克赞叹，"作为突破300米的高拱坝，锦屏一级大坝将和胡佛水坝一样成为世界水电的里程碑。"不仅如此，依托锦屏一级为代表的数座特高拱坝的科研攻关与实践，成都院"300米级高混凝土拱坝设计与建设关键技术"已经位于国际领先水平。

巨型工程创新之魂

锦屏一级水电站遇到的棘手难题绝不仅仅来自拱坝本身。高水头大泄量窄河谷的泄洪消能设计、高地应力环境超大规模地下厂房洞室群设计等，任何一个都称得上世界级技术难题，没有成功的工程经验可以借鉴，只有靠自主科技攻关找到解决方案。

通过大量的试验研究，针对锦屏一级拱坝坝址区河谷狭窄、边坡稳定性差、坝下水垫塘水垫较深的特点，成都院首次创造性地提出了坝身表、深孔水舌空中无碰撞的泄洪消能方式，首次在拱坝表孔上成功使用窄缝消能工进行消能，减小坝身泄洪雾化成都，从而降低对边坡稳定的影响。当开启坝身孔口泄洪时，站在305米的世界第一高坝前，可见两岸青山间镶嵌的一座灰白色混凝土大坝，喷出的水流如巨龙吐水，江中水流翻滚，浪花卷起千堆雪，水声震天，场面十分壮观。依托本工程消能成套技术的突破，成都院获得多项国家级、省部级科技进步奖，并获得发明专利30余项。

与一般地面厂房不同，锦屏地下厂房的施工复杂而危险。由于地质条件复杂，洞室围岩强度较低，地应力高，施工期洞室群围岩的变形破裂，大大超出已有工程的经验判断，是行业公认的围岩稳定控制难度最大的大型地下厂房洞室群工程。如何确保施工期及运行期地下厂房围岩的稳定，为发电机组修建一个安全的房子，摆在设计者面前。

厂房开挖伊始，就给建设者一个下马威——开挖时喷混凝土剥落、岩体劈裂弯折，影响到安全与进度。成都院针对此情况适时开展专题研究，解决了高地应力地区大型地下厂房洞室群布置、洞室变形控制技术、围岩稳定分析和安全评判等一系列关键技术难题，并提出了综合控制技术体系，确保了厂房洞室群的围岩稳定。

水电设计匠心之光

哪里有难题，哪里就有成都院人的攻坚创新。凝聚成都院及国内科研高校群体智慧的锦屏水电站，实现了众多"世界第一""中国第一""水电行业首创"的辉煌梦想和匠心之光——

世界第一高坝是锦屏最耀眼的标签。此外，它拥有世界规模最大也最复杂的坝基抗力体处理工程、世界最复杂高边坡治理工程、世界最高的具有生态环保分层取水功能的独立岸塔式电站进水口，也是世界第一个采用坝身多层泄洪孔口无碰撞消能方式的特高拱坝，还拥有国内直径最大的调压井、国内最深消力池、国内第一个成功在高地应力低岩石强度条件下建设完成的地下厂房洞室群……据不完全统计，电站设计已获省部级及以上科技进步奖等各类奖项34项，其中国家技术发明奖1项、国家科技进步奖2项、省部级科技进步奖17项、省部级四优奖14项。

锦屏一级水电站，无疑是中国水电工程的标杆型工程，是世界大坝建设的里程碑工程，推动了高山峡谷复杂地形地质条件下巨型水电工程设计、施工与建设管理的长足进步，引领中国水电建设技术由世界先进迈向世界领先水平。

　　新的高度，意味着新的开始；更大的荣誉，意味着更大的责任。60多年过去了，成都院在铸就荣光的时光中，留下了诸多传奇，也在一个接一个的水电荣光里，不断实现着自身的价值，将座座巨型高坝矗立在大江之中，擦亮中国水电名片闪耀于世界之上，在壮阔的水电发展中注入了强劲的成都院基因。

（庞明亮　邱　云）

二滩，世界水电史上的丰碑

回望改革开放 40 多年壮阔的历程，一个个中国奇迹随之产生，中国水电事业的飞跃发展无疑是其中之一。回顾改革开放以来具有影响力的水电工程，无须多言，雅砻江二滩的名字会很快出现在人们的头脑中。

2018 年，正好是二滩工程首台机组发电 20 周年。特以此文以记之，追忆那些年代的人与事。

感受二滩分量

二滩水电站，被国外同行誉为中国 20 世纪内建成投产的最优秀水利工程，它标志着中国水电事业发展到一个新的历史阶段，其辉煌的成功和留给我们的启示，是中华民族的巨大财富。

在当时，330 万千瓦的装机容量和 55 万千瓦的单机容量均雄居国内水电站之首；240 米双曲拱坝为中国第一高坝，在世界同类型高坝中居第三位；双曲拱坝的坝顶长度和坝身泄洪量为世界之最；大坝能够承受 980 万吨的水压力，也为世界之最；被称为"世界第一洞"的两个大断面导流隧洞高 23 米，宽 17.5 米。

在水电人眼中，雅砻江是大自然馈赠给中华民族天然的能源宝库。在 1500 多千米的奔流中，雅砻江落差竟高达 3000 多米，可开发的水力资源达 2200 万千瓦。

追寻二滩水电站论证和设计脚步，看一看当时的成都院人克服了怎样的艰难险阻，才走在了水电设计的前列？又取得了哪些骄人的成绩，奠定了中国水电设计的地位？她的成功设计，对小湾、溪洛渡、白鹤滩等一大批特大型水电站的设计产生了怎样的深刻影响？

再度触摸那段艰难岁月，我们更能感受到成都院人的梦想与追求的分量。

寻找二滩密码

1956 年初夏，共和国"一五"规划进行到第四个年头，为适应大西南水电建设的发展需要，成都院适时组织了一支普查队率先来到四川西部这荒无人烟的崇山峻岭，悬崖峭壁之中。雅砻江就发育在这块奇异的大地上，天生具有奔腾呼啸的性格。进入雅砻江中游，地形切割越来越深，河谷越来越窄，江水如飞箭离弦。江中，险滩连绵，礁石林立，浪花四溅，涛声如雷，但是，它没有难住来这里从事普查的工作人员。他们抱着与天斗与地斗、以苦为乐、以苦为荣、知难而进的大无畏精神。

为了尽快寻找打开能源宝库大门的"密码"，时隔两年，在 1958 年 4 月夏初，成都院又开始了雅砻江的勘查工作，着重在下游河段做了大量艰苦工作，终于在 1958 年 7 月 2 日第一次发现二滩，使二滩这颗明珠第一次露出了熠熠光芒。

随后，成都院在 1965 年查勘了二滩坝址。从 1972 年 11 月起，一支又一支规划、勘探和设计队伍走进了这条深深的河谷，全面开展了二滩水电站的规划和设计工作。

1972 年，成都院原党委书记刘显辉带领 300 人的勘测设计队伍，来到了二滩，在坝址附近的阿布郎当沟安营扎寨。这么壮观的队伍，在中国水电设计史上也是极为罕见的。阿布郎当，在彝族语当中是没人去的地方。没有住房，他们自己动手用竹席围起油毛毡棚，用作住宿和办公。晴天闷热难忍，雨天断炊断粮。

1987 年，国务院正式批准建设二滩水电站。从发现到被批准，这 30 年间，数以千计的水文、测量、地质勘探、设计和科研工作者在雅砻江两岸和崇山峻岭中留下了深深的足迹，终于在二滩找到了打开雅砻江能源宝库的钥匙。以刘显辉为代表的老一代成都院人，远见卓识，执着追求，为二滩忘我工作；他们不为名誉、地位和金钱，孜孜不倦地为二滩电站当好奠基石。

夯实二滩基础

在二滩水电站展览中心的陈列馆，有一张图片特别引人注目。画面中，一群勘测设计人员在江边记录着忙碌着，神情专注，头顶上是火红的太阳。

历史不会忘记这些在深山峡谷中坚定跋涉的开拓者。今天，二滩水电站巨大的效益和盐边新县城可喜的面貌昭示着前辈们的努力没有白费。今天的中国水电能有如此辉煌的成绩，与前辈们的奉献与报国情怀是分不开的。

陈列馆四周格外宁静，抬头回望大坝，犹显庄严而奇伟。思绪飘扬，当时的情景浮现眼前，建设者们最宝贵的青春已铸进了雄伟的坝体，他们的生命和大坝一起历经了岁月沧桑，而论证建坝时的艰辛在从遥远的时光中向我们走来。

有一个现在还不断引用的故事，无不说明了一项具有开创意义工程的艰辛和不易。

当时有专家根据卫星图片，认为二滩坝址正好坐落在一个巨大的顺河断层上。如果是这样，这里就无法作为一个大型电站的坝址。在成都院总工领导下，当时还不到40岁的地质专家刘克远（后获评全国工程勘察设计大师）率领勘测设计人员，经过无数次的实地勘测与资料分析、论证，否定了"顺河断层"之说。

人们不会忘记，正是他们，在这条宽500多米、长1000多米、深400多米的峡谷里设计了当时亚洲第一的水电大坝、世界第四大的地下厂房和世界第一的水工导流隧洞。

人们更不会忘记，为二滩献出生命的第一任设计总工程师、成都院原副总工程师殷开忠同志。1983年4月，刚刚绘成二滩水电站可行性设计蓝图的殷开忠陪同我国著名水利专家张光斗前往工地考察，突然，一块小脸盆般大的流石从公路上方的悬崖上飞滚而下。飞石击破车窗，猛击在殷开忠的腹部，使其顿时失去了知觉。当汽车疾驰至医院时，殷开忠已经合上了双眼，永远离开了他所热爱的二滩和战友们。

火红的攀枝花凋谢了，灿若云霞的凤凰树花又开放了，王洪炎、蒋正超、张超然、程志华接过殷开忠留下的设计重担，他们和殷开忠一样，以高度的事业心、顽强的毅力和坚定的决心，在二滩勘测设计这条通向高峰的艰难跑道上，不知疲倦地奔跑着，将生命的色彩融进了奔腾不息的雅砻江。

创造二滩奇迹

二滩，凝聚了无数建设者的心血和汗水，才能成为屹立于世纪之交的不朽丰碑。

1986年，二滩水电站的初步设计顺利通过国家计委审查。潘家铮、张光斗两位著名专家，对二滩初步设计的质量和深度都给予了充分肯定。

获得了权威的肯定，成都院人并没有忘乎所以。时任成都院副院长、分管二滩工作的高安泽和总工程师王洪炎，脑海里一直思索着一个问题：二滩电站的初步设计能不能进一步优化？又该从何处下手？在高安泽等人身上，中国知识分子最可敬的地方——体现，他们往往站在国家和人民的高度思考问题。他们组织技术人员攻关，取得了充分的科学依据，得到了专家的支持和鼓励。拱坝体型等多项优化，对二滩的投资和建设工期，产生了重大影响。

1991年9月，二滩主体工程正式开工。

1998年5月，大坝下闸蓄水。

1998年6月，一座雄伟的高240米的抛物线双曲拱坝矗立在雅砻江上。

1998年8月18日，第一台机组建成投产；1999年9月，首台国产55万千瓦特大型水轮发电机组正式并网发电，为国庆50周年献上了一份厚礼。

1999年12月，电站最后一台机组并网成功。至此，我国20世纪内建成的最大水电项目——二滩水电站全部投产。

亿万年来一直桀骜不驯的雅砻江水已变成强大的电流输向千家万户。

二滩工程的每个时间点，每项记录都无不令人兴奋。之所以能够高质量、高速度、高效率地建成，离不开成都院高水平的勘测研究、设计论证、监理咨询，三者结成一体，是成功建成二滩之关键所在。

二滩水电站，成为20世纪中国利用世界银行贷款、采用国际招投标、现代企业管理方式建成发电的最大水电站。经过二滩水电站的建设，成都院的技术水平、管理水平上升到了一个新的台阶，监理咨询业务得到了跨越式的发展，国际知名度达到了前所未有的高度，编制的二滩招标文件成为世界银行贷款项目在东南亚的范本。

这座共和国水电建设史上新的里程碑将骄傲地向世界宣告：中国人有能力去建设我们需要修建的电站。

壮大二滩基因

荣誉纷至沓来。在 1998 年，二滩水电站被中国科学院和中国工程院评选为中国科技发展十大科技新闻项目，居第六位。二滩水电站设计荣获全国第十届优秀工程设计金奖，勘察问鼎全国第八届优秀工程勘察金奖和首批国家环境友好工程奖。

中国科学院院士、中国工程院院士张光斗在给时任成都院院长胡敦渝的信中，对成都院勘测设计工作给予了这样的评价：成都院完成了高质量的地质勘测和试验研究工作，做了高水平的设计和优化工作，进行了精心的监理

工作，是二滩水电站的奠基者。勘测设计研究这个世界前列的高 240 米的双曲薄拱坝和 330 万千瓦的地下厂房，主要靠本国的技术力量，表明我国已有了世界一流的设计机构，同时成长了一批一流的工程师，值得庆贺和高兴。

在水力资源丰富的大江上建设世界一流的水电站，这是中国水电建设者的梦想和追求，把梦想变为光荣和现实，成都院用了 40 多年。一座记载着他们业绩的丰碑第一次在祖国的大江上高高耸立。

二滩工程的成功建成，为小湾、锦屏一级等国内特高拱坝的启动建设带来了曙光，也形成了可以参照的"二滩模式"——国内薄拱坝的设计和枢纽布局，几乎都是二滩工程的复制或者在此基础上的进一步改进。

正是因为有了老一代成都院人的勇于创新、敢于担当、无私奉献，才有了今天的成都院；也正是因为有了成都院几代人的薪火传承，几代人的精神传承，才有今天"二次创业"的梦想和不竭动力。

追梦人前进脚步不止！

（邱　云）

为了新疆阿克苏明珠更闪耀

经过两个月紧锣密鼓的投标设计，成都院以绝对的技术优势，拿下新疆亚曼苏水电站的招标、技施设计合约。项目经理带队，水工、地质、施工、机电、造价等专业负责人一行 8 人，赶赴亚曼苏现场进行踏勘。

出发，带着使命上路

凌晨四点半离家，中午十二点钟才到达新疆阿克苏机场。新疆与内地时差 2 小时，还不到新疆的午餐时间，大家匆匆吃了一碗当地手工面后，就在建设方主管领导的带领下，奔向 130 千米之外的亚曼苏工地。130 千米的距离，本是段不远的路程，但在一望无际的戈壁滩上，我们用了近 4 个小时才到达现场。灰蒙蒙的天空、寸草不生的戈壁，处处让人感叹这里人民生活环境之艰苦，生命力之顽强！

现场，明珠初见与他山之石

亚曼苏水电站由 25.6 千米引水明渠、压力前池、3 千米浅埋式压力钢管、地面气垫式调压室、深挖式厂房及 4 千米尾水明渠等建筑物组成。引水明渠接上游别迭里二级电站尾水，明渠首端进口闸已建成，两道闸门下闸挡水。他山之石，可以攻玉。亚曼苏与别迭里，两者的引渠规模基本相当，别迭里引渠预制框格梁、预制面板护坡与结冰盖等设计对于亚曼苏水电站今后设计极具参考意义，也是本次考察别迭里的主要目的。

业主营地综合楼，荒郊野外孤零零的一栋建筑，让人很轻易联想到电影里沙漠深处的龙门客栈。大楼右侧约800米处即是以后亚曼苏水电站厂房所在地，现在还只是辽阔的地平面。看了别迭里厂房的样子，才能想象亚曼苏未来发电厂房的模样。厂房地面高程1545米，厂房建基面高程1484米，厂区最大下挖深度达60多米。原来，电站发电水头就是这么挖出来的。有时想想，水电人真是厉害，无论高山大河还是峡谷平川，处处都能创造奇迹！

这么深的开挖，地下水问题突出，施工期厂房基坑的排水设计是关键。投标设计时考虑先开挖尾水明渠作为厂基坑初期地下水降排水通道，再采用防渗墙、排水井等后期降排水措施，以降低防渗墙施工难度，减少排水量及排水设备，达到节省工程投资目的。

亚曼苏水电站压力前池、压力钢管型式亦与别迭里相似。现场看到别迭里水电站压力前池内水流翻涌、漩涡较多，初步分析可能是前池尺寸不够所致。别迭里前池侧堰设计成类似滚水坝，多余水量由此进入泄水槽，流向下游河道；压力钢管浅埋于砂砾石土下，两侧均布置有排水沟。这些经验与成功做法，均是亚曼苏水电站设计时需要认真考虑与借鉴的。

在亚曼苏与别迭里考察结束后，一行人又返回阿克苏市，北京时间指向

22 点。此时，成都已是万家灯火，这里夜幕才刚刚降临。吃了顿美味的民族大餐，回到酒店也顾不上消化系统的叫嚣，倒头便睡，一夜无梦。

归来，期待下一次相见

第二天一早，一行人又飞至乌鲁木齐，与先前到达乌市进行合同谈判的水工处副处长张连明、机电处副处长孙文彬、水工处处长助理吴常栋、市场经营部商务经理文培会合，参加在华能新疆公司办公大楼举行的项目启动会。会上与业主就分标方案、总体进度计划等内容进行认真讨论，充分沟通，对业主关心的细节设计进行初步交流，会议在友好的氛围中达成诸多共识。

在羊肉餐带来的视觉、味觉、嗅觉多重强烈冲击后的第三天中午，吃到了美味的川菜，疲惫、新奇而富有成效的亚曼苏之行圆满结束，相信这次和今后的踏勘工作，一定会让新疆阿克苏这颗明珠更加闪耀！

（赵桂连）

雪域高原的呼唤

从藏东金沙江、澜沧江、怒江到藏南的雅鲁藏布江，从藏北那曲到藏西北阿里狮泉河和象泉河，中国电建成都院在西藏的大江大河留下了深深足迹，树立起西藏规划选点、河流规划、电源点建设的座座丰碑，大力开展人才、技术、资金和产业全方位援藏，同时也见证了西藏发展一个又一个奇迹。

援藏：成都院 60 载初心不改只为更美西藏

从 1956 年开展鄂穆楚河（扎曲）昌都电站选址开始，成都院人踏遍西藏七市区 74 县的山山水水，始终高扬"诚信、担当、奉献、超越"的精神旗帜。

60 年风雨兼程，查清了西藏水力资源开发条件，完成了西藏水力资源的全面普查与复查，重点对雅鲁藏布江、怒江、金沙江、澜沧江、狮泉河和象泉河等流域进行规划查勘选点工作。

60 年薪火相传，加大水电规划和新能源规划工作，为西藏能源发展描绘壮丽蓝图，先后完成狮泉河、沃卡河、拉萨河、夏布曲、朋曲、雅鲁藏布江中游、金沙江上游水电规划；开展西藏风能和太阳能资源普查，编制西藏"十三五"风能、太阳能、光热资源规划报告；多次深入雅鲁藏布江下游进行水能资源综合考察，加快研究步伐，努力推进巨大水能早日开发。

60 年初心不改，相继承担了羊湖抽水蓄能电站、昌都、强旺、金河、直孔、嘎堆等水电站，以及阿里、日喀则光伏电站勘测设计工作，为西藏发展提供清洁能源。狮泉河水电站的建设，结束了阿里无常规电源的历史；总承包亚让水电站，让墨脱从此告别"电力孤岛"；设计的藏木水电站，是西藏电力史上由 10 万千瓦级跨入 50 万千瓦级的标志性工程，拉开了雅鲁藏布江干流开发的序幕。

以中央西藏工作座谈会精神和习近平总书记"治国必治边、治边先稳藏"重要战略思想为指引，成都院先后选派技术干部 20 多人次到西藏自治区发展改革委、能源局、电力公司及设计院，将先进技术和管理经验带到西藏，推动了西藏科技进步和人才队伍建设。积极援助项目所在地的基础设施，勇于承担海拔高、位置偏远、交通不便地区项目建设，促进了边远地区的社会和谐与稳定。

这群可爱的人，在西藏播撒情谊和祝福，倾注汗水与忠诚，奉献了智慧甚至生命。在羊湖抽水蓄能电站勘察中，三位同志壮烈牺牲，长眠在拉萨烈士陵园；在金河水电站建设中，一名同志献出了宝贵生命……一代代成都院人，以顽强的意志，强烈的责任感和担当精神，永远坚守在服务西藏的最前沿。

普查：填补西藏水力资源历史空白

新中国成立时，我国大部分河流都缺乏实地勘查资料，西藏河流更是因为地形险阻，自古以来人迹罕至，完全属于无资料的"历史空白区"。

1956 年，在国家的统一安排下，成都院成立 5 支普查队，全面参与西南地区水力资源普查工作。每支队伍约 20 人，由水工、水文、地质、测量、水利、社会经济等专业人员和行政、后勤、医务人员组成。其中一支队伍专门奔赴雅砻江干流、川藏边界的金沙江干流及西藏昌都境内开展工作，白天对一条条江河进行河道测量，选择可能的水电站坝址、厂址，布置水文测量站址，开展地质、水文、航道、社会经济调查，晚上在昏暗的酥油灯下整理资料，研究河流开发方式和开发方案。

普查工作队沿中国人民解放军第十八军进藏路线，从成都出发，经雅安、康定、甘孜、德格进入金沙江和昌都境内。当时的道路状况极其坎坷，滑坡、崩塌、雪崩、泥石流等地质灾害随时都可能发生，还需克服高寒缺氧，翻越海拔 4000 多米的二郎山、折多山、雀儿山。普查队为了绕过一段悬崖或跨越一条深涧，不得不上下攀爬好几天，有时还得乘坐羊皮筏子冲激流、过险滩，有人为此牺牲了生命。

由于环境恶劣，交通困难，队员必须携带工作仪器、自卫武器及生活用具，负重在 70 斤以上，每勘测一千米河道，都要付出巨大的艰辛。队员们经常吃不饱，晚上经常睡河边沙石滩上或岩洞里。

1959 年，成都院派出技术人员赴昌都进行鄂穆楚河昌都电站勘测设计。从 1956 年到 1962 年 3 月，前后经历 7 年时间，首次完成金沙江干流和昌都境内部分河流水力资源普查工作，并为昌都水电站的建设奠定了基础。

至 1979 年，成都院对已完成的西藏境内的澜沧江、雅鲁藏布江、拉萨河、堆龙曲、沃卡河等河流勘查规划资料，羊卓雍湖及直孔等水电站勘测设计资料，进行整理分析，于 1980 年 4 月完成《中华人民共和国水力资源普查成果（分省）第二十一卷　西藏自治区》和《中华人民共和国水力资源普查成果（分流域）第九卷　雅鲁藏布江及西藏其他河流》两卷成果。这些珍贵成果，于 1985 年获得国家科学技术进步一等奖，也为西藏水力资源开发，立下汗马功劳。

羊湖：世界海拔最高的抽水蓄能电站

羊湖抽水蓄能电站位于西藏拉萨西南 90 千米处，电站首部属浪卡子县，发电厂房位于贡嘎县。电站以羊卓雍湖作为上库，以雅鲁藏布江为下库，利用羊湖与雅鲁藏布江之间 840 余米天然落差，通过进水口、引水隧洞、调压井和压力管道，引水至雅鲁藏布江江边建厂发电，总装机容量 11.25 万千瓦，年发电量约 1 亿千瓦时。

羊湖电站是世界上海拔最高的抽水蓄能电站，也是中国水头最高的抽水蓄能电站。夏季利用系统多余电能抽水，只在系统峰荷时短时发电；冬春季，主要承担系统峰荷和腰荷，在系统低谷负荷时作短时抽水。电站于 1989 年开工建设，1997 年竣工投产。

成都院羊湖电站勘测队早在 1974 年进驻现场，当时的交通、生产、生活条件极差。那时拉萨虽然已经通航，但一般勘测设计人员不能坐飞机，也没有越野车一类的交通工具。所有队员必须在春节后，将一年的生产和生活物资备齐，随大卡车从成都转战工地。那时的川藏路路况特差，路基经常塌方，还要翻越几座雪山，路途往往要耽误一个月时间，为了抢进度，持续工作到第二年春节前再返回成都，一年只能在春节与家人相聚一段短暂时间。

现场条件差，工作的辛苦和危险都算不了什么，唯一不能忍受的是家人难以相见的痛楚。工地没有电话，只能靠书信联系。勘测队伍中许多职工家属在农村，为了让子女拥有好的教育环境，将子女接到成都上学，但又无法给予照顾，只得寄放到同事家里。现在谈起这些往事，他们仍然会双眼湿润，觉得愧对子女。

当时，世界上还没有在如此高海拔修建过大水头的抽水蓄能电站，又碰到居多难题，如三机式抽水蓄能机组国内首次使用，压力管道要承受一千多米水头的压力，国内钢材材质不能满足要求。经过成都院 20 多年的艰难付出，我国海拔最高、水头最高、隧洞最长、自动化水平最先进的抽水蓄能电站于 1998 年闪耀在雪域高原。

成都院原总经理章建跃与原党委书记郝元麟在回忆当初建设羊湖电站情形时，依然十分激动。他们认为，挑战自我，攻克难题，是成都院人血液中天然流淌的敢于担当、勇于超越的基因使然，这种基因传承，从 1956 年踏上西藏土地的那一刻起，就再也没有中断过。

金河：终结昌都电网严重缺电历史

金河水电站位于西藏昌都境内，以发电为主，总装机容量 6 万千瓦。工程于 2000 年 12 月 6 日正式破土动工，首台机组于 2004 年 4 月并网发电，2004 年 9 月电站全部建成投产，比计划提前五个月。

早在 20 世纪 60 年代，昌都 101 指挥部为开发卡贡铁矿资源和把昌都建设成平战结合的工业基地，曾开工兴建装机容量 4.85 万千瓦的金河水电站，并完成了部分导流明渠和 570 米长施工支洞的开挖，后因各种原因停工。

为了开发昌都玉龙铜矿和解决昌都供电问题，1995 年 2 月，成都院受西藏自治区电力工业厅和水电水利规划设计总院委托，承担了金河水电站可行性研究（与预可行性研究合并）阶段的勘测设计工作。设计周期非常紧，成都院原副院长晏志勇为队长、设计总工程师郑声安为副队长，带领测绘、勘探、地质、试验、规划、水工、施工、机电、概算等专业和后勤共 70 余人的精干队伍奔赴现场。白天从事外业工作，夜间计算、分析和研究，绘制蓝图，编制报告。他们以高昂的斗志、满腔的热情、战胜了高原缺氧、气候干燥的恶劣自然条件，按时提交了高质量的设计报告。

2001 年初，西藏电力公司开始金河水电站筹建期工程建设，要求年内完成项目评估、当年招标、当年开工。成都院人边进行金河水电站补充勘测设计工作，边参与筹建期工程建设。工程筹建期和准备工程施工期任务重，时间紧，条件差。因为电力供给不上，生产生活全靠柴油发电机供电，指挥部要求白天发电，满足全体建设者们生产用电，晚上只能点蜡烛。

为了赶工期，施工人员在营地砌筑墙体的水泥砂浆中掺入氨水防冻。队伍搬进营地入住后，由于房间内一直散发着强烈刺鼻、刺眼的氨水气味，两眼直冒眼泪，加之没有电，零下 20 多度，开门窗太冷，不开门窗又无法忍受。最早的营地生活用水，是指挥部用油罐车从十几千米外的溪沟中拉回来，满足食堂做饭和生活用水。食堂燃料以薪柴为主，储水缸上浮了一层油与灰，底层全是泥。

进出工地，交通不便，到世界海拔最高的邦达机场要翻越两座高山，夏季经常塌方，冬天又被厚厚积雪覆盖，往返不知经历过多少次惊险。由于邦达机场海拔高，气候条件异常恶劣，飞机有时连续一个星期都无法降落。

令人遗憾的是，在金河水电站建设期间，我们失去了一位优秀驾驶员。当时，另一辆开往项目现场的车辆出了交通事故，他顾不上吃晚饭，同项目负责人一起，立即开车前往事故现场，这个被大家叫做"牦牛"的男人，在翻越海拔 5000 米怒江山，下到怒江边时，突发脑出血。就在他感觉到不适的那一刻，他以顽强的意志和娴熟的技术踩下了他人生最后一脚刹车，"坏了，我的眼睛看不见了！"话音刚落，他将车平稳地停靠在峭崖边上，挽救了车上 4 位同志的生命。

直孔：为青藏铁路运营提供可靠电源

直孔水电站位于西藏拉萨河中下游墨竹工卡县境内，是西藏"十五"期间开工建设的重点项目之一。电站主要任务是发电,同时兼有灌溉和下游防洪等综合效益,总装机容量 10 万千瓦,对优化西藏中部电网运行条件,缓解拉萨、日喀则、山南、那曲四地市电网用电供需矛盾发挥了重要作用,并为青藏铁路运营提供了可靠电源,极大地促进了西藏经济社会的全面发展。

早在 1987 年,羊湖抽水蓄能电站由单纯发电的常规冲击式水轮发电机组方案,改为三机式抽水蓄能机组方案后,当时所在的拉萨电网总装机只有十几万千瓦,用于抽水的电力根本不够,为了向羊湖提供抽水电源,就在当年查勘选点成果中,选择直孔电站开展工作,希望建成后为羊湖提供抽水电力并解决拉萨电网缺电问题。

成都院 1987 年全面开展测量、地质、勘探、物探、试验及水温、泥沙、动能、环保等初步设计工作,在 1989 年完成初步设计报告,并获得国家优秀勘测设计奖。

1994 年 7 月,中央第三次西藏工作座谈会后,为保障西藏经济社会发展,国家批准建设满拉和沃卡一级水电站。两个电站规模不大,在 2000 年建成投产时,投资远远超过设计概算,由于当时西藏电站靠中央财政全额拨款建设,后来在审批时,要求成熟一个建设一个。另外,羊湖抽水蓄能电站建成投产后,刚好迎来丰水年,羊湖水位不但没下降,反而有所上升,致使直孔水电站建设放缓。在中央第四次西藏工作座谈会后,为解决西藏藏中电网缺电问题,自治区政府希望尽快建设直孔水电站。

成都院迅速响应,立即组织各专业人员赴直孔开展可行性研究阶段的补充勘测设计和论证工作,尤其是水库淹没、建设征地和移民安置工作。语言不通,就请当地县乡干部翻译和协调,交通条件差就骑马和步行,渴了就饮冰冷的河水或矿泉水,中午就吃自带的鸡蛋或馒头,夜宿工地帐篷。拉萨河河谷,一到中午,就起风沙,让人睁不开眼;沙打在脸上,如刀割般疼痛。夜晚回到帐篷,像灰老鼠一样。一位年轻的测量人员,由于常年暴露在强烈紫外线下,全身黢黑,为了准确无误地量测和记录每一组数据,他在寒风中一站就是几个小时,两手红肿开裂,腿不停打颤。成都院人硬是靠顽强的毅力,在 2002 年完成直孔补充勘测设计论证,并一次通过项目审查和评估。

直孔水电站建设初期，设代处办公和住宿在低矮的棚户，冬冷夏热，四面透风，风沙伴着工地防渗墙施工冲击钻的噪声，使人无法入眠。直孔水电站左岸碎石土心墙堆石坝混凝土防渗墙最深达 80 米，当时仅内地的小浪底工程创造过 78 米混凝土防渗墙记录，在海拔 3880 米高原上，怎样解决好这一技术难题，需要成都院人直面。他们深入现场，仔细研究，广泛听取意见和建议，讨论施工组织方案，鉴定防渗墙入岩情况，并及时到现场指导施工存在的塌孔、卡钻和清渣等问题，时常深夜驻守现场，查验一个又一个槽段，从不马虎，保证了混凝土防渗墙的施工质量。

狮泉河：用生命在生命禁区打造的明珠

阿里位于西藏最西端，地处青藏高原最高部，素有"世界屋脊的屋脊"之称。多年来，受交通闭塞、自然条件恶劣等制约，在 2006 年前一直是全国唯一无常规电源的地区。

阿里用电问题，历来受到党和国家领导人以及西藏自治区党委政府高度关注。毛主席、周总理生前对阿里地区能源建设十分重视。1969 年，毛主席在"一二、一八"批示中，就把利用狮泉河水力资源建设狮泉河水电站，以解决当地居民取暖、做饭、生产等一系列问题，提上了重要议事日程。后因狮泉河地质条件较差，河床覆盖层深达 80 多米，且处于八度地震区，受当时技术条件限制而放弃。1990 年底，时任西藏自治区党委书记的胡锦涛在向党中央、国务院汇报西藏工作时，再次请求中央帮助解决阿里地区的用电问题。

1992 年 7 月，成都院原副院长晏志勇带队进入阿里，开展狮泉河水电规划选点工作。一行人从拉萨出发，经日喀则、萨嘎、仲巴到札达，再从札达转到狮泉河。一路全是土路，尘土随风飞扬。队伍首次深入阿里腹地，来一趟不容易，准备先对象泉河进行选点查勘。一行人晚上达到札达县城一小饭馆门前，准备吃晚饭。最后一辆车停下，司机已是晃晃悠悠无法站稳，车里三位队员一直没下车，司机拉开车门发现他们已昏过去了，并有中毒现象。由于路况太差，尾气管破损尾气进入车内导致中毒，晏志勇不停呼唤他们名字，所幸他们很快转危为安。象泉河查勘结束后，转战狮泉河，那时狮泉河流域大部分河段没有路和桥，也没有渡船。为了查清每个梯级电站坝址两岸地形地质条件，有时必须蹚水过河。历时 2 个月，通过现场大量的实地勘查、调查研究，推荐狮泉河电站为近期开发电源点，并于年底完成了《西藏阿里地区狮泉河水电规划选点报告》。

1994 年 4 月，成都已经是春色满园了，而阿里还是一片冰天雪地，成都院地勘人员奔赴狮泉河水电站开始勘探工作。当第一台钻机在坝址开钻时，时任阿里地委书记孔繁森到钻机现场慰问工作人员，鼓励勘测人员为早日建成狮泉河电站奋斗。

狮泉河水电站距拉萨 1752 千米，距新疆叶城 1100 千米，海拔 4350 米，以发电为主，兼有防洪、拦沙和环境保护等综合效益，总装机容量为 6400 千瓦。由于海拔高，加上特殊的地理位置和地形的影响，该地区空气稀薄、气温低、温差大、太阳辐射强，极端最低气温零下 37 度，在这样的高原上建水电站，其质量、投资和进度控制难度相当于一般水电站的十倍。

在阿里，由于高寒缺氧，冬天来得早去得晚，有半年是冬季。在这样的环境下，设计人员心跳异常、面紫唇乌、头发脱落、夜不能眠。设计总工程师在阿里奋战了一年，因长期睡眠差、缺氧导致身体许多部位受损，落下后遗症。设代组的一位同志忽患肾积水，虽然当地医院积极治疗，但病情一直加重，情况危急，必须回成都医治。时间就是生命，设代组负责人与两位司机顾不上吃饭，饿了就啃方便面，渴了就喝矿泉水，困了就换着开车，整夜都在极寒而危险的高原上奔驰，第二天下午到达拉萨，傍晚病人乘机抵达成都，全程只用了 27 个小时。这场生命救援创造了狮泉河到成都的最快纪录。

这样的事迹还有许多。他们为了点亮阿里，为了阿里人民幸福，仍然前赴后继去工作，这是一支英雄的团队，能打胜仗的团队。

2007 年 6 月，狮泉河水电站的完工投产，结束了狮泉河镇无常规电源靠柴油机发电间歇供电的历史，对维护藏西地区的安全稳定、振兴西藏边疆民族经济、促进当地群众增产增收、增进民族团结有着重要意义。

2008 年 4 月，成都院又开始在阿里选址 10 兆瓦光伏电站。此时的阿里已经发生了很大变化，土路变为柏油路了，因为有了电能供应，外来人口大幅增加，街道宽敞明亮，公共设施、办公大楼和住宅楼鳞次栉比，俨然一副全新的边疆小镇模样。

外送：藏电由急缺到反哺的华丽转变

西藏素有"万山之巅，江河之源"之称，独特的自然地理环境，造就了西藏丰富的水能资源。根据水力资源普查成果，西藏水能资源理论蕴藏量达2亿千瓦，占全国29%，居全国第一。

"藏电外送"的梦想起源于21世纪初期，当时西藏有不少有识之士提出了藏电外送的建议，但当时西藏仅对拉萨河、巴河、沃卡河、夏布曲等支流作了水电规划工作，各电源点不是规模小就是开发条件差，且大部分电源点前期工作深度不足，远远达不到"外送"的标准。

2005年8月，时任中国水电工程顾问集团总经理的李菊根和副总经理晏志勇为祝贺西藏自治区成立40周年，在《水力发电》上发表了《开发西藏水电，实施藏电外送的初步设想》，提出藏电外送是参与全国一次能源平衡、接续四川和云南电力发展保持"西电东送"和满足西藏自身发展的需要，认为我国水电开发技术和特高压输变电技术也无制约因素，且金沙江、澜沧江和怒江中下游水电开发已为藏电外送提供了有利条件，提出藏电外送分两阶段实施的方案：第一阶段将金沙江、澜沧江、怒江上游进行外送；第二阶段是在第一阶段基础上，再进行雅鲁藏布江下游水电开发和外送。

2006年6月，晏志勇在拉萨就藏电外送设想向西藏自治区政府及有关部门进行汇报，并就金沙江上游、澜沧江上游、雅鲁藏布江中游等水电规划工作情况同自治区交换意见，汇报雅鲁藏布江下游水力资源考察准备工作情况。应该说，此次会议是藏电外送具有里程碑意义的一次大会，直接吹响了"藏电外送"的集结号，梦想终于启航。

只有全力以赴，梦想才能起飞。2006年，藏东南三江（金沙江、澜沧江、怒江）、雅鲁藏布江中游水电规划和项目前期工作全面启动。成都院与国家能源局、西藏自治区政府、水电水利规划总院和有关高校组成联合考察组，历时3个月，对世界上的水电富矿聚集河段雅鲁藏布江下游水力资源进行全面考察。经国家能源局批准，2008 年正式启动雅鲁藏布江下游水电规划工作。

2010 年，第五次西藏工作座谈会确立西藏为国家"西电东送"接续能源基地。2010 年 7 月青藏联网工程全面开工建设；2014 年 3 月川藏联网工程全面开工建设；2014 年 11 月 20 日，川藏联网工程投运。成都院参建的川藏联网水保项目荣获全国水土保持最高奖。

2015 年夏季，随着藏木、多布、果多水电站的投运，藏中电网、昌都电网首次通过青藏直流输电系统、川藏联网工程向外送电，藏电外送实现了零的突破。由成都院设计的雅鲁藏布江 JC、金沙江上游西藏段叶巴滩、怒江上游西藏段叶巴等水电站的推进，必将助推藏电外送大幅提速。

这些取得的成绩，与即将到来的美好愿景，既是雪域高原的深情呼唤，更是无数建设者的孜孜追求。

（邱 云 郎 蓉）

十年磨剑更锋芒

2016 年 11 月 10 日，国家发展改革委印发《关于金沙江叶巴滩水电站项目核准的批复》，正式核准金沙江上游最大水电站——叶巴滩水电站开工建设，吹响了金沙江上游水电开发冲锋的号角，拉开了藏电外送接续能源基地建设的序幕。

自 2006 年项目前期工作开展以来，叶巴滩水电站完成了河段规划、预可行性研究、可行性研究几个关键阶段。期间，成都院勘测设计工作者付出了大量心血，如今苦尽甘来，项目顺利获得核准开工，十年铸剑，一幕幕真实生动的场景仿佛就在昨天。

叶巴滩位于西藏与四川交界的金沙江上游叶巴峡谷，峡谷深长，最险处近 500 米长的河段有多个跌水群，落差 20 米，江水汹涌，怪石嶙峋，堪称世界一绝。

30 年前，一批装备精良的美国人在叶巴滩漂流失败，其后中国洛阳长江漂流探险队在此留下悲壮的故事，金沙江叶巴滩的道路险峻、水流湍急由此闻名于世。

2006 年，一群怀揣绿色能源梦想的水电人，不畏艰辛，历尽险难，打通了前往叶巴滩峡谷的便道，拉开了叶巴滩水电站前期勘测设计工作的序幕。

2003 年国家发展改革委立项开展金沙江上游规划，2011 年顺利通过国家发展改革委组织的审查，8 年时间铸造了我国水电勘测设计的一大奇迹，成为我国水电发展新的里程碑和风向标，为成都院水电主业后续发展奠定了坚实的基础，开辟了新的清洁绿色能源基地。金沙江上游水电规划工作探索出西部区域地质复杂地区水电开发的新思路，创新了少数民族地区宗教信仰与水电开发移民的新模式，形成了水电开发与环境保护的良好循环，提出兼顾水电开发、移民宗教信仰与环境保护的最优方案。

在 2010 年国家第五次西藏工作会议精神的指导下，经过成都院人不懈努力，金沙江上游水电规划于 2011 年 11 月顺利通过国家发展改革委的审查。同年，华电集团金沙江上游公司顺利取得金沙江上游川藏段干流河段水电开发"路条"。

工程区地处青藏高原东部高海拔高寒偏远涉藏州县，冬季最低气温达零下 20℃，驻地海拔达 3000 余米，人烟稀少，距离成都千余千米。作为水电勘测设计的先遣队，地质专业 10 年来奋勇向前，不畏艰辛，勇挑重担，缺氧不缺精神，艰苦不怕吃苦，出色完成了叶巴滩水电站的规划、预可行性研究到可行性研究工程地质勘察，在叶巴滩峡谷踏出了一条绿色能源之路。

在金沙江上游水电规划获准后，在不到 5 年的时间内完成了叶巴滩预可、可研阶段勘测设计工作，并通过审查，获得核准，在国内同类水电站工程前

期勘测设计中，誉为"叶巴滩速度"。地质专业 10 年共完成区域地质及水库地质调查数百平方千米，完成坝区地质测绘近 10 千米²，勘探平硐资料收集近 10 千米，钻孔岩芯鉴定超过 13 千米；完成专题报告 20 余份，阶段报告 3 份，为叶巴滩核准开工奠定了坚实基础。

叶巴滩水电站于 2011 年完成预可行性研究审查后，于 2016 年 6 月编制完成了《金沙江上游叶巴滩水电站可行性研究报告》。2016 年 6 月 27 日至 29 日，水电水利规划设计总院在成都主持召开了《金沙江上游叶巴滩水电站可行性研究报告》审查会议。2016 年 9 月 12 日至 14 日，中国国际工程咨询公司在成都主持召开了金沙江上游叶巴滩水电站项目申请报告评估会议。

降曲河口一险滩，金沙江上立电站，彩虹横跨川藏段，银线飞越沙鲁山，十年的金上磨炼，十年的铸剑辉煌，亮剑叶巴滩。我们期待着，200 米级的高拱坝将如一条亮丽的彩虹横跨金沙江两岸，将蓄积的水能转化优质的电能，源源不断输送到华中地区，再一次谱写清洁绿色能源之歌。

（李 华）

小工程做出大文章

　　玉瓦水电站是四川省白水江干流开工兴建的第 5 座水电站，也是公司近年以总承包方式承接的水电综合项目之一。电站装机 49 兆瓦，仅从工程规模而言，在公司承担的众多水电项目中并不起眼，但在企业转型、大力拓展总承包业务的背景下，它在关键时刻承载了公司设计引领的总承包业务怎么才能走能更远、更坚实的有益探索。

涅槃重生，艰难起步

　　2010 年，玉瓦水电站完成可行性研究设计审查。由于地理位置偏僻、水能利用的自然条件并不理想，项目经济指标偏差，单位千瓦投资偏高，一度遭遇被"毙"的危险。眼睁睁看着水能白白流失，成都院人坐不住了。坐以待毙？对于干了 10 多年总承包、60 年水电设计的成都院人，不甘心，也不允许。

　　凡事预则立。成都院将建设成具有全球竞争力的质量效益型现代化国际工程公司作为自己的战略目标。方向定了，该怎么走？以水电设计而生的企业，面临后水电时代，在传统优势基础上，进行开疆拓土，确立了勘测设计、总承包、投资运营等相关业务板块。在众多企业都在进军总承包时，还得进一步思考，设计院做总承包，怎样更好地体现设计的优势？

　　有危必有机，这是成都院首先想到的辩证法则。只要这个项目有一线生机，那就值得拿出一百分的努力——这是最为强烈的意志，是摆在成都院人面前的一道大考。大考必有大考的阵势，成都院将玉瓦水电站确定为战略项目，大家统一认识，高度重视。公司领导多次率队踏勘现场，讨论方案；集中全公司优势，在原可行性研究的基础上，进行了可行性研究深化工作。努力，自有收获，工程总投资从 8.5 亿元降到 6.6 亿元，幅度达到 22%，生机出现了。

在一系列努力下，玉瓦水电站终于"披上"较好动能经济指标。2012 年，玉瓦水电站终于获批投资建设。这一刻，玉瓦起死回生；这一刻，玉瓦承载着新的使命，正式起航。

设计引领，效益显现

开工，仅仅只是这个项目的起点。能不能活下去，活得怎样，一切还是未知。

做自己最擅长的事，是工程师的本分。工程建设，设计是核心，成都院选择了设计优化。从项目开始前就着手优化调整。针对工程的重点部位，直接投资占建筑工程投资的 60% 的引水隧洞，在进入招标阶段，通过调线路，优体型，投资再减 2600 万元。

2014 年，玉瓦水电站进入技施阶段，成都院的弦绷得更紧了。考验质量安全、进度投资的真正时候到了。如何让设计龙头作用完全发挥出来？这是大考中最为艰巨的一道考题，而考题的核心，就是高效、省钱、省时间。

长达 14 千米的引水隧洞是玉瓦水电站成败的关键所在。围岩的好坏，决定隧洞造价的高低、进度的快慢。建立精细化的围岩类别评价体系，更加科学准确的划分围岩类别，较好围岩的比例有了提升。

动态的喷锚设计、永临结合的衬砌设计，进一步从设计方案上做文章，对隧洞工程量进行源头控制。

新的超前预测技术的应用，有效地指导施工方案调整、施工物质准备。在实施过程中，根据现场揭示的实际地质条件，及时调整隧洞轴线，节约工期 220 天。

人是项目的核心。成都院择机开展隧洞劳动竞赛，调动参建各方积极性；总承包团队精细化现场管控，确保设计方案顺利实施，这是工程实现工期、投资双控目标的关键。

有人说，将事情做到认真是优秀，将事情做到极致是卓越。而玉瓦水电站设计的精细，却做到了苛刻。2015 年，一位质检专家看到玉瓦闸墩厚度为 1.75 米，他十分惊讶，问道，"怎么会有两位小数，为什么不是整数 2 米呢？"如此精确是否显得"多此一举"。当然不是。作为玉瓦的设计者必须思考，2.0 米可行，1.8 米是不是可行？1.8 米可行，那 1.75 米是不是一样能满足要求呢？正是因为有了这一步步拷问的态度，有了这抠出来的 25 厘米，投资降低了，工期有保证了。

创新模式，提供助力

"不日新者必日退"。传统 EPC 管理模式，设计往往作为一个部门隶属总承包项目部，导致职责和权力不清晰，内容和目标不明确，很难真正发挥设计的龙头作用。玉瓦水电站在总承包项目部外，单独成立勘测设计项

目部，有利于调动设计参与的主动性和积极性，更有利于设计过程控制与推进。

新的 EPC 管理模式，对内体现成都院变革的决心。设计项目部与总包项目部能做到相互监督，相互促进。设计过分注重质量与安全时，需要总承包来"推一推"，促使设计从传统水电设计业务思维向 EPC 思维转变。总承包过分追求进度与投资时，需要设计项目部来"拉一拉"，促使总承包在质量与投资、进度与安全之间寻找最佳平衡点。"一推一拉"，既能提高勘测设计水平，又能促进总承包管理水平的提升。

对外，则体现成都院对业主的最大诚意，这种诚意是企业更好生存的根本。设计项目部既是总包的分包商，严格执行总包的合同；同时也是代表成都院单独运行的项目部，作为成都院一个与业主沟通的窗口，加强与业主沟通，在设计方案中体现业主的合理诉求。

炼狱之后，必有回响

人们常说，干工作需要担当。在玉瓦，担当就是下得了苦功夫，啃得下硬骨头。

作为总承包项目经理，牟治银心里有把尺：玉瓦水电站是为成都院总承包再树品牌的关键项目，成败关系到公司的长远发展。于是，他一年 300 天坚守工地，带领项目团队天天到作业面巡查，及时处理各种问题，保证工程有序推进。三年多来，他几乎忘记还有节假日和星期天，甚至在晚上也深入施工作业面。

一心扎根项目的年轻设计总工程师许韬，有过这样的承诺：玉瓦一日没建成，工地就是他的家。男人的话，一诺千金！而面对怀孕的妻子，他却多次"言而无信"。"这个周末就回来"的承诺，只能变成"下个周末吧"；"回来陪你去产检"的承诺，也只能变成"下次，好吗？"

有这样一群以工地为家的人，成功似乎只需要时间的检验。

玉瓦总承包项目，历经初期探索、如履薄冰的迷茫，到如今迎来投产发电、胜利在握的自信。

这种自信来自思维的变化。思路一变，满盘皆活。一切为工程，一切为业主，在玉瓦绝不是一句口号，而是融入工程的行动自觉。

这种自信源自一个拥有 60 多年水电勘测设计历史大院的积淀，源自对水电事业的孜孜追求，源自那日益珍贵的匠心和敢于挑战自我的魄力。

这种自信关乎梦想，关乎勇气，关乎坚忍。它不是一个水到渠成的童话，不是九寨美景衬托下的宁静，是"有志者事竟成，破釜沉舟，百二秦关终属楚"，是"苦心人天不负，卧薪尝胆，三千越甲可吞吴"。

这种自信，正是玉瓦项目结出的最宝贵种子，必将在成都院二次创业、转型升级、业务拓展中继续生根发芽，开枝散叶。

（邱　云　许　韬）

为了大江的顺利截流

叶巴滩水电站右岸、左岸导流洞相继分流过水后，成功实现大江截流，从此叶巴滩导流洞工程正式投入运行，并将在接下来的六七年接受金沙江滔滔江水的考验。

叶巴滩水电站坝址区两岸山体雄厚，岸坡基岩裸露，岩性以石英闪长岩为主，具有良好的隧洞布置条件。工程采用"断流围堰全年挡水、隧洞导流"的导流方式，在左右岸等高程各布置一条导流洞。自2011年5月始，从规划到技施，成都院已陪同叶巴滩水电站导流洞工程走过了八年的时间，导流洞工程设计在这段时间内走过了"从无到有，从多到一，一波三折"的精彩历程。

从无到有

叶巴滩水电站开工前，工程区人烟稀少，消息闭塞。通信信号仅能覆盖少数集居乡镇，基础设施薄弱，仅有一条未硬化的县道——巴白路。正是这样一块未经开发的处女地，在接下来的数年内，逐渐布满了勘测设计人员的足迹。

从2006年4月勘测设计工作人员第一次对坝址区进行综合查勘开始，到导流洞施工过程中全方位的技术支持，进行了平面地质测绘12.5千米^2、剖面地质测绘20.8千米、钻孔勘探13004米、探洞勘探9415米及大量的勘探试验工作，完成了地震安全性评价、地质构造研究、地质灾害危险性评估和自然边坡危险源调查等多个专题研究。得益于细致全面的勘测工作，揭开了金沙江叶巴滩坝址区河段的神秘面纱，将坝址区从一块人迹罕至之地转变成了水电开发的热土。

基于对坝址区的深切"V"形峡谷地貌、山体雄厚、地形陡峭、沟梁相间、地应力中等偏大、局部断层构造发育的地形地质条件，并结合枢纽建筑物布置特点及施工进度要求，确定了"断流围堰全年挡水、隧洞导流"的导流方式，据此进一步确定了导流洞轴线、进出口及支护结构等。

正是这些严谨深入前期工作和全面细致的勘测设计研究工作，为导流洞工程的"从无到有"奠定了坚实的基础。

从多到一

可研设计阶段，根据工程地形地质条件、枢纽建筑物布置特点、前期设计成果及咨询审查意见，并兼顾大江截流、施工期下游供水及施工总布置等方面的要求，共计拟定了6个导流洞布置方案，并进行了逐一详细设计和技术经济比较。通过方案比较，选出等断面双洞布置的较优方案，具有隧洞洞线较短、进出口地质条件较好、右岸导流洞出口段可与生态尾水洞结合、出口对冲消能、截流难度较低、施工干扰小、工程投资较少等优点。后经施工验证，该推荐方案降低了导流洞施工难度，加快了导流施工进度，减少了工程投资，较好地适应了工程建设施工的需要。

除此之外，还进行了导流洞规模及闸室布置等方面的比选。正是通过"从多到一"的详细设计和方案比较，探索了导流洞工程设计的各种可能性，体现了设计技术人员优中选优、精益求精的工匠精神。

一波三折

自导流洞正式开工以来，工程施工边界条件发生诸多变化，现场工程技术问题层出不穷，期间更是经历了两次白格堰塞湖溃堰洪水的严峻考验，在两年内经历了一波三折的动态设计过程。

在导流洞施工过程中，左、右岸导流洞部分洞段的实际开挖断面小于围岩类别所对应的典型断面，存在较大的安全隐患。设计人员根据导流洞开挖断面不足洞段的揭示地质条件及工况，新增了大量计算，并经多次讨论后确定了加强支护的结构变更设计，并及时发出了设计通知。左、右岸导流洞进、出口施工围堰对明渠结构形成了不同程度的占压，加之施工工期紧张，及时调整了进出口明渠及岸坡防护结构布置，并复核分析了导流洞泄流能力及围堰挡水水位。

2018 年 10 月 11 日和 11 月 3 日，上游距离叶巴滩坝址约 60 千米的白格滑坡群先后发生了两次滑坡，截断金沙江形成堰塞湖。两次溃堰洪水到达叶巴滩坝址处的洪峰流量分别达到 7770 米 ^{3}/ 秒每秒和 28300 米 ^{3}/ 秒，第二次洪峰流量远超万年一遇洪水。在建的叶巴滩导流洞工程首当其冲，被动提前过水，钢模台车和施工辅助措施全部损毁，损失惨重，导流洞工程施工进度受到严重影响。洪灾过后，洞内淤积严重。面对如此严峻的形势，成都院抢险专家组第一时间进驻叶巴滩工地，数次亲临滑坡体现场勘查；险情排除后，设计人员根据最新的施工面貌和进度计划，积极参与灾后导流洞复工技术问题的协调处理，研究调整导流程序，及时提出围堰分期实施方案，从技术上保障了 2019 年 3 月底大江截流。

从导流洞工程的设计蓝图绘制到顺利实现分流，设计者根据现场实际情况，主动优化设计方案。动态设计过程虽一波三折，设计产品质量却始终上乘。在设计过程中，工程师们用实际行动诠释了成都院"勤奋敬业、团结协作、艰苦奋斗、无私奉献"的企业传统，用优质的设计产品与服务展现了"严谨求实、优质守信、开拓创新、团结奋进"的优良作风。

（彭　峥　孔　科　周顺文　张有山）

大震之后，一个央企的行动

一场广泛关注的地震发生后，让人牵挂的，除了当地百姓生命财产的安全，还有震区工程设施，如水库电站的震损情况。它们是否能经受住大震考验，不仅关系到救援资源的供应，更关系到震后次生灾害的防患，会不会给当地损失造成"雪上加霜"。

与自然灾害发生相随的，是一些所谓"科学传言"满天飞，不但扰乱视听，也会给科学救援和后续建设恢复带来重大影响。像刮风、下雨、闪电一样，地震也是一种自然现象。然而，由于地震巨大的破坏力，容易引起人们"无限遐想"。2008 年汶川地震发生在水电开发相对密集的流域，一些媒体和个人认为是水电开发引发了地震。

从地震历史来看，这种说法并无任何科学依据，但地震给包括水电开发在内的所有工程建设和管理都提供了许多启示和经验，认真分析和全面总结原因与经验教训，加强对地震发生规律性认识的研究，进一步做好包括水电在内的各种工程建设的防震减灾工作十分必要，这也是抗震救灾应有的科学态度。

一次大震的巨大破坏

2017 年 8 月 8 日，立秋第二天，一个依然酷热的日子。当晚 21 时 19 分，四川省阿坝州九寨沟县发生 7.0 级地震，震源深度 20 千米。

这一夜，中国无眠。一场地震，满目疮痍。

此次地震震中烈度为 9 度，共造成四川省、甘肃省共 8 个县受灾，包括四川省阿坝藏族羌族自治州九寨沟县、若尔盖县、红原县、松潘县，绵阳市平武县；甘肃省陇南市文县，甘南藏族自治州舟曲县、迭部县。截至8月13日20时，地震造成25人死亡，525人受伤，6人失联，176492人（含游客）受灾，73671间房屋不同程度受损。

当坍塌的山体将灾难现场隔离成一座孤岛，一场国家救援立马展开，一切快速而有条不紊。

在震后不到两小时，九寨县城便已恢复供电。可以想象，黑暗中那温暖的光，刺透了黑暗，更点燃了灾区群众对生命和未来的深深期许。无处不在的感动，顽强地抵抗大灾的无情，那些奋力打通和护卫生命通道的人们，那些防范和杜绝安全隐患的人们……形成了强大合力，为灾区民众渡过难关筑牢了信任和生命的阶梯。

万幸的是，九寨沟地震重灾区除景区人口集中外，其他区域村寨稀疏，总体人口密度较低，加之当地防震减灾能力近年来不断提升，因而本次地震人员伤亡和建筑物损毁程度都远低于青海玉树、四川芦山、云南鲁甸地震。

四川历史上地震多发，但此次地震距汶川地震发生不到10年，相邻两地连续发生强震，不免引起人们的疑问。据中国地震台网专家介绍，罪魁祸首是巴颜喀拉地块活动持续，并不断向东南推移。从1976年开始，巴颜喀拉地块已成为整个中国西部7级地震的主体活跃地区，2013年庐山7.0级强震，2010年玉树7.1级地震，均为其运动的结果。汶川和九寨沟地震都发生在巴颜喀拉地块上。其中，汶川地震是龙门山断层，这次则为龙门山断层偏西，两者相距较近。龙门山是逆冲型的地震，也就是挤上去的；这次则为"走滑型地震"，断层基本上是直立的。两次地震发生的力学状态有所不同，表现形式均为破坏性，但破坏程度不一样。

责任央企的紧急行动

大灾面前，永远在前，这是一个央企的庄严承诺。

参与过汶川、芦山等地震救援的成都院人，在九寨沟地震发生后，给出的反应是一样的，采取的行动是一样的，只是，这次反应和行动更为快速、科学、有序———个央企的担当永远篆刻在国家需要的紧要关头。

震后不到一小时，中国电建成都院地震应急工作启动，工作领导小组第一时间成立；不到 12 小时，公司首批专家火速奔赴震区开展救援工作，成为震区第一批以工程技术支援为主的央企。

应急预案启动后，成都院前方指挥部紧急成立 6 个组开展自救和救援工作，后方成立包括信息、技术保障在内的 4 个工作组，对收集到的资料进行分析、研判并全方位指导救灾工作。

首批专家队伍由地质、工程结构、监测等专业 10 名专家组成，由成都院副总经理带队，对公司震区人员安全状况，以及公司投资、建设的工程震损情况进行全面排查，预防次生灾害发生，确保震区电力安全供应。

为保证现场救援力量，成都院再增派 4 批次共 19 名专家相继抵达灾区，与首批专家共同组成应急工作现场组，设立水工建筑物、大坝工程监测、营地及厂房建筑物、改线公路缺陷清理、水文水情、地质及无人机成像等多个小组开展相应工作。成都院前后联动，快速响应，现场的所有资料及时传到院内，供全国勘察设计大师们领衔的技术保障工作组做进一步成果分析，科学有效指导现场救灾工作。

成都院在排查工程震损情况的同时，主动、积极配合政府部门做好相应技术支援工作。应九寨沟县国土局要求，急速派出水文专家进入震中区投入救灾工作；组织大型机械及时清理滚石，保证了若尔盖至九寨沟公路多诺库区段的畅通；了解到震区输电线塔严重受损，成都院主动与有关设备厂家进行协调联系；安排无人机成像技术人员为震中塔基毁损测量、地方小水电巡查提供帮助，以保证灾区电力供应线路的及时修复和震中灾区的供电。

成都院九寨沟公司九力大厦是白水江梯级水电站的集控中心，地震期间，不仅承担了专家组后勤保障和应急指挥工作，还积极承担九寨沟县应急办安排的国家地震局及供水、供电、医疗等救援队伍 40 余人的住宿及早餐工作。

"长脸争气"的水电工程

成都院九寨沟公司在震区白水江流域投资建设有 5 座水电站，从上至下分别为多诺、玉瓦、黑河塘、双河和青龙水电站。除了白水江，成都院在震区不远的火溪河上也勘测设计了 4 座电站。其中，黑河塘距震中不到 30 千米，白水江龙头水库多诺水电站为面板堆石坝，最大坝高 112.5 米，离震中位置约 40 千米；火溪河龙头水库水牛家是一座坝高 108 米的碎石土心墙堆石坝，库容 15 亿多米 ^{3}，与震中距离不到 60 千米。

成都院设计的沙牌水电站，是本世纪初建成的世界最高碾压混凝土拱坝。汶川 8 级地震发生时，波及沙牌大坝的影响烈度 8~9 度，大大超过了工程设防烈度，然而沙牌大坝岿然不动，安然抗击了山崩地裂的考验，被誉为最"牛"大坝。

那么，成都院建设的这 9 座水电站，在九寨沟地震来袭时，又是怎么一番表现呢？成都院的水电设计水平，是否能再次经受住强震检验呢？

最让人关注的是多诺水电站，水库库容近 6000 万米 ^{3}，位于九寨沟县城上游，若多诺大坝因地震出现问题，将直接影响下游人民生命财产安全，后果不堪设想。

灾情面前，成都院不敢掉以轻心。

地震发生后，当天晚上成都院现场建设管理人员冒着余震危险，立即对水电工程开始了第一轮巡查。初查结果和全面排查与分析后的结论，让人悬着的心落了地。

——各主要枢纽建筑物主体结构安全。大坝未现明显震损，依然巍然屹立挡住一库碧水；泄洪洞及泄洪闸启闭设备均能正常运行。

——各电站保持正常运行，部分电站厂房、闸首值班房等建筑物出现填充墙墙体裂缝、乳胶漆剥落、门窗玻璃损坏等破坏现象。

——工程边坡、库岸边坡及公路边坡未见大规模滑坡及崩塌，仅发生局部落石或塌滑。

这些特征，表明各水电工程均能安全、持续发电，可以源源不断地为震区提供电力支撑。

众多专家早出晚归、不间断深入排查现场，后方技术保障团队连续工作数十小时，全方面分析论证，结合监测资料和各种研究手段，完全印证了以上结论。在此期间，余震不断，专家组与指挥部成立临时党支部，建立党员突击队，在特殊时期更好地发挥党员先锋模范作用。专家组奔赴哪里，党旗就飘扬在哪里，成了震区一道美丽风景线。这些行动里，流淌的是温暖、镇定和深沉的牵挂。

不断总结和归纳，并提出指导性意见，是科研工作者的天职。成都院的专家们结合九寨沟、汶川等地震对水电工程的影响，发现即使在像汶川特大地震的考验下，距震中仅 17 千米的紫坪铺水库高坝安然矗立，而震区 132 米高的沙牌混凝土高拱坝、101 米高的碧口水电站土石坝、132 米高的宝珠寺水电站混凝土重力坝，均属于百米以上高坝，且经受住超过地震设防烈度的强震考验。地震中，没有一座水电站的主要建筑物被震毁，没有一座水电站引发次生灾害。

专家们高兴地指出，我们的水电建设，既科学又规范，设计理论和建设施工可靠，所建设的大坝表现出超强抗震能力；作为重要的清洁能源，水电工程在安全、环保、经济的建设理念下，仍然值得大力开发。

曾经吸引无数游客慕名而来的九寨沟，遭受地震重创。然而就在震后第三天，晨光渐起中，菜市已经正常营业。

九寨沟，千百年来，就像世外桃源、人间仙境令人神往，如今在大灾面前，展现出当代中国动人的精神，也检验出中国水电发展的坚实。愿这座城，少一些痛苦，多一些安宁；愿成都院建设的水电工程，在过去、现在和将来，以和谐的工程建筑，为装扮九寨增添一处景观，以强大的清洁能源，为繁荣九寨贡献一份力量。

（邱　云）

此心安处是吾乡

夜半，两河口水电站移民代建总承包指挥部亚卓营地，沉浸在一片寂静的夜色中，唯有柴油发电机的轰鸣声向黑夜发出怒吼。

合同部的窗格依旧透射出昏黄的灯光，有一个人正襟危坐在电脑前，那噼里啪啦的键盘敲击声在他耳中仿佛是一曲美妙的音符。他叫蔡现阳，有多个称呼：总承包项目部党支部书记、分工会主席、控制经理、合同部主任。

作为一名水电工程建设者，他扎根工地一线、数十年如一日，兢兢业业、无私奉献，用不懈奋斗为大国重器添砖加瓦；作为一名中国共产党党员，他坚守初心使命、发挥模范作用，奋勇当先、严于律己，以克己奉公为工程建设踔厉奋发。

以党建为擎，坚持引领、助推建设

蔡现阳有一个特别身份——中国电建成都院两河口移民工程总承包项目部党支部书记。作为一名基层党务工作者，始终坚持"围绕生产抓党建，抓好党建促生产"，把开展党建、联建作为促进工程建设和项目管理的有力"武器"。

2018年，由成都院党委主办、成都院工程建设分公司党委承办的"讲创新、讲奉献、讲发展"党建系列活动在两河口移民代建工程总承包项目启动。作为党支部书记，蔡现阳全过程参与活动策划、筹备、实施和总结。

活动核心内容为两河口移民代建工程总承包项目劳动竞赛、困难一线工人"精准帮扶"公益活动。

劳动竞赛共有 12 家分包单位项目部、44 个劳动班组参加,参与规模大、影响范围广。2018 年是两河口移民代建工程总承包项目推进的困难时期,通过强化管理,科学施工,劳动竞赛提出的"保安全、强质量、促进度"要求得到了全面落实,调动了两河口建设者的积极性、主动性和创造性,切实起到鼓励先进、鞭策后进,参建单位履约能力显著提高,建设氛围焕然一新,有力地促进工程项目建设。

通过"精准帮扶"对长期坚守工地一线、工作积极主动同时存在实际困难的工人兄弟表达一点心意。通过本次活动工人的归属感、荣誉感显著增强,纷纷表示将继续踏实工作,为工程建设继续努力。

作为党支部书记,蔡现阳多次组织与属地小学校专题讲座和互动交流活动,以实际行动构建和谐的新型企地关系,有利于增强当地民众对移民工程的理解与认识,提高当地民众对工程建设的信任与支持。

以岗位为业,敬业奉献、求实创新

参加工作伊始,蔡现阳便与合同管理工作结下不解之缘,后续经历锦屏二级水电站复杂、重大合同商务问题处理工作锤炼,可以毫不夸张地说,水利水电工程各个阶段的合同管理工作,他都能游刃有余、驾轻就熟。但是,自从来到两河口移民代建工程总承包项目,新型的模式、复杂的环境对他的工作方式提出考验。

2015 年,两河口水电站移民代建工程率先采用设计施工总承包管理模式,这是我国大型水利水电工程移民工程、代建工程首次采用设计施工总承包管理模式。项目具有综合规模大、地域范围广、施工战线长、时间跨度大、不可预见的地质条件多、不可预见的风险因素多、建设自然环境恶劣、区域社会环境复杂、异常气候条件多发、高原作业效率低下等显著特点,客观上导致合同管理工作困难重重。

蔡现阳被同事们形容文件多、报表多、会议多、电话多、麻烦多的"五多"同志。他是办公室里上班来得最早、下班走得最晚、夜晚加班最久的,他的办公桌上堆满了各类合同商务文函、工程进度付款报表。他案牍劳形、孜孜不倦，做了大量基础工作，可工作效果不明显，重大问题未突破。尤其是 2020 年，总承包、各分包合同商务问题处理遇到极大困难。许多重大合同商务问题没有现成解决方案、没有成功典型案例，他为此食不知味、夜不能寐，同时还要忍受高原反应引起的持续头痛，失眠让他备受煎熬。他深知等待是不会有理想结果的，于是便与项目团队一道直面困难、实事求是、调整思路、创新方法，通过走访调查研究、深入挖掘基本事实、反复钻研合同条款、继而研究法律法规，部分合同商务问题处理思路、方法渐渐清晰，问题终于获得圆满解决。

以工地为家，舍弃小家、只为大家

蔡现阳连续多年在工地出勤天数超过 320 天。从成都平原到涉藏州县高原，交通里程不足 500 千米，快速、便捷的现代化交通工具面前，这个距离是那么的近，现实却是如此的远，远到一年只能回去寥寥数次，远到偶尔回到家孩子一脸茫然……

回成都是困难的，回老家更是奢望。蔡现阳回忆起已经有 2 年多没有回到故乡看望年迈的父母了，上一次回老家的场景依然历历在目。父亲、母亲无数次在电话里怯怯地询问："今年暑假能回来吗，寒假能回来吗，你们过节都不放假吗？家里还给你准备了你小时候喜欢吃的东西。"

雪域高原、涉藏州县大地，他一心扑在移民代建工作上，与家人聚少离多、相会恨短。他始终发扬大公无私的精神，在工作与家庭发生冲突时，他更多时候选择了工作。"处处无家处处家。作为儿子、丈夫和父亲，我留下许多遗憾。但作为一名两河口建设者，我无怨无悔。把自己参与的移民代建工程建设好，是对家人、两河口、移民群众最好的回报。"

　　与土石为伴、与山水为伍，蔡现阳默默地为工作、工程奉献自己的青春与汗水，用实际行动、本职工作诠释"缺氧不缺精神、艰苦不怕吃苦"的作风。

　　2020年8月，两河口水电站蓄水阶段移民安置验收会议在成都召开。验收委员会专家组、验收委员会委员单位一致同意通过两河口水电站工程蓄水阶段移民安置验收。成都院移民综合设计、设计施工总承包得到了好评。

　　又是一个秋季，等待的是收获的岁月，地方政府脱贫攻坚任务圆满完成，两河口水电站迎来投产发电。这一刻，所有的付出、所有的牺牲，以及那恶劣的自然环境、不利的气候条件，都不足为道。

　　迎着暖阳，蔡现阳洒脱吟道："试问岭南应不好，却道：此心安处是吾乡。"

（邓君恒　杨　洪）

峡谷深处那些难忘瞬间

踏勘

山泉边少憩后，成都院两河口库区建设者探寻海拔4700米的山间水源。山势越来越陡，路是几乎没有的，晴天朗日尚且难行，更何况这湿湿滑滑的下雪天。刚刚庆幸终于转过一道山梁，猛然间又有一堵峭壁立于眼前。

那刀削般的悬崖拔地而起，上顶云天，危峰兀立，令人望而生畏。远远望去，悬崖那么高，那么陡，好像是被人用巨斧劈峭过似的。走近些，只见云雾缭绕，犹如一把利剑，耸立在云海之间。路途相当险峻，路旁一侧便是万丈深渊。

他用手揪着树枝，脚踩着石缝，心在打鼓，腿在颤抖，脸上汗水和雪水夹杂着，手脚并用。名副其实的爬山，简直是一寸一寸往上挪，迈前脚，拖后脚，终于翻上山崖，顿觉眼前一片开阔，面前出现了一个海子。

海子的水清澈碧绿，水明如镜。阳光灿烂，云朵如絮。在阳光的照耀下，像碎银子一样闪烁着。海子四周被高低起伏的群山环绕着，景色迷人。

终于找到了供红顶村的水源地。

站在山巅向远处望去，蔚蓝色的湖水连着深蓝色的天空，雄鹰挥动着翅膀在湖上、天空中自由地飞翔。辽阔的高山草甸仿佛在海子边铺了一层厚厚的绒毯，一群群牦牛在草地上悠闲地散着步。

成都院人从不怕山有多高，路有多险，向着既定的目标奋勇前进，不犹豫，不气馁、不退缩。心里怀有一个坚定的信念，即使再高再陡的山也阻挡不了他们前进的步迈。

浇筑

他，作为项目技术质量部主任，已经连续点了四支烟，眼圈通红，声音沙哑："这个配合比应该可以了，老天保佑不要再出现堵管了。"

高寒高海拔区域，利用人工砂石骨料浇筑高墩大跨混凝土，在国内尚属首次，没有现成的经验可以借鉴学习。

他带领总承包实验室的成员一起，研究人工骨料石粉含量、配合比，已经熬了两个通宵了……

紧接着的是，连续浇筑，这一仓是特大桥第一仓的浇筑，最关键的仓号，一旦开始，不能中途停仓。

"浇筑完成，顺利浇筑完成！"对讲机里面传回施工作业现场的报告。

终于成功了！第一次，在高寒高海拔区域用人工砂石骨料一次性浇筑高墩大跨大体积混凝土，并顺利完成。

头发花白的他激动地站了起来，眼中噙满泪水，颤抖着拿出打火机，点上最后一杆烟，点了几下都打不燃火……大山里的清晨虽冷，却很清新。东方，白雪皑皑的山那边，已经出现了点点红晕。

接电

位于甘孜州新龙县阿宗村的格桑梅朵家刚刚通电，换用上了电灯泡。格桑梅朵不知怎么关灯，像吹煤油灯似的吹了半天，仍没熄灭。她自言自语道："这新玩意真好，还防风哩。"

刚刚去阿宗村进行 10 千伏输变电线路架设的机电工程师卿海说，阿宗村的村民真的朴实又善良。

那天，卿海去现场，协调电线杆的安装。如果要节约成本，必须在格桑梅朵家的青稞地里立电线杆，可如果在地里立电线杆，势必将刚刚出苗的青稞拔掉。贫瘠的川西高原，好不容易有个坡地栽种粮食，这可是格桑梅朵全家一年的口粮地。

大片大片的青稞在微风里泛着绿浪，密密匝匝的细碎白花绽放在高原山间的绿海里。青稞穗儿扬起高昂的头颅，用淡淡的青稞香纠缠着缕缕白花花的阳光。

青稞地是浪漫而朴实的，远方的青稞香味已静静地沉入了心灵的深处，轻轻地、轻轻地一丝一丝落下。

卿海他没有张口，只见格桑梅朵佝偻着身子跳向那片青稞地，她一边拔着这翠绿的青稞，一边呢喃着：成都院帮我们接电，今后我们藏家就有了保障，生活就有了希望。

冲锋

司机在黑暗中开着车。蜿蜒曲折的盘山公路，他已经是第六次掉头了。项目部常务副经理李卫国焦急地用对讲机指挥着来回穿梭的工程车辆。

2020年，成都院两河口移民代建工程遭遇超10年一遇的洪水袭击，刚刚完工的代建道路，到处塌方、滚石，以至于道路中断、通信中断、电力中断。李卫国在接到水毁工程处置的紧急会议通知后，立即从亚卓赶往雅江开会。

走的时候，已近下午6点，"带上卫星电话，带上对讲机"，李总大声布置着。

处于代建工程核心位置的亚卓，正好处于扎坝"走婚大峡谷"中心位置。该峡谷地处青藏高原的边缘，境内平均海拔3245米。不少村落地处高山岩尖之上，交通极其不便。已经修好了的高线不通，改走老县道，又不通，全被山上的巨石和塌方堵住。当走到白龙沟隧道时，考验才真正到来。连续的强降雨，让河右岸路的边坡形成了大规模的塌方。现场有上万方的山体碎石滚到了路上，飞石滑坡将这段路完全淹没。

此时，天色已经暗淡了下来。下边是百米多高的悬崖，上边是百米多高的滑坡体。唯一的路就是从原公路上稍微平缓的滑坡体上通过。但塌方仍然在继续，山上的飞石随时有可能掉下来伤人。没有路可走，只有冲！往前冲！

人员下了车，快步走到塌方边缘地带，拿着对讲机，指挥司机。滚滚尘土中，只见到成都院工作服在雪山的映衬下，散发光芒。

回家

那天，终于轮到了休假，我特别兴奋，终于可以回家看看女儿了。

简单的行李，没有给老婆和女儿打电话，想给她们一个惊喜。

回到家，已经是夜里22点，蹑手蹑脚开了门，老婆很高兴，我轻轻竖起手指："嘘……"

女儿在洗脚，手里拿着一本绘本。

我轻轻地蹲下身。

女儿很专注，没有发现父亲已经蹲在她旁边。

"在看什么呢?"我看她一直很认真，忍不住打破了这份安静。

女儿抬起头，发现了我。

一点没有吃惊的意思，嘴角露出微笑，问道："爸爸，你明天又要走吗?"

（杨　洪）

第一章　诚创业之基——打造大国重器

一片桑树林的"拆迁"故事

最近，天气终于放晴。在久违的阳光里，甘孜州冷碛镇梅子坪村的村民们开始了在桑树林里一天的忙碌，捡拾枯叶，修剪枝丫，为了明年的好收成，村民细心地呵护着这一片桑树林。

而在成都，大渡河硬梁包水电站工程截流移民安置验收会议如期举行。经过验收委员会的认定，大渡河硬梁包水电站移民工作基本满足《验收工作大纲》要求，同意通过大渡河硬梁包水电站工程截流移民安置验收。

桑树林和移民安置验收有什么关系？这要从 2010 年硬梁包水电站启动可行性研究阶段移民安置规划说起。

硬梁包水电站位于甘孜州泸定县境内的大渡河干流上，2016 年 2 月获四川省发展改革委正式批复核准开工。2019 年，移民安置工作正式开始。水电站建设征地涉及泸定县 6 个乡（镇）32 个村（组），涉及移民人口 1371 人。和四川省内大大小小的水电站相比，硬梁包移民安置工作并不复杂，但它涉及搬迁的企业却有 15 家。这片位于甘孜州泸定县杵坭乡的桑树林，就涉及其中。

桑树林属于大渡河茧业有限公司，作为甘孜州当地赫赫有名的农产业龙头企业，茧业公司负责从养殖、培育、加工到制作成品销售，建立了 60 多户小蚕共育户，200 多户蚕桑重点户和大户以带动全县千余农户发展蚕桑，以一片小桑叶带动了当地的经济发展。公司还建立了桑树品种资源基因库，搜集保存了经干热河谷气候带长期驯化了的 28 份国内外珍稀桑树资源，保存桑树种质资源 128 份，共有桑树 27229 棵。

茧业公司处于电站淹没区与枢纽工程建设区重叠区域，在工程截流阶段就需要整体搬迁，这片桑蚕树的处理直接关系到硬梁包水电站能否按期截流。

　　要如何处理这些桑树，负责硬梁包移民安置规划的中国电建成都院移民工作者却犯了难。直接淹没？会使经过长期驯化适应了泸定县气候条件的桑树品种资源面临灭顶之灾，同时按照四川省的有关规定，桑树品种资源基因

　　库的补偿费也是天文数字。俗话说"人挪活，树挪死"，但不信邪的移民工作者，就要把这桑蚕树，不仅要挪活，还要活得水灵。

　　于是，一场"桑树保护战"拉开了序幕。

　　如何科学地移栽桑树？移民工作者找到了四川省蚕业管理总站、省农科院蚕业研究所、省农科院土肥所、成都农业科技职业学院等单位的权威专家，召开专题会议，研究制定桑树移栽技术方案。由于硬梁包水电站工程建设的需要，在新园址还未建成时，部分桑树需提前移栽，工作队就分批次给桑树林找过渡点，让这片桑树林成为"过渡林"。

移栽旧树，比重新种一棵树或者赔偿一棵树要更费时间费精力。为什么会选择一个费时费力的"笨"办法？因为工作队一直坚信，移民工作是一项"有人味"的工作。"笨"办法保住了桑树品种资源基因库；"笨"办法让企业不用从头开始；"笨"办法也让当地农产业得以延续；"笨"办法节约了移民投资。

如今，桑树园新址位于大渡河右岸，紧邻省道S217，交通便利，场地宽阔，用不了多少时间，"过渡林"就可以入住新家，继续助力当地百姓奔小康。

硬梁包水电站"先移民，后建设"工程，作为四川省第一个单独通过省发展改革委核准的项目，截至10月底，硬梁包水电站已经完成90%移民的搬迁安置，涉及的机砖厂、林场、石材厂、垃圾处理厂等都已经得到了妥善安置并分批次启动复建工作，电力及通信等专项设施均已完成复建，恢复功能。但硬梁包水电站的移民安置工作还没有结束，接下来成都院移民工作者一如既往地奋斗在移民工作一线，为水电事业贡献力量。

（李林璠　余　波）

炼得长缨缚苍龙

近日，世界已建和在建最高混凝土面板堆石坝的金沙江拉哇水电工程如期实现大江截流。一路奔流的金沙江水，在拉哇乡旁的峡谷中戛然而止。

回顾工程筹建期进场交通道路修建、不良地质处理、沟水隐患治理，到主体导流建筑施工、河道跹缇填筑进占、如期合龙截流，历时6年的工程筹建期，经历白格堰塞湖、新冠肺炎疫情两大不利影响而初战告捷。中国电建成都院二滩国际监理人用心用情干工程，以"敢于奋斗、善于成功"的精神克服过程中太多的难，一路艰辛一路景。

战"白格"

拉哇水电工程，作为国内单体金额最大的水电工程监理项目，是二滩国际发展史上又一个里程碑。2016年6月，二滩国际拉哇筹建期监理部成立。进入拉哇水电站工区，首先浮现在眼前的是群山陡峭险峻和河道水流湍急，等待我们的是电站筹建期合约27.5千米的公路隧道和排水隧洞。成都院监理人面对这一切，没有撤退可言，这一搏就是六年。

2018年10月10日晚，西藏自治区昌都市江达县和四川甘孜藏族自治州白玉县境内突发山体滑坡，堵塞金沙江干流河道，形成长约5600米、高70多米、宽200米的白格堰塞湖。监理部迅速协调组织施工单位有序完成人员、设备、材料转移及上下游索桥桥面板拆除工作，24小时对金沙江水位进行实时监测，经过大家共同努力，地质灾害未造成任何工程损失。

11月3日，波罗乡白格村原山体发生二次滑坡，监理部和参建单位一起与时间赛跑，用最短时间再次完成人员、设备、材料转移，冷静指挥承包人完成右岸低平台砂混系统拆除工作。白格堰塞湖泄流洪峰过境后，监理部又第一时间组织工程有序复工，将灾害影响的工期抢回来，工程损失降到最低。白格堰塞湖的科学应对，成为成都院继"5·12"汶川大地震成功处置唐家山堰塞湖的又一典型案例。

控疫情

2020年初春，一场来势汹汹的新型冠状病毒肺炎疫情蔓延，打破了原本祥和欢乐的春节。二滩国际拉哇监理部在成都院党委和公司党总支的坚强领导下，在做好自身内部防疫工作的同时，按施工单位划分相应责任人员，逐一跟踪落实施工单位各项防疫管理工作。

那段时间，监理部除推进工程建设进度外，日常消杀、体温测量、进场人员报备及巡查防疫物资、防疫工作执行情况也成为常态化工作。监理部督促制定各区域的防疫措施，严格执行抗击疫情的每一道程序，严谨的疫情管控措施造就了完美的管控效果，在疫情不断反复的当下，拉哇工区所处的涉藏州县高原成为当地抗击疫情的标杆，受到当地政府和百姓的肯定和赞扬。

抢截流

2021年，是拉哇工程导流洞施工极其不易的一年。工程启动洞室结构混凝土浇筑施工，高达28000米^{3}结构混凝土以及洞室灌浆作业，紧迫的工期带来巨大压力。监理部果断提出以"天"为单位划分施工任务，对当天完成情况进行分析，并对第二天施工任务进行明确，按管理责任划分片区跟踪督促推进施工进度。监理部督促承包人增加施工资源，全面分析关键线路的同时重点探究难点解决方案，科学制定工序衔接方式，确保了导流洞按期过流目标。

2021年8月15日，拉哇水电站大坝标正式开工，而此时距大江截流仅三个半月时间。面对戗堤填筑料体77000米^3、特殊截流料13500米^3、钢筋石笼3600米^3、合金网兜2500米^{3}以及12个四面体等大量截流备料工作，监理部经过充分论证，最终制定预平抛垫底再立堵进占的施工方案。为抢工程截流，总监徐茂华带领监理部党员干部身先士卒，大家轮流24小时现场值守。紧张的截流前夕，现场挖掘机、推土机、自卸汽车为不分昼夜来回穿梭，在理塘的高山峡谷中形成一道靓丽风景。

千淘万漉虽辛苦，吹尽狂沙始到金。而今，工程导流洞工程全面结束，金沙江两岸戗堤也完成两岸进占合龙，截流难度位居国内前列的拉哇水电站如期实现大江截流，工程施工取得阶段性重大胜利。

我们感怀过程不易和艰辛，但内心更多的是自豪与骄傲。对二滩国际建设者来说，汹涌江水的截断，只是大坝开挖填筑的开始，任务更重挑战更多。拉哇监理团队将继续秉承成都院攻坚克难无畏向前的精神，为打造金沙江上游国家级大型风光水储示范基地而持续奉献。

（罗稀文　杨红富）

扎坝大峡谷不会忘记

2021 年 7 月 28 日，由中国电建成都院党委打造的三集短纪录片《平凡之路》，正式登陆中央广播电视总台央视网，独家首发，献礼中国共产党百年华诞。

世界级工程两河口水电站，中国涉藏州县综合规模最大的水电站，正夜以继日建设中。《平凡之路》以此为叙事背景，以两河口库区移民安置工程建设为内容主体，以群像的形式聚焦扎坝大峡谷深处的一线建设者与库区移民，通过库区一隅民生工程建设的六年艰辛历程，真实呈现移民工程助力涉藏州县深度贫困区脱贫攻坚的故事，讴歌在党的领导下中国建设者无私奉献、无限忠诚的奋斗精神，以及脱贫攻坚战的伟大力量。

摄制组多次往返奔波于 3 县 6 乡 10 村以及工程各标段第一线，真实还原和记录了工程建设给涉藏州县移民生活带来的巨大改变，以及成都院一线建设者的感人事迹。

决胜！携手消除贫困

位于四川省甘孜藏族自治州的扎坝大峡谷，全长约 150 千米，绝壁陡峭，水深湍急。绝美风光背后，是高寒高海拔下恶劣的自然条件，是四川省贫困程度最深、脱贫任务最重、脱贫难度最大的地区之一。

2015 年 8 月，一场脱贫攻坚战在扎坝大峡谷深处拉开了战幕。依据国家"先移民后建设"原则，两河口水电站建设征地移民安置专业项目代建工程启动。

而这项工程能否顺利完工，将直接影响着世界第三高坝——两河口水电站的建设。两河口水电站建成后，除了发电、蓄水蓄能，还将分担长江中下游防洪任务，改善长江航道枯水期航运条件。

此时，终年与大山相伴的乡亲们，还不能理解和接受即将到来巨变。他们不明白，这些人要干什么，搬家又意味着什么；他们也不知道，他们的人生、他们的未来，将因为这项工程建设发生翻天覆地的变化。

不惧！朝着目标挺进

"扎坝"，在藏语中意为：悬崖中形成的沟壑。

事实上，要在这样一片土地上铺设道路和桥梁，犹如刀尖行走。自然环境恶劣、安全风险大、质量要求高，项目多、资金大、管理复杂，协调和施工难度极大……横亘在建设者们面前的，是史无前例的挑战与考验。在这个没有硝烟的战场，要交出一份满分答卷，难上加难。

在扎坝大峡谷，风，也随时可能成为最大的危险；

滚石塌方，这个时刻可能危及生命的威胁，仅 2019 年统计，发生了 373 次；

高墩大跨度桥梁，在悬崖之上的拔地而起，见证了每一步艰险；

为乡亲们送水的引水管线，全程铺设约 34.23 千米，跨度从海拔 3800 米到 4200 米，沿途几乎全是悬崖，甚至达到了 90 度。

困难与艰险，没有让成都院的建设者们畏惧，更没有让他们停下脚步。因为他们知道，如果说两河口水电站是一个超级工程，两河口移民代建工程就仿佛一座桥，一座连接民生之桥，助力脱贫攻坚、乡村振兴之桥。搭建起这座不凡之"桥"，就是矢志不渝的目标！

从决策层到参建各方，全员提速，两个月一次高层例会，每月一次现场工作组会，在实践中创造了前所未有的工作方式。飘扬的党旗下，每个人都将全部心力融入了脚下这片土地。

用心！见证伟大力量

曾经——教室漏雨停电，上学跋山涉水，甚至无奈辍学；

曾经——缺医少药，只能在简陋的卫生院里打着手电筒处理伤口；

曾经——出行难、行路难、运输难，很多老人甚至一生都没有走出过自己的村庄；

曾经——没有固定水源的乡亲们，千百年来只能翻越几十里崎岖山路去背水，甚至喝雨水、雪水……

从 2015 年到 2021 年，两河口移民代建工程，打通了道孚县至雅江县、理塘县、新龙县之间的通道和希望。

最先建好的，是学校和卫生院。

有电了，有路了，有互联网了，集体经济也有了。

搬得出、稳得住、能致富。不通路、不通电、没有支撑产业的贫困村，已换了新的模样。

有一种浪漫，尖峰行走。有一种色彩，灿若夏花。有一种柔情，水润民心。有一种激越，振聋发聩。有一种憧憬，未来正来。

移民建设，让大山深处的乡亲们告别了贫困，也给这片天堑变通途的土地撑起了致富伞，撑起了乡村振兴的光明脱贫路。越来越多离开家乡的

年轻人，选择从大城市归来。

2021年6月10日下午3点，两河口水电站开始第二阶段下闸蓄水。作为两河口移民代建工程指挥核心的小院——亚卓营地，在过去6年里已经完成了它的历史使命，永远沉入了水底。

来时一片荒芜，去时万家灯火。成都院的建设者们，用青春和真心，赢得了乡亲们的信任。而他们自己，也在这场与时间赛跑的奋斗中，见证脱贫攻坚、乡村振兴的伟大力量。

鲜水河不会忘记，扎坝大峡谷不会忘记，那些曾经日夜为之奋战的身影。

（邓君恒　邱　云）

给世界拱坝一双"慧眼"

形成于亿万年前的长江，从世界屋脊出发，沿青藏高原一跃而下，在攀西和云贵高原上切割出一条数千里的峡谷。

在狭长而险峻的金沙江段，289米高的白鹤滩水电站双曲拱坝巍然屹立，俯视着波涛汹涌的江水。坝顶仓面闪动橙色身影，在正午的阳光下格外显眼。

一群工程师捧着笔记本电脑，精细调整传感器角度，验证采集的数据、计算设计参数……

"你们这群高材生挺扛晒哦，跟咱们一个颜色咯！""你们弄的啥哦，看不懂，很高级呢。"皮肤黝黑的工人打趣着教他们使用新仪器的设计工程师。

工人说起的"高级货"，正是白鹤滩大坝智能建造的核心——大坝施工进度仿真系统与大坝混凝土施工全过程智能控制系统的监测采集设备和客户端。

300米级拱坝是白鹤滩响亮的名片，多项技术指标居世界第一，工程建设难度也居同类工程之首。大坝为超高薄壁拱坝，工程地质条件复杂，如何有效解决高拱坝施工建设的诸多难题，摆在建设者面前。

为应对工程建设管控的新挑战，中国电建成都院承担了这一解决方案，组织技术专家、IT精英和青年骨干，成立白鹤滩智能建造项目部，深入研究大坝混凝土智能仿真及混凝土坝智能监控内容，助力智能大坝进入新阶段。

在传统工程施工中，为解决过程的精准管控，施工仿真技术应运而生。中国电建是这方面的奠基者和创新引领者，从三峡大坝开始，到后来的溪洛渡、乌东德，不断尝试用最新的技术破解新难题。白鹤滩工程规模巨大，混凝土浇筑过程管理难度，放眼世界也是数一数二的，过去的施工仿真已无法适应新需要。

王飞博士担纲技术负责人。为了使超大体量混凝土浇筑进度仿真更贴近工程实际，他一头扎进工地现场，从方案设计到采集一线需求、分析边界特性，一遍又一遍进行仿真系统测试。

多少个深夜，人们已经进入梦乡，王飞办公室的灯依然亮着。他根据工程特性设计，思考能够满足双标段同时施工、双缆机同时运行、二三维联动的施工进度仿真系统。研发出能代表当今最先进的仿真系统，这是王飞最朴素的想法。

以王飞为代表，成都院数字工程团队集思广益、紧密联动，他们不断筛选技术路，反复演算优化，最终造就了集"建模－编译－计算－分析－出图"为一体的施工进度仿真系统。

这套仿真系统实现了大坝多要素、多维耦合仿真分析，模拟出混凝土的浇筑场景，可以及时发现问题，提出浇筑进度建议，对优化大坝浇筑施工程序、提高缆机等关键资源的利用效率发挥了重要作用，为实现大坝浇筑整体均衡上升、满足各阶段度汛及蓄水目标奠定基础。

远眺白鹤滩，巍巍拱坝横贯金沙江，"坝"气十足。2019 年，白鹤滩大坝浇筑 270 余万米^3，创下世界纪录，也见证了数字工程智能建造跨进 2.0 时代。

同时，在白鹤滩日渐生长的大坝和日趋成型的工区里，闪烁着一双双"慧眼"，实时监控拌和楼、运输车、缆机、平仓机、振捣机等施工设备运转。

监控设备的位置信息是数据采集准确的首要保障。峡谷里，五六月份骄阳似火，温度40多度。项目经理钟桂良博士带领一帮青年人，头顶毒日，

匠心之光

汗如雨下，口干舌燥，皮肤被强烈的紫外线灼伤，挂在脖子上的毛巾湿了干，干了又湿。他们不断调试设备定位精度、验证数据，只为最大程度保证设备定位的高精度。

通过对运输各环节、平仓振捣施工工艺的数据采集，综合物联网、复杂环境融合定位、大数据挖掘等前沿技术，团队创新研发出大坝混凝土施工全过程高效智能管控平台，对大坝 2000 余仓混凝土浇筑进行一条龙智能化监控与实时预警反馈，确保大坝浇筑效率、质量、安全"多合一"过程管控，助力白鹤滩"安全、高效、精品"工程目标的实现。

数月的辛劳，300 余份专题分析，智能建造团队以专业的科研水平、敬

业的服务态度，发扬"自强不息、勇于超越"的电建精神，敢想敢干，创新开拓，综合多学科知识形成大坝施工智能建造技术，全新研发智能控制系统，使得智能监控取得突破性进展，也让中国电建科技工作者风采篆刻进雄伟大坝。

打造智慧工程经典样板，是电建人锲而不舍的追求。白鹤滩智能建造项目的成功实施，也意味着工程从传统建造向数字建造转型的大势已然到来。

峡谷巨变，大江存证。中国电建建设者，在建物质大坝的同时，也筑起精神大坝、科技大坝、智慧大坝，为工程建设注入澎湃生命力。

（曾玉珏　邱　云）

第二章 呈 城市之美

——赋能美好生活

为了大湾区的河清岸绿

5月的天府之国，刚刚进入一年雨润万物的最好时节，而距离成都一千多千米以外的东南湾区，太阳早已火热。在粤港澳大湾区的广州、佛山、惠州多地，正上演成都院人湾区治水的速度与激情。

从空俯瞰，珠三角地区水网纵横密布，"共饮一江水"把粤港澳大湾区"9+2"城市紧紧联系在一起。推进粤港澳大湾区建设，是以习近平同志为核心的党中央作出的重大决策。服务国家战略，走进大湾区，扎根大湾区并融入大湾区，是成都院作为中央企业的使命担当。

这里是改革开放的前沿，生机盎然，活力迸射，创造了中国经济社会发展的奇迹，但由于人口数量庞大，生产废水和生活污水排放巨大，江河、湖泊、近岸海域水环境污染严重。"关窗子、捂鼻子，没虾子、没蟹子"，这句话在当地广为流传。

优良的生态环境，是支撑大湾区经济社会可持续发展的必要条件。成都院人以此为着力点和突破口，远道而来，只为守护大湾区的碧水蓝天，河清岸绿。

进驻：千磨万击还坚劲

走进惠州金山新城水环境综合整治项目的碧道试点工程施工现场，看到的是一片忙碌，施工机器正在奋力修整。一千米之隔的老金山湖、金叶湖清淤工程已完成。

惠州金山项目，是成都院进驻大湾区的第一个项目。成都院尽管与水打交道已有近70年历史，打造了天府新区兴隆湖、江油明月岛湿地公园等一系列高标准水环境作品，"懂水熟水"早就成为企业核心优势，但来到一个陌生的战场，面对全新的河流特性和工作环境，以"让环境更美好、让城市更智慧"为使命的成都院人掂出了分量。

"这是广东省'万里碧道'示范段，要有不一样的管控理念和模式。下一步，我们将用'总部管总、工区主战'的建设思路，力争形成项目大兵团作战、全面开花、处处结果的局面。"EPC项目经理苏鹏云经历过数个重大总承包项目锤炼，对于惠州项目他有了全新的想法。

设计理念，关系到项目的成效。据设计经理童伟介绍，水系连通、多元治污、湿地绕城，这是总体要求；通过构建河湖水网连通系统，"控、截、疏、排"全面完善管网基础设施，这样可以达到水系通水、全面疏水、湿地治水的系统性重构目的。

繁忙的现场，惠州市政府的肯定，折射出金山新城水环境EPC项目已进入正轨。在成都院水环境分公司副总经理谢光武看来，这一切来得并不容易。他依然记得刚进入惠州的艰难，政府的高期待与各种工作的交锋，集中压在设计方身上。"那真是万斤担子！"谢光武眉头紧锁，但他清楚，设计是龙头，任何推动都必须先有设计成果。

惠州市政府定了目标，要建设大湾区山水湿地群落公园城市和生态立城的标杆。为了打造好这张名片，成都院包括勘测设计、工程建设、水环境、数字工程等多个分公司十几个专业齐聚惠州，以更宽广的视角开展了118平方千米"金山新城"全域规划与智慧设计。而作为重点之一的碧道工程，通过水系＋两岸系统打造，实现生境重构，成都院人有了清晰路径。

烟波飘渺的水面，芦苇摇曳，鸟儿掠过，沼蛙发出清脆鸣叫……这是兴隆湖的现实图景。按照计划，2021年，惠州项目的水质改善部分和水利部分将全部完成。在成都院人的手里，相信碧水蓝天的美丽可以复制，更相信高标准打造的金山新城必将为惠州带来新的活力。

攻坚：咬定青山不放松

广州番禺区河涌管网完善及农村生活污水项目，是广州市黑臭水体治理"长治久清"工作的重要一环。

成都院承担管网摸查、地勘测量和设计等工作，涉及面积达 500 多平方千米，多达 109 个子项。

水环境分公司党委书记兼副总经理范瑞琪道出了这个项目的特点，这是广州"查漏补缺"完善工程中剩下的最难啃的骨头之一，点多面广，协调难度极大，也带来艰巨的履约难题。

2019 年 10 月，项目团队跑步进场，但现实比他们想象得更难。其他单位开展的前期可行性研究报告，没有参考意义，一切要从头开始梳理。节点目标就在眼前，必须拿出非常规措施。他们以最快速度进入角色，熟悉当地模式，整合当地资源，全身心地开始这场战斗。在疫情防控和复工复产的关键时期，也没有放缓脚步。

于是，几十个点全面铺开，白天跑现场，晚上回来赶方案出图纸，是番禺项目的标配。设计办公室的灯，常亮着；团队在三四点发设计成果给业主也是常有之事。

"采取系统性措施进行分流改造，解决污水渗漏问题，实现源头减排。"项目经理张建一边介绍，一边还在忙着工作，眼睛没有从笔记本电脑屏幕上移开。他在项目上已连续作战超过 100 天，高强度强压力下，体重轻了20 多斤。

"节点目标就在眼前，确实没办法，分身无术啊！"项目常务副经理李艺说，"一忙起来，也没有白天黑夜了，这就是大湾区的速度吧。"

努力换来收获。项目开展之初，当地居民还存在不愿配合和沟通的情况。随着项目的推进，这一切正在慢慢发生改变。他们明白了，管网改造、雨污分流的管道铺设是受益一辈子的民生工程；他们看到了，成都院人顶着烈日奔忙，在尽心尽责干一件大好事。当地的环卫工人连连点赞，"衣背上写着'成都院'的工作人员，是我们城市的美容师。"

这是一个年轻而有激情的团队，不少还是 85 后、90 后。水环境分公司党委副书记、工会主席李玉珠虽然心疼自己的年轻人，但更多的是自豪。因为年轻人的努力与付出，得到了当地政府和人们的认可，有了这段不同寻常的成长磨炼，慢慢能够独当一面，这是最大的收获和财富。

坚守：此心安处是吾乡

佛山南海区北村水系水环境综合治理项目，是电建集团进入佛山地区的首个项目，水系总面积约 250 千米^2，是南海区最大的水系。

作为电建集团的排头兵，成都院必须将项目履约好，这是最朴素而坚定的念头。

然而，面对流域范围广、水系复杂多变、管网体系不明、水文条件特殊等复杂局面，一时间无从下手。

"这边的河流是感潮河，与西部河流特性截然不同，水污染特性也不明。今年底要消除五类水体，现在中标才几个月，感觉干了几年的工作，工作量很大，工期太紧了。"常务副经理张洪记直言不讳地说。

没有前路，那就蹚出一条路。

中标就是决战，进场便进入施工。取得中标通知书后，项目组多专业开展现场摸查、调研、收资，进行方案编制、初步设计准备，只用了 10 天时间，用脚步丈量了 200 多千米^2 土地。

执行力考验作战力。70 天不到，初步完成 22 个社区管网摸查工作，摸查管网长度一千多千米，检查井近 3 万个；完成河流排口摸查 6772 个，暗涵 31.7 千米，水文大断面测量 800 多条，水下地形图测量 7.5 千米^2，149 个点位水质检测，127 个监测点底泥检测……钢铁般的意志，坚定了成都院人在大湾区的匆匆步伐。

"从不适应到适应，可能只用了两三天。因为项目根本不给我们时间，一开始就是攻坚战。"项目经理陈磊丢下一句话，又转身进了会议室。这种劳动强度，连当地招聘人员都有所畏惧。

"这个项目要做成治水 3.0 版，方案、投资、进度等所有压力，其实最终都聚焦到设计单位身上。好在我们在广州番禺项目有了经验，能力和适应性都得到了极大提高，应对这些压力可以更好化解。"范瑞琪稍微松了一口气，补充道："来了，就把事情做好，一定要赢得形象，树立大院品牌！"

在坚守和融入中，当发现能听懂很多广东话的时候，当昔日的黑臭河流重现水清岸绿的时候，他们一定会生出感触：心系之处即吾乡，他乡亦可作故乡。

以水为媒，因水而兴，成都院人从深山大川走来，向大湾大海走去。江海交汇，融为一体，蔚为大观，成都院接续征程的初心未改，使命未变。在大湾区的水环境整治攻坚战中，成都院人饱含情怀，以坚韧和顽强，务实和创新，开放和进取，谱写一曲波澜壮阔的治水长歌。

（邱　云　杜长劼）

敢教月城换新颜

季春时节，晚风微过，一轮超级满月挂在天宇。皎洁的月光洒满月城西昌，也将月亮湖工地照得通亮。项目经理刘旭走出工地，重重拍了拍裤腿上的灰尘，借着月光向项目部大步走去。

"不需要多长时间，我们的月亮湖公园，也可以像邛海一样倒映出它的模样。"一想到这，刘旭走得更轻快了。

其实，这个被刘旭团队随时关注的月亮湖湿地公园，只是成都院作为社会投资方投建的西昌东西海三河水环境综合治理 PPP 项目的一部分。整个项目包括 3 个子项目，还有泥石流治理及水土保持工程、城区河道整治和堤带路及截污干管工程，工程建设期 3 年。

这是成都院从底子上为西昌量身定做的方案，直指月城新的面貌和气质，更赋予其深远意义。现在，它已定位为四川省重点项目、四川省委深改办河湖公园示范项目，又是长江大保护及绿色发展项目。而项目从无到有，环境从劣到优，这一切都始自西昌人民对美好生活的期待，归结于成都院服务社会的初心。

维系幸福的民心工程

幸福是干出来的！

成都院西昌水环境建设项目部不仅把这几个大字贴在了墙上，也印在了每个人心里。成都院的目标就是把西昌的水环境治理好，干出成绩，也干出幸福，向西昌人民交出一份满意的答卷。

成都院因水而生，西昌因水而活，两者渊源颇深。早在成都院成立西昌分公司之前，成都院人就扎根西昌地区十余年，踏水追风，一路探索，一路成长，相继在西昌勘探了东河水库，设计了月亮湖公园一期，投资了西昌风电，承担安宁河谷生态走廊等多个项目，用专业与勤劳服务西昌人民的幸福生活。

水，既滋润了西昌，同时也带来了难以回避、无法绕开的话题。曾经承载着一代代西昌人民的情感与回忆的东河、西河以及海河，流淌千年之后，随着城市规模的不断扩大、经济的快速发展，河流功能衰退、生态恶化等问题日益突出。

近年来，东、西河都几近干涸，一遇到洪水，黄泥浆裹挟着石头、树木冲下来，形成泥石流。住在周围的居民，长期忍受着枯水期的污水臭味，还面临着洪水期的安全威胁。

群众的生命安全需要保障，人民的迫切愿望需要满足，城市的健康发展需要绿色。在西昌摸爬滚打十几年后，成都院人对于西昌的山山水水和自然环境早已烂熟于心，一个有侧重有步骤的规划方案呈现出来，并被当地政府欣然接受。很快，东西海三河综合整治工程列入了西昌市 2018 年重点推进项目。

2018 年，成都院凭借懂水熟电、擅规划设计、长施工建造、能投资运营的优势，以联合体方式中标东西海三河水环境综合整治 PPP 项目。"成都院作为深耕水利水电领域几十年的大型央企，具备全产业链一体化优势，相信一定能把西昌水环境治理好、建设好。"西昌市政府对于成都院寄予厚望。

3 个月后，由成都院作为社会资本方参股的西昌中电建东西海河水环境有限公司，即本项目的项目公司成立。同年年底，西昌市水利局与项目公司正式签订 PPP 项目合同，其中项目公司负责项目设施的勘察设计、投资融资、建设运营，直到合作期满。

从这一刻开始，幸福已不遥远！

着眼未来的设计理念

绿水青山就是金山银山。

西昌的山水湖泊事关百姓福祉，亦关乎西昌的健康发展。如何推动西昌生态文明建设，还百姓一片青山绿水，成为成都院设计团队亟须解决的难题。

水环境治理，是一项系统性、科学性很强的工程，绝不是简单的清整河岸、改善水质，而是需要在科学的规划指导下，从治本入手，统筹河道治理、污水处理厂和管网建设等因素，使"水"这篇文章做"活"、做"深"。

东、西河都是典型的山溪性河流。每年6月至10月，是西昌的雨季，只要上游下大雨，就会产生山洪，那一泻而下的泥浆，推动着泥石流咆哮而下，严重威胁下游安全，也破坏水景观的营造。

"不能头疼医头，东西海三河治理必须坚持全流域综合整治。"设计总负责人牛斌一针见血地指出。

从传统水电转战到新兴水环境业务，牛斌激励着自己在变中求进。这位爱学习爱钻研的成都院"老兵"，一直在不断向团队中的年轻人请教，丰富着自己知识阅历，他的口中总能不时蹦出几个新兴的专业词汇，令人惊叹。

东西海三河贯穿了整个西昌市，城市被水紧紧包围，水城相依。月亮湖湿地公园设计总工程师李何亮知道，"水"对于西昌城市名片的构建至关重要。

结合西昌市情实际和"七彩西昌·阳光水城"的城市语境，以李何亮为代表的设计团队提出了以"水"为切入点，以"西昌月城"文化为主题，通过统筹流域水安全、水资源、水环境、水生态，打造以生态保育、休闲游憩、滨水活动、科文教育为一体的城市滨河公园。

李何亮一谈到自己的规划设计，滔滔不绝，具有成都院人特有的情怀，满是对事业无限尊重与热爱。方案一经他的解读，就能体会到成都院设计者的匠心独具。保障城市安全，是方案中的重中之重，通过上游建库调蓄与水土保持相结合，可以有效治理雨季的泥石流问题；提升城市文化是方案的应有之义，以实现"月湾抱幽山，居然城市间"的情怀为愿景，凸显自然山水，构建"月城"文化；美化城市环境，是方案的终极目标，编织一幅湖水环绕、河畅景美的和谐画卷，实现西昌市"水在城中，城在水中"的阳光水城梦。

成都院的设计方案，让西昌的城市布局和发展脉络有了新的定位，不仅成就了西昌人向往的理想生活版图，也再次奠定了成都院在水环境业界中的地位。2019年10月，月亮湖湿地公园获得第九届艾景奖国际园林景观规划设计大赛公园设计类年度十佳景观设计奖。

这篇因水而做的大文章，正在续写着下文。随着方案的拍板，西昌的未来已经跃然纸上，一切只等时间！

关乎荣誉的治水行动

时不我待，只争朝夕。

正在建设中的西昌水环境综合整治项目，机器轰鸣、工人忙碌，大型吊车则挥舞着长长的钢铁手臂忙着吊装，工地现场一片热火朝天的景象。

然而项目进展并不是一开始就如此顺利。2019年3月，项目主体开工建设后，由于截污干管位于主城区内，地下管网复杂，管线分布信息缺失，这给施工带来了极大困难。同时资金迟迟未到位，项目建设进度也有所滞后。

回忆起当初那场关乎成败、关乎荣誉之战，刘旭锁紧了眉头。"20天完成示范段建设，成都院能不能干？"面对这个几乎不可能完成的任务，刘旭一口应答："能！"

那些天，项目部所有人都精神高度紧张，一门心思扎在工地，利用集体的力量，换来了20天内圆满完成目标任务。

当然，难题远不止这些。据项目公司总经理肖晓回忆，当时项目面临土地指标、征拆范围、政府要求等外部条件变化导致的局部调增、调减、变更，继而导致初步设计工程范围反复变化、审查难产，同时金融市场逐渐趋紧的形势也使得融资工作步履维艰。面对不利局面，肖晓和项目公司其他人员与各大银行开展了数轮谈判，终于在2019年底项目即将"断炊"

前，将第一笔贷款资金落实到位。

收获，总是青睐时刻努力的人们。

2019年最后两天，海河截污干管及污水泵站实现通水投运；10余天之后，月亮湖公园市政交通工程，实现初步通车，即将为日益拥堵的其他3条城市干道分流。

西昌水环境项目，是新冠肺炎疫情发生后西昌第一个全面复工的项目，受到四川省委和西昌市委高度肯定。

成绩面前，成都院不敢丝毫懈怠。成都院工会在项目现场启动劳动竞赛，全力克服疫情影响，确保按期实现节点目标。疫情战役还未结束，新的战役又正式打响，展示出一个负责任央企的担当。

绵绵用力、久久为功，时间淬炼出百折不挠、勇于担当的团队。他们在经历了重重困难之后，收获了连连称赞。为了承诺，为了荣誉，没有什么能阻挡他们前进的步伐。

2021年，东西海三河水环境项目将全面完工。一幅河流绕城、水清岸绿的宜人图画，将展现在人们眼前。西昌这座被水滋养上千年的月城，一定会重新焕发出无限的生机和活力，以绿色生态森林城市的崭新容颜出现在攀西大地。

江河奔腾，一路向前。从巴山蜀水到赣鄱大地，再到南海之滨，成都院人正全力做活"水"文章，全新演绎"水"故事，用绿水青山装点每一寸土地。

（邱　云　李贝贝）

问渠那得清如许

惠州老金山湖岸边，中国电建成都院惠州项目部设计人员们心中满是期待，5 月底，老金山湖淤泥清理工程已经完成，未来，这里将再现碧波荡漾、水清岸绿的美景。

惠州金山新城水环境综合治理，是粤港澳大湾区践行绿水青山就是金山银山理念的生动写照，也是大湾区实现高质量、可持续发展的必由之路。

建设粤港澳大湾区，是习近平总书记亲自谋划、亲自部署、亲自推动的国家战略，是新时代推动形成全面开放新格局的新举措。

建设世界级湾区，生态环境质量也应该是世界级。

2019 年 2 月，《粤港澳大湾区发展规划纲要》明确提出，以建设美丽湾区为引领，着力提升生态环境质量，形成节约资源和保护环境的空间格局、产业结构、生产方式、生活方式，实现绿色低碳循环发展，使大湾区天更蓝、山更绿、水更清、环境更优美。

除了惠州金山新城水环境综合整治工程，由中国电建成都院勘测设计的广州番禺区 62 条河涌管网完善及农村生活污水查缺补漏工程、佛山北村水系流域水环境综合整治工程也在紧锣密鼓地进行中。

治污，从源头开始

水环境治理，首先是治污。

40 多年高速发展，给沿海城市带来巨大经济效益的同时，也让生态环境超负荷运载。尤其是与人居生活息息相关的水环境，在日复一复污水废水的侵蚀下，已严重影响了群众生活质量和城市形象面貌。

广州番禺区从 2009 年便开始治理农村污水，2019 年番禺区对农村污水治理工作进行查漏补缺，将其中最难啃的 62 条"硬骨头"纳入其中，进行全力推进。

500 多千米²，62 条河涌，建筑、人口密集，污染源多，管道淤堵、病害、错接漏接，工期短，考核重……一系列的现实问题，让许多设计单位望而却步。

中国电建成都院接手该项目后，迅速开展管网摸排和地勘测量工作。这是排污管网设计的前提，是截污治污工作的重中之重。勘测人员散落在 60 余个点上，在污水淤泥里摸排、勘探我们看不到的"地下世界"。

佛山北村水系的治理亦是如此，首先要完成 73 千米²内 19 条主河涌和 139 条毛涌的截污排污、消黑除臭工作。截至 5 月中旬，在不到两个月的时间里，中国电建成都院项目团队完成 22 个社区管网摸排工作，检查下水井近 3 万个，摸查河流排口 6000 余个、暗涵洞近 32 千米，测量水文大断面 800 余条，测量水下地形图 7.5 千米²，检测 149 个点位水质，检测 127 个监测点底泥……为 2021 年初北村水系河涌消黑、水质达标的任务奠定了坚实基础。

惠州是粤港澳大湾区的东大门，未来将融入广州、深圳乃至香港的"半小时生活圈"，生态优先、绿色发展是大湾区的底色，更是惠州的底色。金山新城水环境综合治理效果对于惠州全域生态修复和环境治理来说，都是具有示范意义。

基于此，中国电建成都院提出"治水养水、以水定城、水城共治"的治理理念，以金山湖为核心，围绕两湖四河，全流域实施截污治污改善水质、生态修复、兴建水利等工程。

再见，黑臭水

临河而居，涉水而活，自古便是岭南水乡特有的意蕴。然而如今，一些河涌因为常年淤泥、垃圾堆积，从滋养一方碧水变成了人人"敬而远之"的黑臭水。

告别黑臭水，水质提升是关键。

2020 年，多地进入水污染防治攻坚战的决胜之年，消黑除臭，水质达标写进了政府工作报告中，精准治水、科学治水被提上日程，付诸实践。

中国电建成都院根据前期摸排勘测数据，在进行雨污分流、病毒管道改造、错乱管道重接、缺失管道铺设的基础上，完善了城镇雨水、污水处理系统，让黑臭水不再直排入河。

截污之后，如何提升已被污染的水体？流水不腐、户枢不蠹，引入活水是关键。

然而在佛山等地，由于靠海较近，河流的流向受潮汐作用明显，一天中，上下游可能出现多次变换，这就让以往的"水往低处流"的治水思路不再适用。为此，中国电建成都院对设计方案作出针对性调整，根据区域内河道、河涌、暗河的分布和走势，通过清淤，将水网连接起来，再通过在多点建设提升泵，将河道清水成功引入截污清淤后的河涌中，让海洋、河道、河涌、地表径流、暗河形成循环流动。

190 天消黑、300 天水质达标，这是佛山北村水系流域的治水速度。

6 月 30 日前，50 条黑臭河涌清污分流改造、12 条水质不稳定河涌治理全部完成，这是番禺区的治水目标。

污水收集率达 95%，2021 年水质基本达到Ⅳ类，这是惠州金山新城治水的决心。

为配合当地治理要求，早日还百姓一城碧水，中国电建成都院充分发挥技术优势、优化项目管理流程、实行"5+2""白加黑"的作战模式，助力当地政府打赢水污染防治攻坚战。

治水兴城，树立生态治理标杆

40 年前，东南沿海城市群走在了改革开放的前沿，为国家经济发展率先蹚出了一条路子。40 年后，当国家经济从高速发展转向高质量发展，开辟生态优先、绿色发展为导向的新路子时，大湾区城市群再次走在前列。

水系发达的沿海城市，打造"宜居宜业宜游"的世界级生态文明之城，水生态文明是题中的应有之义。

治水立城，以水兴城，水城相融，未来随着惠州金山新城水环境综合治理工程全面竣工，"人、水、产、城"和谐发展的崭新画卷将会在大湾区徐徐铺陈开来。

通过截污治污，提升水质，确保优先完成水污染防治攻坚任务；通过"上蓄、中分、下调"的系统布局，秉承"道法自然、适度干预"的理念，构建河湖水网连通系统；通过兴建景观闸工程、水陂工程、排涝工程等水利工程，疏通"聚水盆"，保护75万百姓安全；通过7个湿地公园、4条生态廊道、3条活水廊道，引入"湿地治水+生境重构"概念，重塑自然生境，恢复自然营力……

"金山新城水环境治理理念着眼全域谋划，不仅要将已经存在的生态环境问题解决好，更要将治水和营城相结合，为高质量的经济发展打好基础。"中国电建成都院惠州金山新城水环境综合治理项目设计经理童伟说，"我们的目标是在大湾区建造出一个生态立城的标杆。"

创新思路，全面布局，服务国家战略，建设美丽湾区，中国电建成都院将自身治水技术优势与大湾区生态文明建设相结合，积极投身大湾区，为打造国际一流湾区和世界级城市群贡献央企力量。

（白　丹）

匠心打造惠州"水城共融"盛景

8月惠州，热浪滚滚。

金山湖畔，"奋战三百天，决胜金山新城"的治水战役吹响号角。2021年6月底前，完成金山新城水质改善和水利工程是惠州市金山新城水环境综合整治项目的目标之一。

此时，金山新城莲塘布河上游整治工程已经进入尾声，施工人员铺设管网的身影之后，河道蜿蜒而行，碧道环绕其周，清流贯通其中的盛景已现雏形。

"莲塘布河的臭味没有了，水清了，风景也好了，对我们附近居民的身体健康大有好处，也给市民增加了一个休闲、锻炼的好去处。"家住莲塘布河附近的何先生，几乎每天都会来看看这里的变化。

这是金山新城水环境综合整治项目的场景之一，在金山新城118千米^{2}范围内，更多的水环境整治项目正在或者即将进行。

由中国电建成都院作为牵头方组建的联合体团队，将在2021年年底前，助力惠州市在粤港澳大湾区打造一座"人水和谐"的生态新城。

未来"人水和谐"的金山新城"长"什么样？

水面粼粼、碧波荡漾，悠悠碧道、依依垂柳，高楼林立、人在景中。

位于惠州市东江北岸的惠州市金山新城水环境综合整治项目总承包部，四面墙壁上挂满了这座新城的未来蓝图。

这是设计者们对"人水和谐"的美好构想，在两年的时间里，他们将把想象照进惠州400多万群众的现实生活中。

惠州自古便是岭南名郡，广东三大水系之一的东江穿城而过；"百粤群山之祖"罗浮山盘踞西北，"半城山色半城湖"的美誉流传至今。北宋时期，苏轼左迁惠州，罗浮春色、西湖水色、荔枝之味，让这位大文豪发出"不辞长作岭南人"的感慨。

山脉、水脉、文脉造就了一座历史文化名城。新时代、新机遇、新生态下，如何将这座古城的山水人文重现于世人面前，让产业和人居在此实现和谐共生，是成都院人为这座新城描绘蓝图时萦绕在心中的问题。

成都院人以中国传统文化中的"大道至简、道法自然"为根本遵循，打通山脉、城脉、水脉，连通净化城中水系，构建百里碧道，让分散产业得以临水布局，以治水为引擎，带动一个城市新中心、粤港澳大湾区新城市的崛起。

自古以来，人因水而聚，城因水而兴。

着眼于水、立足于城。通过两年时间，金山新城治理范围内，未来黑水变清泉、死水变活水、"看海城市"变"海绵城市"，城市死角也能推窗见绿。

党的十九大报告指出，新时代我国社会的主要矛盾已经转化为人民日益增长的美好生活需要和不平衡不充分的发展之间的矛盾。

而对宜居环境的需求，正是人民群众对美好生活的需求之一。宜居的生活环境，离不开蓝绿空间。在金山新城，正在整治建设的绿水、碧道、立体化的生态景观将共同满足人民群众对美好生活的基础需求。

一条通往"绿色生态之城"的"水、城、产、人"协调发展之路已经铺就，成都院人正在路上。

"老大难"的水环境治理，问题到底出在哪儿？

黑臭水体是水环境治理首先要解决的问题。

黑臭水形成非"一日之功"，其中有地势环境的原因，也有城市发展过程中人为因素。

金山湖为东江支流西枝江的老河道截弯取直、回蓄而成，又受东江水利枢纽回水影响，湖水流动性较差，容易形成腐水。

金山湖的南北两侧多为城中村，存在大量生活污水沿着河湖直排的现象。而在周围的建成区，部分市政管网建设落后，污水、雨水管网乱接、错接现象突出，甚至部分老旧小区仍为雨污合流。

漂浮着生活垃圾、散发着臭味的河湖水笼罩着周边群众的生活，危害着周边群众的健康，消黑除臭，水质提升迫在眉睫。

2019 年 9 月至 10 月，两个月的时间里，成都院人走遍了金山湖流域，摸排流域水位、观测水质、排查出污水排口近 600 个。摸清了"家底"，才好对症下药。

经过摸排发现，区域内管网错乱、病害现象普遍，情况复杂，因此设计方案需要统筹全域，结合工程所在地的管网特点和运行现状进行系统梳理，做到建设一点，见效一片。

基于此，成都院给出的设计方案结合了城市空间布局和公园城市的建设要求，平衡了治水目标和技术、经济可行性之间的关系，明确分区分类收集污水，修复和整治管网，通过生态清淤、生态补水、活水措施改善河

湖水质，采取上蓄、中分、下调和流域海绵构建，开展河道治理，确保城市用水安全的同时，优化城与水的空间布局。

"多元治水"是成都院为金山新城开出的第一个"药方"。采用源头控污、过程截污、末端治污、底泥清淤、生态补水、新建湖泊、改善水动力等多种手段，综合治理水污染，分区分片施策，最终提升区域整体水环境。

而"河网重塑"则是第二个"药方"。连通河湖涌各类水系，因势利导整治塘堰，疏浚拓宽25千米河道，新建景观闸工程、水陂工程、排涝工程，水库加固除险，形成有效防洪体系，将城市防洪标准由不足5年一遇，提升到20年一遇。

"生境重构"是前2个"药方"基础上的升华。利用金山新城水系发达、易建设湿地的特点，串联河湖，构建"万亩湿地，百里水廊"的水系格局，达到涵养水体、促进生物多样化的效果。同时，将岭南文化融入公园设计中，建造出岭南特色的滨水空间，由百里碧道将其与群众生活空间相连接。

怎么做好第一个"吃螃蟹"的人？

水环境治理是我国一片新兴领域，类似金山新城水环境综合整治这种涵盖水质改善、水利工程、道路交通、生态景观和智慧水务多个部分、满足治水、兴业、融城多种要求的水环境治理项目，国内并不多见。

得国家大力发展建设粤港澳大湾区之机遇，成都院得以成为新行业内第一个"吃螃蟹"的人。

欲戴王冠，必承其重。

"新"意味着机遇的同时，也意味着问题、困难和矛盾。

为解决这些新的问题、困难和矛盾，成都院人在"摸着石头过河"中摸索出了新的项目管控模式——惠州模式。

根据项目子项分布广、类型多，对设计统筹要求高；实施范围大，审批手续复杂、涉及部门多，对沟通协调要求高等特点，项目由成都院牵头，联合其他建设单位，组建紧密型 EPC 联合体团队，共同为完成项目目标服务。

一方面，成都院积累的丰富治水经验，能够充分发挥出技术引领、综合统筹在项目实施中的优势。另一方面，联合体将设计策划、采购、建设施工三大任务进行分解，联合体各单位根据业务优势承担各自职责，权责明确，发挥出"1+1+1>3"的效果，保证工程质量的同时，提升工程效率。

EPC 总承包部作为整个项目的"大脑"，是统一指挥的作战系统，通过出台一系列的制度和办法，将管理工作精细化，将日常沟通高效化。在总承包部管"总"、各项目部主"战"的类集团化管控模式下，下属各项目部分别为勘察设计、采购和施工的责任主体。同时，总承包部实行集中办公，能够及时有效沟通，保证项目高效稳定推进。

成都院在其中充分发挥引领作用，在项目全周期，超前谋划、超前服务，把设计"E"的作用最大化，以"施工一体化、管控收尾一体化"的理念，将工作前移，规避后期施工和财务的问题和风险。

水环境业务没有标准，只有共识，共建一座"人水和谐"的生态新城，是成都院人和惠州群众共同的愿望。成都院人"遇到困难不溜，碰到问题不绕"，以设计人的工匠精神"在困难中前进，在问题中提升"，经历酸甜苦辣，只为留下一城山水盛景给惠州群众。

（白 丹）

月城西昌山水月尽望

农历八月十五，中秋佳节，一场在月城西昌录制的中秋晚会，在中央电视台多个频道同步播出。海上生明月，天涯共此时。西昌的月，在这一晚寄托了海内外华人对故乡亲友的思念、对美好生活的祈愿。

西昌的月，自古以来就是南丝绸之路上的一绝，和其他两处佳景并称"清风雅雨建昌月"。西昌地处高海拔、低纬度的安宁河平原，天气晴朗、空气洁净，是众所周知的观月绝佳去处。

西昌的月，年复一年地关照着西昌的人；西昌的人，日复一日地喜爱着西昌的月。在西昌，随处可见以月亮为意向的雕塑、建筑和标志。2020年12月26日，由中国电建成都院投资设计建设，以"月文化"为主题的湿地公园——月亮湖湿地公园正式开园，将西昌的月和西昌的人更加紧密地联系在一起。

水清月更明

晨阳相伴，晨练的人群来到月亮湖湿地公园满月广场，以活力开启新的一天；夕阳西下，绿植、花丛、雕塑相映成趣，忙碌一天的人漫步亲水栈道，仿若身临湖中；夜幕降临，霓虹灯光点亮公园，七彩月桥、满月喷泉，与一轮明月遥相辉映，为西昌人民的夜晚编织一出彩色的梦。

"以水为媒、以月为魂"设计者独到的匠心，就蕴含在这日升月落的流转中。金樽邀月、九天揽月雕塑，凸月湾、弦月廊，月形栈道、月形座椅、月形庭院灯……一座城市公园，展示着月的"阴晴圆缺"，守望着"月城人"

匠心之光

的悲欢离合。

月亮湖湿地公园地处西昌东河、西河、海河三条河流交汇点，不仅诠释着西昌的人文图腾，也在构筑着西昌的生态底色。

成都院项目团队通过彻底清理河道和两岸淤泥，拆除生硬堤防、新建水生物驳岸，拓宽河面、新建可调节景观闸等系列措施，有效提升了西昌市防洪安全和形象面貌；通过建设最大限度的亲水河道，构建起安全、生态、舒适的交通网络，对周边用地进行功能性设计，满足群众对公园空间的使用需求；通过对"月"文化的充分挖掘和节点设计，展现出西昌城市和西昌人民的精神风貌。

25万余米²的景观水面，1.6千米的生态驳岸，1.2千米的亲水栈道……皓月千里，浮光跃金。将"Safety（安全）、Clean（洁净）、Beautiful（美观）、Active（活力）"的设计理念贯彻落地，是成都院对西昌人民的承诺，也是成都院对西昌月亮的守护。

山清水更秀

月亮湖湿地公园是西昌东西海三河水环境综合治理项目的子项之一。东西海三河水环境综合治理项目不仅是西昌市一项重大的民生工程，也是由成都院牵头的重要 PPP 项目。

项目团队在充分踏勘调研西昌生态现状、挖掘西昌资源禀赋后，以防洪、泥石流治理为突破口，优化提升水资源配置，修复自然环境、重构生态本底、展现人文风貌，擦亮了"月亮城"的城市名片。

西昌城内，东河、西河、海河三条河流穿城而过。东河、西河上游山谷常年受泥石流、山洪等自然灾害威胁，2019 年开始，成都院项目团队在东、西河流域逐步开展水土保持工程，通过新建泥石流拦挡坝和调蓄闸等，在上游修复被破坏植被、植树造林、涵养水源，达到治理泥石流和保持水土两大效果，有效降低自然灾害发生率、改善生态环境的同时，又能够为进一步发展农村经济提供基础条件。

海河河道断面窄、河水流量小、季节性差异大，项目团队大胆创新，提出变"河"为"湖"的理念，通过系列治水工程，汇河水入湖，为"月城人"造出了一个"月亮湖"。

早在月亮湖兴建之时，河道治理、河堤改造、堤带路建设、截污干管工程就在同步实施，彻底实现了城区内河道污水"零排放"，提升城市水质和城市水域安全，同时缓解市政交通拥堵问题，沿河居民人居环境也得到有效改善。

上游治山治水，中游治污畅路，下游以月造景，成都院项目团队做"足"了水文章，做"活"了月文化。

山水月尽望

从月亮湖湿地公园出发，沿着海河一路向西，就到了安宁河。安宁河是凉山州的母亲河，纵贯南北，滋养凉山千里沃土。

皎皎天上月，迢迢银河水。月在天上，水在地上，共同见证了西昌人从农耕文明走向现代文明的过程，也在新时代，被西昌人赋予新的使命和内涵，兼蓄功能性与观赏性，是自然资源也是旅游资源。

2018年，受西昌市委、市政府委托，成都院项目团队完成安宁河谷"农文旅"生态走廊试验段规划。近年来，依托脱贫攻坚成果、衔接乡村振兴计划，项目团队对安宁河谷三个区域的原有堤防进行了重新设计和彻底改造，使其既具备生态功能又有观赏价值。

中安村生态堤防用骑游道连通交通干道，根据原有地形，形成疏林叠翠的景观点和全民健身与儿童活动点；麻柳河生态堤防利用安宁河右岸滩地，形成漫樱缤纷区、五彩活动区、生态野趣区、湿地保育区等滨河湿地景观；樟木大沟生态堤防以打造生态河道为切入点，恢复自然优美的乡村河道景观，通过展现乡土文化带动乡村旅游。

月出邛池水，空明澈九霄。通过一系列水环境综合治理措施，西昌的生态环境得到跨越式发展，西昌的月亮也更加纯净明亮。

（白　丹）

140

将电建奇迹篆刻在 4100 米高度

2020 年 2 月 28 日，"中国电建"和"西藏湘河工程"这两个关键词，新闻联播、人民日报、新华社等国家权威媒体广泛关注，"电建造"热度居高不下。

远山雪影的映衬下，千万年来流淌的湘河一时改了道。这一天的 11 时 58 分，随着最后一车石料将龙口填平，由中国电建成都院代建，水电九局、水电基础局等施工的国家重大水利工程——西藏湘河水利枢纽及配套灌区工程，经 10 个月接续奋力拼搏，按期实现成功截流。

西藏日喀则人民日夜期盼的这项民生工程，正式拉开了全面进入主体工程施工阶段的序幕。有了电建建设者，湘河这颗高原明珠，一定能早日绽放光辉。

精准施策 战"疫"不拖进度

湘河工程，位于日喀则市南木林县境内的雅鲁藏布江北岸一级支流湘河上游段。水库总库容 11340 万米^3，水库控灌面积 12.5 万亩，生态补水面积 15 万亩，供水人口 3.3 万人，是国务院确定的 172 项节水供水重大水利工程之一，也是西藏水利改革发展"十三五"规划的重大项目。

工程以灌溉、供水、改善保护区生态环境为主，兼顾发电。作为一项"国字号"民生工程，湘河工程一开始建设就受到各方关注。

2018 年，成都院中标该工程代建任务，这是日喀则第一个采用代建制模式的大型项目。面对西藏首个大型水利改革示范工程，成都院掂出了其中分量。

然而，受诸多因素制约及开工条件所限，工程推迟至 2019 年 4 月 3 日才正式开工。与投标相比，工期整整滞后 4 个月，距截流目标任务只有不到 10 个月时间。

"不仅是头晕，更是头大啊！"说起截流节点的压力，成都院项目经理胡小秋有点高原缺氧引起的气喘，拍了拍脑袋，"屋漏偏逢连夜雨，这疫情又来了！"

2020 年初春，突如其来的新冠肺炎疫情，让原本就艰难的工程截流任务更是雪上加霜。

疫情就是命令，防控就是责任。面对严峻的防疫形势，湘河工程代建项目部根据成都院工作部署，立即启动应急预案，成立疫情防控工作应急小组，按照"坚定信心、同舟共济、科学防治、精准施策"防控要求，明确各参建单位应急工作职责，提出各参建单位疫情期间的防控意见和具体措施。

在建设期间，众多建设者是工程推进的主力军，但在疫情期间，又会

带来极大的管控难度。项目部按照当地政府属地管理要求，严格做好疫情防控措施——加强人员管控，检查隔离、返藏登记、接触调查、隔离观察、营地消毒等，是每天必备工作。

代建项目部逆潮而上，一手抓疫情防控，一手抓截流目标，压实设计、监理、承包人各方责任，确保防疫、建设两不误。

看着缓缓驶离的自卸汽车，听着兄弟们庆祝的欢呼，胡小秋很欣慰，不仅圆满完成了节点任务，工程现场也未出现一例新冠肺炎疑似症状。

突破与圆满之间，折射的是成都院建设者在艰苦征途上的坚实步履。已驶入主体工程建设阶段的湘河工程，将沿着高质量之路再"提速"。

全面服务 缺氧不缺精神

湘河滔滔，碧波荡漾，与辽阔高原、蔚蓝天穹绘就最美的风景。风景之外，是4100米高海拔带来的高原缺氧，强烈的紫外线，较大的昼夜温差，给工程建设和建设者带来挑战。

在西藏这片广阔土地上，成都院人已经扎根了70年。多少痛苦与欢乐、

鲜花与汗水、成功与坎坷、荣耀与艰辛，成都院人用拓荒者的力度见证西藏日新月异的变化。

成都院人创造工程精品，也铸就"西藏精神"，步伐坚定。自承揽代建任务后，成都院迅速组建精兵强将入场实施。有些员工第一次进藏，头疼失眠、呼吸困难等症状屡屡发生，甚至还一度转为重感冒。

成都院人，知难，但不退，还要更好地前进。

一幅风生水起、蹄疾步稳的建设与服务画卷跃然如见。

为了尽快顺利推进湘河工程，按期履约实现湘河工程第一个重要节点——截流目标，代建项目部克服高寒缺氧的恶劣环境，迅速开展前期工作。这是成都院提供全方位项目管理服务的职责所在。

"成都院熟悉西藏的山山水水，同时在水利水电领域深耕几十年，具备行业领先的技术及管理能力，相信一定能把湘河建设好。"这是当地政府对成都院给予的厚望。

成都院总经理郝元麟在 2019 年 10 月调研项目工作时，深情而笃定地说："我们对西藏人民饱含感情，对西藏发展充满信念，一定按照日喀则市委及所在地要求，细化相关措施，全力保证截流目标的实现。"

这是掷地有声的承诺，更是成都院人为之奋斗的方向。

代建项目部积极与业主、市、县政府相关部门进行沟通协调，梳理问题，及时纠偏，弥补不足。历经连续半年多日夜奋战，经过各参建方的不懈努力，施工区征地移民工作按照计划目标顺利完成，施工临时设施建设也基本完工，硬是将失去的时间给赶回来不少，为实现按期截流顺利迈进一步。

只有敢于走别人没有走过的路，才能收获别样的风景。与其抱守残缺，不如大胆出击，跨越障碍不断前行。

稳步推进　辛苦不惧艰苦

但，压力仍然巨大。

按照现有设计方案与资源组织，以截流目标倒排工期，现有施工强度难以实现截流目标任务。

破解拦路虎，需要拿出逢山开路、遇水架桥的闯劲儿。

先从设计方案着手，这是一个非常之举。本工程设计是其他单位承担，但依托成都院水利水电规划设计的独特优势，进行更好地优化，不失一条捷径。

导流洞的施工是控制工期的关键。代建项目部多次组织包括本项目设计单位在内的技术人员进行讨论研究，无数次推倒重来，最终形成优化方案：采用施工支洞方案，为导流泄洪洞洞身开挖创造多个独立工作面提供有利条件。

方案奏效了。支洞为提前完成导流洞创造了条件，节约工期至少3个月。

雨季时间正值进、出口高边坡施工，面对地质条件极其复杂的高边坡施工环境，采取锚喷＋锚索结合的方式确保开挖与支护同步进行。

代建项目部背靠成都院专家力量，加强对设计、监理、施工全过程管控和协调工作，在确保六大工程建设目标的前提下，采取全程质量跟踪检查，设立进度管控等小组进行专项管理。

"冬季不停工，春节不放假"，项目部制定赶工措施，各参建方密切配合，为实现截流目标奠定了坚实基础。

日夜兼程，风雨无阻。皮肤晒得更黑了，离目标更近了。他们明白，翻过艰难，攀爬过去就是一片新天地。

湘河水利枢纽及配套灌区建成后，将对改善农牧林条件、土地开发、城乡供水和雅江中游黑颈鹤国家级自然保护区生态保护，推进西藏脱贫攻坚和社会长治久安具有重要作用。这一巨大综合效益，也是成都院建设者不惧艰苦的动力。

湘河截流的节点目标实现了，但胡小秋团队的担子还重重地压在肩上。一流的工程需要一流的品牌，一流的付出更能获得一流的回馈。这一次，他们把电建奇迹篆刻在了4100米的高度。

静水流深，沧笙踏歌；历尽艰辛，万事皆成。成都院人发扬"诚信、担当、奉献、超越"的西藏精神，将以更宽广的视野、更有力的举措，在雪域高原创造更多"电建奇迹"。

（邱　云　杜长劼　谢良冬）

只为雪域明珠放光彩

在成都院代建项目部的带领下，经各参建单位的建设者连续 10 个月奋力拼搏，西藏明珠——湘河水枢纽工程截流圆满成功。截流成功保证了 2020 年 5 月围堰填筑加高至堰顶高程 4080.10 米的工程进度，为满足度汛要求奠定坚实基础，同时也为后续导流洞按期下闸蓄水提供有力保障。

缺氧不缺精气神

西藏湘河水利枢纽工程是成都院在西藏近 70 年来首个代建工程项目，工程位于西藏日喀则市南木林县境内的雅鲁藏布江北岸湘河上游，距离南木林县城 15 千米，距离日喀则市区 91 千米。工程包括湘河水利枢纽和配套灌区两大部分，是国务院确定的 172 项重大节水供水工程之一，也是全国大型水库建设规划项目之一，同时被列为西藏自治区水利改革发展"十三五"规划中的重点骨干工程。枢纽工程主要由拦河坝、洞式溢洪道、导流泄洪洞、发电引水系统、电站厂房、鱼道等组成，工程计划 2022 年 12 月 1 日完工，总工期仅 48 个月。

工程所处地区紫外线辐射强，昼夜温差大，海拔 4100 米以上。公司自承揽代建任务，迅速组建精兵强将入场实施。虽然绝大部分员工第一次进藏，均产生不同程度的高原反应，但是为了湘河水利枢纽工程能尽快顺利进入正常工作开展，按期履约实现工程首个截流目标，代建项目所有员工战胜自我，克服高寒缺氧，迅速与业主对接工作。针对业主征地移民工作开展难、老百姓搬迁安置与补偿不认可、项目前置手续办理缓慢、协调沟通进展缓慢等情况，代建项目部立即成立移民征地专项小组，积极与业主、市、县政府相关部门进行沟通协调，梳理项目前期问题，迅速制定有效措施，积极组织施工单位部署营地、道路等工作。经过不懈努力，施工区征地移民工作按照计划目标顺利完成，施工营地建设、施工临时道路、施工供电、场内临时施工道路、施工临时设施建设等项目于 2019 年 4 月基本完工，为按期截流工期提前迈进一步。

将不可能变为可能

由于受诸多原因制约影响及开工条件受限，按照投标计划原定于 2018 年 12 月 18 日开工推迟至 2019 年 4 月 3 日才正式开工建设。

考虑工期紧，任务重，代建项目部立即组织专业技术人员连续 3 天 3 夜不眠不休进行截流目标倒排工期强度和资源组织配置计算分析，并邀请公司专家进行技术指导，按照正常工期计算几乎难以实现截流目标任务。

为保证截流目标实现，经代建项目部多次组织各参建单位技术人员对实现 2020 年 2 月截流目标方案进行讨论研究，最终形成一致意见：从坝肩下游位置增设一条施工支洞，贯穿引水发电洞、导流泄洪洞、溢洪洞，为三条主洞创造独立的施工工作面，确保左岸进、出口边坡开挖和三条隧洞（引水发电洞、导流泄洪洞、溢洪洞）开挖同步进行，平行作业，解决了先边坡后进洞的线性施工方案。这为提前完成导流洞开挖衬砌创造条件，节约工期至少 3 个月，并于 2019 年 12 月 7 日顺利实现导流洞全线贯通。

多措并举寻求突破

自工程正式开工建设以来，面对着海拔 4100 米的高原环境、开工滞后、征地移民工作滞后、物资材料供应难、雨季高边坡开挖、冬季雨雪天施工、隧洞地质围岩条件差、现场供电不足等诸多不利因素影响，代建项目部全体人员统一思想、迎难而上，积极制定各项应对措施，同时借用公司专家组力量，精心组织策划，严密部署，加强对设计、监理、施工全过程管控和协调工作，在确保工程质量、进度、投资、安全、环保、健康六大工程建设目标的前提下，采取全程质量跟踪检查、设立进度管控小组，冬季不停工，春节不放假，制定合理有效的管控措施，扎实推进工程施工建设，努力做好截流前各项工作，为实现截流目标奠定坚实基础。

2019年10月，成都院总经理、党委副书记郝元麟一行率专家组到湘河水利枢纽工程检查指导工作。此时正值工程进入施工高峰的关键时期，也是最艰难的一段时间。为统一思想，团结协作，建设湘河精品工程，郝元麟总经理立即组织各参建方召开座谈会。会上，各参建方纷纷表态，一定按期成功截流。同时公司第一时间抽调精兵强将进驻代建项目部，充实专业力量，并安排专家组成员不定期轮流值班，提升项目管理全方位服务，受到业主和政府的高度认可。

战疫赶工两不误

2020年春节前后，新冠肺炎疫情来势汹汹，让本就艰巨的截流任务更加雪上加霜。疫情就是命令，防控就是责任，面对复杂的防疫形势，项目部第一时间立即启动应急预案，并成立疫情防控工作应急小组。按照"坚定信心、同舟共济、科学防治、精准施策"防控要求，明确各参建单位应急工作职责，提出各参建单位疫情期间的防控防护措施和意见。建立健全防控疫情工作机制，配合西藏市政府及县政府做好防控防疫各项工作，遵守疫情期间管控措施，加强工程施工范围的人员管控，设立疫情检查点、做好内地人员返藏登记、接触史调查、隔离14天观察、营地消毒、温度检测等工作。

同时代建项目部精准施策，有效部署，继续加强综合管控，一手抓疫情防控，手抓截流目标不放。压实设计、监理、承包人各方责任，提高政治站位，强化使命担当，增强责任意识和安全意识，严格落实疫情防控措施，有条不紊地推进项目截流任务，确保防疫施工两不误，圆满完成各项节点任务。

湘河水利枢纽工程计划2022年12月1日竣工投产，届时将有力确保西藏人民农田灌溉、供水正常，同时改善保护区生态环境。代建项目部将紧紧围绕2020年的工程建设目标，进一步加大对现场代建管理工作的力度，充分发挥公司多年积累的高边坡、高寒等方面的经验，加强对现场管理工作技术指导，充分发扬"主动监管、严格履约，建湘河示范工程；勇于创新、敢于担当，创成都院一流品牌"的担当精神，开展更加细致有效的工作，确保全面完成既定目标，把湘河水利枢纽及配套灌区工程打造成自治区水利项目示范工程，让西藏明珠早日绽放光彩。

（谢良冬　胡小秋　王晓鹏）

洞穿秦岭

2月22日，由中国电建成都院承担监理的引汉济渭秦岭隧洞顺利贯通，这是人类第一次从底部贯穿世界十大山脉之一的秦岭，穿越埋深达2012米。自此，全长98.3千米的引汉济渭工程秦岭隧洞全线洞穿。

这是引汉济渭工程建设的重大里程碑，是实现2022年先期向西安市供水的关键。这个历经数十年风雨、凝聚着国内众多参建者精神与智慧的民生水利工程即将实现一江清水润关中。

前世今生

陕西横跨黄河长江两大流域，水资源分布极不均衡。秦岭以南属长江流域，水源丰盈，占全省总量71%的水资源；秦岭以北属黄河流域，却仅占全省总量29%的水资源，缺水成为陕西省发展的最大瓶颈。

水从哪里来？人们将目光投向了水资源丰富的秦岭以南的汉江流域。

其实早在20世纪50年代，汉中就有了在汉江黄金峡建设水力发电站的设想。出于当时建设必要性和时间问题考虑，没有付诸实际。

1993年，陕西省水利学会组织相关水利专家开始查勘工作，省内南水北调的构想真正进入实践层面。

2005年，国务院批准了水利部组织编制的渭河流域重点治理规划，充分肯定从外流域调水解决关中缺水的必要性，并要求加快引汉济渭调水工程前期工作。

之后的十年间，从中央到地方，经过大量可行性研究和论证，水利部终于在 2015 年 4 月正式批复引汉济渭工程有关报告。三秦人梦想的种子终于破土而出。

秦岭初遇

时间回溯到 2011 年底，基于成都院二滩国际在国内 TBM 施工领域的管理技术优势和突出业绩，二滩国际承担起难度最大的 TBM 施工段岭南工程监理任务。

秦岭隧洞 TBM 施工段岭南工程位于陕西省宁陕县四亩地镇境内，标段全长 18.275 千米，其中 TBM 掘进施工段 17.51 米，分为 TBM 第一掘进段 9880 米和 TBM 第二掘进段 7630 米。标段最大埋深 2012 米，采用直径 8.02 米的敞开式全断面硬岩掘进机施工，连续皮带机出渣。

二滩国际监理团队的成员大部分从事水电行业的监理任务，2012 年 4 月进场后，通过系统学习、组织内部考试、充分沟通协调等方式，很快适应水利建设行业的规程规范、标准、技术要求，仅用 20 天编写、完善了内部管理制度 17 项，监理工作制度 12 项，监理实施细则 23 项，勇做新时代

水利工程建设的排头兵，为业主提出有价值的合理化建议，在引汉济渭工程建设中迅速找到了自身的定位。

"獠牙"露显

正当大家信心满满，准备在秦岭深处大展拳脚，指挥一条钢铁巨龙扎进大山的身躯时，现实给大家开起了一个个苦涩的"玩笑"。

首先是长距离连续超硬岩问题。TBM掘进中，为动态掌握隧洞围岩岩石矿物成分、围岩强度等力学指标，经监理工程师建议，最终确定了按照每100米一组进行钻孔取芯和检测。根据检测结果，TBM施工段围岩强度极高，直接的结果就是掘进效率低，还造成刀盘、刀具等部件大量消耗。

岩爆，世界公认的隧洞施工难题。随着TBM掘进的开始，隧洞埋深的逐渐加大，岩爆显露出了真实的獠牙。中等、强烈等级岩爆屡见不鲜、持续存在，极强岩爆也频繁出现，对工程安全、进度和质量等带来了极大的影响。

最为惊险的日子发生在2016年2月28日。那时还处于TBM试掘进阶段，掌子面突然出现较大集中突涌水，主洞水位快速上涨，即将面临隧洞被淹、TBM设备被淹等重大事故。危难时刻，总监理工程师果断下达了停工指令，带领监理部全体人员和参建单位一同奋力抢险。

逆境是创造强者的境遇，这前所未遇的困境和难题，后来都成为二滩国际监理团队磨炼自身的标靶。

愈挫愈勇

为了攻克工程建设中不断涌现的世界级难题，成都院监理人发扬"老二滩"不屈不挠、勇往直前的精神，发挥二滩国际在隧洞施工中的管理、技术经验，多次提出高效科学的建议意见。

针对突涌水，他们建议引进在锦屏二级试验成功的特殊材料堵水注浆技术，最终成功封堵48段集中涌水点，有效缓解了隧洞抽排压力。

在攻克岩爆过程中，他们又主导引进微震监测岩爆预测系统。根据不同等级的岩爆数据，提前采取灵活的不同间距的钢拱架、钢筋排、纳米喷射混凝土、涨壳式中空预应力锚杆、大垫板、柔性钢丝网等联合加强支护措施。在 TBM 掘进过程岩爆频发的情况下，未出现一起一般及以上安全事故，被多位院士、专家称为奇迹。

针对连续超硬岩掘进，他们建议对国内外数十家刀具生产厂商的产品进行对比试验，选取了最适合本工程使用的刀具，有效降低了刀具消耗量。同时，对刀盘的耐磨材质、零部件结构形式也进行优化，使刀盘更加适应工程。

同时，项目部成立"冲锋号"党员突击队，将党旗插在施工一线，充分发挥党员先锋模范带动作用。他们优化施工方案，狠抓施工工序卡控，实现了工序零耽误、设备零故障，使得 TBM 在环境恶劣与围岩强度高的情况下得以快速掘进，TBM 有效工作时间大幅提升，走在全国前列。

大功终成

历尽天华成此景，人间万事出艰辛。

成都院监理人自 2012 年 4 月份参与引汉济渭工程秦岭隧洞 TBM 掘进段岭南工程到如今的全隧贯通，至今整十年，每个人都从中得到了磨砺、锻炼，提高了认知和能力。

可谓是十年磨一剑，大功终告成。此时此刻，我们尽可骄傲地说：洞穿秦岭，我们干的！

引汉济渭工程从 20 世纪 80 年代陕西省内南水北调工程的酝酿，到如今隧洞贯通，已然走过 30 多个春夏秋冬。一粒种子逐渐长成参天大树，即将荫被三秦大地。引汉济渭工程的建成，将实现长江和黄河的热情"握手"，将盘活整个陕西水资源，大幅度改善黄河流域生态环境。

不久的将来，随着引汉济渭工程建设的快速推进，陕西供水格局也会被重塑，"八水绕长安，翠绿满皇都"的盛世景象将再次重现，引汉济渭的历史功绩必将镌刻进新中国治理大江大河的时代丰碑中。

（蒋于波）

南亚最大污水处理厂抗疫履约"大考"中的电建力量

"婚期再推一段吧。亲爱的,你最深明大义了。"身处孟加拉的结构工程师漆鹏又接到了未婚妻的电话,他有些愧疚:"你放心,忙完这一阵,我就平平安安地回来,驾着七彩祥云来娶你。"

听着电话那头的未婚妻"噗嗤"一笑,漆鹏才略微放心了。其实,眼下这种情况,何时能回国,他也没有底。撂下电话,漆鹏又赶去向项目咨询工程师总监 Kim 解释加压泵房的设计思路。

中国电建成都院达舍尔甘地污水处理厂建设总包项目部,此时正经受着严峻的新冠肺炎疫情和项目工期的双重考验。延长假期、停学停工、取消航班、复杂环境,一种不可言说的压力笼罩在项目部上空。这个孟加拉国总理出席开工仪式、"一带一路"倡议的重大项目、南亚地区最大的污水处理厂,能否在当前形势下安全有序推进,实现优质履约,成为压在电建人肩上的沉沉担子。

守住! 方舟保安全

孟加拉国人口密度大,整体医疗条件有限,疫情防控相对薄弱,预防和和救治能力有限。项目周边的当地居民,佩戴口罩的寥寥无几。当地新冠肺炎患者持续增加,成都院总承包项目部联合各参建方,齐心协力稳人心、稳军心、稳生产。

"国内有方舱，我们要有方舟。"成都院项目经理张成波打趣地说："像成都一样划出个三环，把项目工区分类管理，一环内是中方营地，二环路是污水厂主厂区，三环路内是整个工区。一定要确保厂区与外界传染源完全隔断。"

分区管控：一环内严格限制进出，二环内密切关注，三环内做好测温和消杀工作。自3月8日孟加拉国首次报告3例确诊病例的当天，项目部立即更新发布了《急性传染病应急预案》，并启动急性传染病事件Ⅱ级应急响应。紧急部署和安排疫情防控措施的落实，连夜紧急补充采购防疫物资，储备口罩5400个，消毒液240升、医用酒精20升、防护眼镜40副，提前储备足够3个月消耗的生活物资；严格执行工区和营区封闭式管理制度，落实体温监测、清洁消毒、人员管理和办公食宿规定。

安全，是工作开展的总前提。项目部不仅把这句话挂在墙上，记在心里，更落实在行动里。

他们清楚，自己所建设的项目，是"一带一路"大项目，将有助于改善孟加拉国首都达卡地区水质，加强环境保护提升民众生活质量，有利于孟经济社会可持续发展，必须保证安全、克服困难、尽可能加快建设好。

挺住！坚守稳设计

2020年，是项目土建施工向机电安装转序攻坚的关键年，也是事关按期履约的成败年。

张成波和团队提前谋划，做好了迎接"大考"的充分准备，节后组织4批次共计16名设计和项目管理人员，历经重重考验，顺利返岗，投入到现场工作中。

对于按"图"就班的工程项目，专业配合、出图效率、审图工作显得尤为重要。目前，在项目现场的设计者，均为各专业骨干人员。春节期间，他们一刻也没有闲着，通过视频与咨询工程师全天候"无缝"沟通，对咨询工程师的思路有了更明晰把握，各专业图纸都到了即将批复的关键时刻。

孟加拉国的东六区时间，和北京时间虽有差异，但工作却在随时同步。

项目现场和成都院后方设计者联合办公，线上线下协同作战。漆鹏已忘了有多少个晚上通宵达旦，修改完善图纸和准备计算报告。不断重复，不断调整。好成果，都是改出来的。大家深知，尤其在疫情特殊时期，设计质量绝对不能降低。

清晨，又起个大早。大家佩戴好防护设备，备好消毒液，相互检查，奔赴"前线"。在业主办公大楼，与咨询工程师开展紧张而忙碌的图纸沟通、报批工作。来不及回营地吃午饭，就在业主大楼会议室靠盒饭解决。灵感来了，便跑过去隔壁咨询工程师办公室沟通，等忙完回来时盒饭已经凉了。

连续多天高强度的工作，加上高效的沟通协调，终于迎来了丰厚的回报：相继签订关键会议纪要2份，批复包括总配电间和柴油发机房等重要图纸20余套，为现场开展后续施工打下了坚实基础。

雄起！全员抢工期

孟加拉国疫情形势的日益严峻，无疑给本年度"大考"又出了一道附加题。受疫情影响，现场大量孟方工人离岗、人员急剧减少。截至3月底，当地工人减少4/5，现场工作面已无法全面铺开，施工进度受到严重影响。

项目团队所有成员没有一人退缩，眼中透露的只有继续战斗的坚定——谁也不希望这么久的努力因此而被迫中断。

"不抛弃，不放弃，还不够啊。兄弟们，一起冲上去，雄起！"已经好多天没刮胡子的张成波显得有点沧桑，但他在项目协调会上吼出来的话仍然有力。

困难当前，项目部联合各参建方组织疫情期间劳动竞赛启动会，由施工方成立六大工作组，动员所有技术员、管理人员和施工方项目经理在内的管理层参与到现场施工中，由"原中方技术人员带班"转变为"全员参与施工"。集中力量优先保障厂内提升泵站、厂区大门口混凝土桥、紫外线消毒池等关键作业面施工，确保雨季前完成地面以下部分施工，坚决不能停工。

冲上去，到一线，到每个工作面！白帽子、红帽子汇在一起，手把手教学，点对点指导，基础开挖线更合理了，混凝土配合比更优了。进度，稳住了。

越是艰险越向前，奋力实现疫情防控和项目履约的"双战双赢"。当号召落在项目上，就是不折不扣的行动。往小了说，是普通人的工作；往大了说，是电建人的尽责。这个助力实现"金色孟加拉"梦想的工程，正在电建人的手中逐渐变为现实。

此刻，张成波和漆鹏正在现场奔忙。也正是无数这样的个体，才汇成了"一带一路"上熠熠生辉的电建力量、中国力量。

（杜长劼　邱　云　刘明健）

一江清水送关中

近日，秦岭隧洞岭南 TBM 掘进距规划贯通面仅剩 600 余米，用不了多少时日，长 98.3 千米的秦岭输水隧洞将全线贯通。

这一时刻的到来，凝聚了无数建设者的智慧和汗水。中国电建成都院二滩国际引汉济渭工程秦岭隧洞 TBM 工程监理部总监理工程师赵伟，便是其中的典型代表。

近 3000 个日日夜夜，他怀揣着早日实现"一江清水送关中"的心愿，带领项目团队扎根在秦岭深处，8 年来攻克一道道隧洞建设史上的难题，稳扎稳打层层推进，为工程高质量建设倾注了情感和心血。

下沉一线，靠前指挥

"掘进施工最为紧要的那段时间，在钻孔掌子面，地下压力作用下突涌水喷射将近 15 米，日涌水量达到 4 万米^3，洞内积水深的地方需要坐着皮划艇才能渡过。"回忆起岩爆灾害频繁发生、涌水频繁出现、洞内常年高温潮湿、TBM 施工中遭遇地质未探明可燃有害气体等经历，赵伟说，每一个工序都附加着危险，但在大家的共同努力下所有困难总能克服。

秦岭隧洞越岭段全长 39.8 米，穿越秦岭山脉主脊段，最大埋深 2020 米，采用 TBM 法施工。工程具有"三高两强一长"的特点，即高围岩强度、高石英含量、高温湿、强岩爆、强涌水、长距离独头施工，是整个工程施工难度最大、岩爆地段最多、岩石强度最高的洞段。在多重客观不良地质叠加情况下，岭南 TBM 工程被业界多位院士、专家认定为综合难度世界第一的超级工程。面对前所未有的困难和挑战，作为标段总监的赵伟总是身先士卒，冲锋在前，长期坚守在施工一线靠前指挥。

2015 年 2 月 28 日，TBM 掘进掌子面出现单点 20000 米^3/ 天、已掘进段 46000 米^3/ 天的超强突涌水，在掘进工作完成 1/10 的情况下，涌水已超标段最大设计涌水量 3.7 倍，作业面水位急剧上涨，TBM 设备面临被淹风险，将带来极大的经济损失、工期影响和社会影响。

危难时刻，赵伟果断下达停工指令，带领监理部全体人员和参建单位一同奋力抢险，连续三天三夜他累计仅休息 3 个多小时，最终在水位距离配电柜 2 厘米时将险情控制，确保了整条 TBM 设备的安全。

大胆创新，主动解难

"大家预计工程会有一定困难，但的确没想到会有这么难！但通过各种工程措施和协调努力，将困难一一克服，成都院二滩国际多年以来在超长隧道掘进方面的丰富经验，为引汉济渭工程的顺利推进提供了有益借鉴。"困难虽多，但赵伟有信心。

匠心之光

针对工程岩爆防治，赵伟在自身经验的基础上大胆创新，建议引进微震监测技术，对岩爆进行预测，提出预应力锚杆、纳米喷射混凝土、纳米仿纤维喷射混凝土、柔性钢丝网、大垫板等支护措施，并推动制定在各种工况下的分类支护，使引汉济渭工程的岩爆危害始终控制在可控范围内，期间未发生一起安全事故，堪称岩爆治理的奇迹。

漫长的开挖过程，TBM 设备在洞内要经历多次检修。由于边界条件差异性大，类似工程的经验均不适用于引汉济渭工程，赵伟又依靠扎实的地质理论、实践基础，多次果断、坚决地提出适合工程特点的 TBM 设备洞内检修的方案，以及针对性的围岩加固方案。事实证明，这条"山中巨龙"先后 9 次洞内检修均取得成功，保证了 TBM 掘进的进度和精度。

安全为先，始终如一

"秦岭隧洞虽然快贯通了，但我们不能有丝毫松懈和大意，必须把安全生产的底线思维贯穿到工程最后一刻，完美收官才是我们追逐的终极目标。"赵伟面对 TBM 施工现场严峻的安全形势，始终坚持不盲目、不冒进、稳中求进的指导思想。

自掘进开始，TBM 几乎一直受挤压破碎带塌方、强烈岩爆、突发涌水所困扰，岩爆爆坑平均在 1 米左右，最深超过 5 米，日平均涌水量达 4 万米^3。同时，洞内温度长年保持在 40℃以上、湿度 80% 以上，独头通风距离长达 14.3 千米，作业条件十分恶劣，客观条件对人员和设备安全都有极大威胁。

"每一起严重事故的背后，必然有 29 次轻微事故和 300 起未遂先兆以及 1000 起事故隐患。"海恩法则是赵伟每次和同事们讨论安全问题时，经常挂在嘴边的。他们始终把安全和质量管理放在首位，一丝不苟地贯彻执行有关水利建设的法律法规。不管地质条件如何变化，他都要求大家时刻关注微震监测数据变化情况，超前预判岩爆和泳水风险，每周定期组织参建四方主要技术负责人深入 TBM 掘进现场，协调解决施工过程存在的安全技术问题，不定期组织召开专题会深入剖析安全风险，根据现场实际情况实时调整支护方案，带领监理团队狠抓安全措施落实。工程开工至今，未出现安全事故，在确保质量和安全的前提下实现秦岭隧洞 TBM 安全掘进。

不久将来，这个被专家誉为"综合难度世界第一"的隧洞工程即将迎来全线贯通的胜利时刻，赵伟和他的队友在秦岭深处也留下一段段"战高温、掘硬岩、斗涌水、抗岩爆"的动人故事。工程全面建成后，受水区的水资源短缺状况会得到明显缓解，关中和陕南"同饮一江水"的梦想将成为现实。

（蒋于波　王　平）

守护"金色孟加拉"最美底色

2022 年，是中国与孟加拉国签订"一带一路"倡议的第 6 个年头。就在这个月，"一带一路"倡议和"孟中印缅经济走廊"重要组成部分——孟加拉国达舍尔甘地污水处理厂项目正式投产。

时光回溯到 2016 年 10 月，习近平主席出访孟加拉国。在两国元首的共同见证下，中国与南亚国家首个政府间共建"一带一路"合作文件签署。同时，中国电建集团与孟加拉国签署了孟加拉全国流域综合治理项目独家合作备忘录，孟加拉国达舍尔甘地污水处理厂正是签署项目之一。

孟加拉国地处丝绸之路经济带和 21 世纪海上丝绸之路交汇处，是共建"一带一路"的重要参与者。达舍尔甘地污水处理厂项目的诞生，是中孟关系越走越近的象征，也进一步推动了"一带一路"倡议的落地。作为南亚地区单体最大的污水处理厂，达舍尔甘地污水处理厂的建成投运将改善孟加拉国首都达卡地区水质，提高民众生活质量，对孟加拉国经济社会可持续发展起到重要作用。

5 个"第一"，是荣耀更是实力

2017 年 8 月 1 日，达舍尔甘地污水处理厂正式开工。就在开工前 4 个月，孟加拉国首都达卡市因皮革生产倾倒污水，对布里甘加河造成严重污染，皮革厂不得不实施关闭。

达卡市是孟加拉国最大的城市，也是南亚地区主要城市之一，居住人口 1500 万左右，受生活污水、工业污水、农药等影响，达卡市水资源污染严重，尤其是达卡市主要饮用水源布里甘加河。

达舍尔甘地污水处理厂位于达卡市东南郊区，距离达卡市中心约 10 千米，由中国电建成都院设计、施工总承包建设，并承担 1 年运维工作。历时 5 年，达舍尔甘地污水处理厂的夜航灯终于点亮了达卡郊区的夜色，也践行了中方的承诺，为"金色孟加拉"再添一笔璀璨色彩。

孟加拉国第一座现代化大型污水处理厂、第一座现代化污泥焚烧厂，南亚地区最大单体污水处理厂，孟加拉国境内第一次在同一厂区将污水处理厂和污泥焚烧厂同步建成投运，中国"喷雾干化＋回转窑焚烧工艺"专利技术和设备第一次在海外建成投运，达舍尔甘地污水处理厂的 5 个"第一"，经过孟加拉国气旋风暴、热带飓风、登革热病、新冠肺炎疫情、恐怖袭击的淬炼，愈加彰显出中国企业的实力与担当。

一往无前，是勇气更是担当

2021 年 12 月，一段短视频从孟加拉国传回国内，清澈的流水从出水口一泻而下，带着生生不息的力量，汇入河流，宣告达舍尔甘地污水处理厂顺利进入试运行。

虽然这样的情形在国内已是司空见惯，却仍让驻守国内后方的建设者们振奋不已。孟加拉国全年湿热多雨，夏季最高温度高达 45℃，蚊虫肆虐，疫病横行。中国电建成都院自 2014 年开始跟踪达舍尔甘地污水处理厂项目以来，一个又一个设计人员跨越万里河山，从成都到达卡，完成项目调研、落地、初步设计、施工图设计……2017 年项目开工后，中孟数千名建设者汇集达卡，他们劈波斩浪、奋楫笃行，他们中的一些人错过了孩子降生的喜悦瞬间，缺席了父母生病的陪伴照料，承受了异域他乡的磨炼孤苦，终是换来这一泓清水汩汩流的景象。

2020 年是达舍尔甘地污水处理厂的攻坚之年，却不幸遭遇新冠肺炎疫情在全球暴发。在全国各地白衣身影逆行抗疫之时，中国电建的橙衣身影也毅然离开相对安全的国内，前往孟加拉国项目一线。

眼中有山河万里，又何惧几多风雨。此后两年多时间，孟加拉国疫情多次反复、形势严峻，达舍尔甘地污水处理厂项目仍是喜报频传，冲破重重阻碍完成一个又一个工程节点。

河清海晏，是祝福更是信念

在过去的 5 年，项目建设为孟加拉国当地提供了 1000 多个岗位及相应技术培训。每逢中国春节，达舍尔甘地污水厂项目现场员工的祝福视频总会如期而至，他们中有中国面孔，也有孟加拉国面孔，一声声夹杂着生涩中文的祝福语，是对中国新年的祝福，也是对饱含两国人民期待的民生工程的祝福。

达舍尔甘地污水处理厂由厂外污水提升泵、4.8 千米污水输送干管、污水处理主厂区、污泥干化焚烧系统组成，采用了当前先进的初次沉淀、厌氧 - 缺氧 - 好氧 A/A/O 生化处理、二次沉淀、紫外消毒处理工艺，日处理污水规模为 50 万吨，每天可处理达卡市区近 500 万人口的生活污水，同时处理约 600 吨污泥。

自达舍尔甘地污水处理厂试运行以来，数月时间，达卡市水污染状况已得到明显改善，水体逐渐褪去黑臭，显现出原本的碧波荡漾，赢得了当地政府和群众的认可。

在共建"一带一路"中，中国电建将持续贡献智慧与力量，造福沿线国家与人民。

（白 丹）

星光背后

"十年曾一别，征路此相逢。马首向何处？夕阳千万峰。"儿子诵读唐诗的声音，从隔壁房间隐约传来。

对朱玉明而言，字字句句俨然自己的写照。作为中国电建成都院一名建筑结构设计工程师、项目经理，他的人生旅程写满了告别，从一个工程到下一个工程，脚踏寻常，心中有光。朱玉明说，一名建设者所能做的，是在每次离别之时，为漫漫征途添上一缕不被看见的星光。

2022年4月8日上午10点，成都院泸州市医教园区基础设施EPC＋PPP项目最后两个建筑子项——学术交流中心、校医院完成移交。至此，这项为期五年多的工程，完成了全部建设工作。作为EPC总承包项目经理，朱玉明与团队在建设之路留下了又一缕星光。

星光背后，辉映着一所大学、一座城市、一群建设者的爱与梦想。

10年之"梦"

2021年11月27日，沱江之畔的西南医科大学，迎来了建校70周年盛典。晨光闪耀，崭新矗立的青年体育馆上空，庄严的国歌响彻云霄。

"西南医科大学的70年，是追梦不止、奋斗不息的70年。在党和国家的重视下，在各级领导的关心支持下，更名医科大学终成夙愿，获批成为博士学位授予单位如愿以偿……"台上，校长张春祥百感交集。台下，师生校友热泪盈眶。

在会嘉宾的见证下，泸州市支持西南医科大学高质量发展暨市校共建区域医药健康中心签约仪式举行，泸州将在未来十年继续给予西南医科大学10亿元资助。全场掌声如潮，这历史一幕，是城市与大学锚定长远的再次牵手，也是西南医科大学逐梦路上的美好印鉴。

这一幕，对于成都院的建设者们来说尤为特殊——一段大学、城市、建设者休戚与共的燃情岁月，从这里回溯。

早在10年前，西南医大的申博梦就已萌芽生长。2011年10月，学校第一次正式提出"申博工作"，经过两次党代会确定学校"125"发展战略和"136"发展战略，始终围绕博士点"零"的突破。

然而，从零到壹的困境，首当其冲是严重滞后的基础设施建设。两校区办学运营成本过高，学校发展面临瓶颈问题，加强基础设施硬件建设迫在眉睫。

资金从哪里来？

理想和现实之间横亘着巨大的鸿沟。

2013年，作为四川省唯一直连川、渝、滇、黔四省市的城市，泸州市贯彻落实四川省委、省政府多点多极支撑发展战略，确立了建设川滇黔渝接合部区域中心城市的总体定位，做强产业，完善功能，提升品质，建设产业集聚中心、教育医疗中心、商贸物流中心和金融服务中心。

2017年，泸州市委市政府创新帮扶模式，与西南医科大学签署《泸州市医教园区基础设施项目合作协议书》。

"加速建设区域医药健康中心，实现教育、医疗两大领域的优质资源的聚集和更新，形成对川南、黔北、滇东、渝西等周边地区5000多万群众的医疗和教育服务辐射能力。"总投资14亿元的泸州市医教园区基础设施建设，号角已吹响！

泸州城市建设的主战场上，一个崭新的梦想已箭在弦上。

成都院投入了这场战斗。这一次，成都院的角色，不仅仅是设计者、建设者，也是投资者。在14亿元总投资额中，成都院承担了90%的投融资责任。

5 年之"难"

2016 年初冬，朱玉明风尘仆仆赶往泸州，第一次参加由泸州市住建局主持的医教园区基础设施项目推进会。从那时起，他的黑色笔记本上，开始详细记录关于泸州医教园项目建设的点点滴滴。

5 年过去，4 个笔记本，密密麻麻的细节，全都映射出一个字——难。

泸州市医教园区基础设施 EPC＋PPP 项目，建筑面积约 25 万平方米，包括科技大楼、实验大楼、教学大楼、公寓、食堂、体育馆、学术交流中心、校医院等 13 个建筑子项，总投资 14 亿元。

这组看似简单的数字，直指融资、设计、建设之难。

西南医科大学下设 20 个院（系），这些大型建筑覆盖教学、科研、体育、后勤保障等多类型，使用功能复杂，牵涉专业极多。仅科技大楼，就要容纳近百个相关专业实验室，主供口腔医学、中西医结合、临床医学、护理学、生物医学等创新性科研研究与孵化。大到分区布局，小到管线接口，细到温控材质，精到百万级净化级别材料……每个区域、每项功能，都有截然不同的标准和需求。

对于曾经创下大批超级工程的成都院建设者来说，这项高校园区类 EPC+PPP 项目建设，在规模之外，又开启了新的挑战。

难题接踵而至，成都院团队齐心协力，狠抓过程。针对融资困境，多方奔走；在施工图设计阶段，超前考虑各项细节问题，历经六轮设计、对接讨论、方案再设计；从报建手续办理、施工建设到验收移交，全过程同时协调学校及政府多个部门；面对极端气候、环境干扰、新冠肺炎疫情等不利因素，"建红色工地、创示范工程"劳动竞赛拉开大幕，党建引领，项目党组织、党员先锋岗、青年突击队全面激发"红色"新动能……一座承载着梦想与荣耀的医教园，雏形初显。

第一次接到建设任务，担任项目总工程师的张志君，刚刚告别了一段辗转近两年的求医路。

冰冷的长椅、刺鼻的气味、漫长的等待，手握一叠单据穿梭于门诊、缴费、取药的地点，一路遇见的，都是同样期盼的双眼。

张志君年仅 2 岁的女儿，罹患重症肌无力，终于日渐痊愈。参与这项建设任务，对于张志君有了特殊的意义。

他至今仍记得，项目启动之初，朱玉明说，再难也得干好，因为这个项目的魅力在于，以充满文人气质的方式，在完成宏大叙事的同时，呈现微小的动人之处。

219 之 "别"

2021 年 6 月 1 日，喜讯传来！

科技部、教育部正式公布第十一批国家大学科技园认定结果，新落成的西南医科大学科技园，被认定为国家大学科技园。

5 个月后，安静的校园再次沸腾了！10 月 26 日，西南医科大学正式获批成为博士学位授予单位。

国势之强由于人，人材之成出于学。从 2011 年到 2021 年，绵延十年的申博梦，终于如愿！

西南医科大学从此形成本、硕、博完整的多层次高等教育人才培养体系，综合竞争力、办学水平再上一个新台阶，填补了四川省属高校临床医学博士授权点的空白。作为西南四省市接合区域的医疗中心，更多医学博士人才将从这里走出，为川渝滇黔接合区域 5000 多万群众的健康保驾护航。

一个月后，西南医科大学建校 70 周年庆祝大会如期举行。

"这是一份珍贵的生日礼物！"焕然一新的校园里，一批批师生校友从四面八方涌来，每个人脸上都闪着灼灼光芒。

"忠山巍峨，红日昭昭，让我想起了漫山的香樟树林，想起了穿行二百二的孜孜梦想……"提起"二百二"，西南医科大学的老校友们都眼泛泪光。

这是一条青石铺就的台阶，共 219 级，从忠山之巅顺势而下，连接着学校和附属医院，沿途水光山色如画。

从忠山校区到城北校区，从川南医士校到泸州医专，从泸州医学院到西南医科大学……这 219 级台阶，承载了一代代师生不懈求索的步伐和记忆，见证了西南医科大学从零启程的突破与壮大。

项目部距离"二百二"，只有近3千米路程。在这里日夜奋战的5年多，朱玉明、张志君和项目部的建设者们，甚至没有听说过这个台阶；西南医科大学的师生们，也并不认识这些擦肩而过的陌生面孔。

但是，"二百二"会记住，这些普通的建设者，曾经为这片热土倾注心血、全力以赴……

时间滚滚向前，项目建设已近尾声。校庆之日，也是即将告别之时。

夜幕低垂，漫天繁星。耳畔还回荡着学子们的琅琅校歌，已晋级五旬"老将"的朱玉明，忙着收拾行李。

"作为项目经理，我的年纪算老人，该退场啦！"这个骨子里刻着侠义江湖气的川北汉子，平日严肃寡言，心思格外细腻。

朱玉明并没有退场，新的建设任务又交接到了他的手上。他和张志君，以及成都院的建设者们，又一次踏上了新的征途。

这一路，星光闪耀。

（邓君恒）

第三章 成 百姓之愿

——守护美丽环境

这条高速公路，联通幸福与未来

贵州黔东南的凯里市，依山傍水，宛若玉带的清水江绕城而过，两岸青山相夹，起伏蔓延回转。凯里环城高速公路北段开通运营，正式迎来四面八方的车流和机遇。

高路入云端，天堑变通途。这条路，将激活凯里和周边城乡发展动力，成为彻底阻断贫穷、直达幸福未来的壮阔大道。这条路，见证了中国电建勇于开拓新业绩的奋斗史，更书写了全面建成小康社会伟大史上不可或缺的一页。

决战脱贫攻坚，奋力后发赶超，这是贵州省委省政府作出的庄严承诺。加快发展是根本任务，"交通率先脱贫"成为必由之路。贵州凯里环城高速公路北段为 PPP 项目，采用"股权合作 +EPC+ 运营补贴"的实施模式，由中国电建所属水电十四局、成都院、贵阳院以及贵州高速公路集团有限公司、黔东南州交通旅游建设集团、西藏天路股份有限公司投资建设，是贵州高速公路网的重要组成部分，项目对加快黔中经济区建设，落实"大扶贫战略行动、坚决打赢脱贫攻坚战"具有重大意义。

技术作盾，铸就精品之路

凯环高速全长约 73.1 千米，桥隧比 56%，是连接黔东南州和黔南州的重要通道之一。多变的山区复杂地质条件，为建设带来不少难题。

"有啥子好办法，嫩豆腐上绣花。"中国电建成都院项目经理王宏提到项目中的新街隧道，还像当时那样火急火燎，"地质非常复杂、风险非常高，施工难度大、工期不受控，关键这隧道可在直线工期上！"

提起这条路，成都院基础设施分公司党总支书记毛穗丰，既兴奋又谨慎。兴奋的是，凯环高速实现了成都院大型高速公路"0"的突破。他直言不讳地说，从1到N，都是量的累计，但从0到1，却是质的飞跃。成都院在山区建设各类公路桥梁已经几十年，积累了丰富经验，而在以喀斯特地貌著称的贵州山区搞建设还是头一回，不得不更加谨慎。

位于兴隆乡的新街隧道，穿越云贵高原向中部丘陵过渡地段的苗岭山麓，隧道洞身全段为可溶岩，地表分布有8个岩溶洼地、18个落水洞、2个溶洞，岩溶极强发育，突泥涌水风险极高。同时，隧道穿越小煤窑采空区，还存在少量瓦斯地层。

这种水文地质条件，称其为公路隧道的"地质百科全书"也毫不为过。

科学谨慎，是工程建设的应有态度，但不是停滞不前的借口。面对复杂的隧道施工环境和诸多施工阻碍，成都院凯环项目总结既有隧道施工经验，又不断学习和创新，撸起袖子向前干。

2018年12月，隧道左洞突遇特大突泥，掌子面向后50米范围内被覆盖，洞顶埋深130米上部坍塌；2019年5月，右洞突遇特大溶洞，上部不见顶，下部23米深度经地质探测为空腔；2019年12月，再遇特大溶洞，洞顶高约40米，底部溶腔深100米……

面对如此复杂情况，技术人员系统性提出主要施工方案108项、一般性技术方案323项，兵来将挡，水来土掩，难题得到一一解决。

成都院充分把握地质变化，结合超前地质预报技术，对围岩情况较好洞身段及时作出设计优化，节省工程造价。新街隧道共实施设计优化变更150多处，节省工程投资4000多万，大幅缓解工程投资压力。

这是无数个挑灯夜战的成果，更是成都院数10年隧洞（道）建设的沉淀。

设计引领，打造典范之路

高速公路等市政工程项目具有技术复杂、涉及范围广、不可预见因素多等特点。优势互补、产业延伸，以技术和服务优势赢得业主，这是总承包建设的必然选择。

凯环项目面对协调工作量大、工期要求高、承包风险大、工程造价控制难等问题。成都院将"设计引领"付诸实践，通过设计优化、项目造价控制的优势，技术导向、动态管理，解成本控制之"困"。

"根据羊老河特大桥原设计方案，省道306线需要改道3千米。"项目设计经理徐自享听到这个消息，半天没缓过神来。

羊老河特大桥为全线控制性工程，原设计右幅3号墩侵占现有省道。若省道改线，施工期省道如何保通？大桥工期受多大影响？增加的投资如何承担？

"成都院先从设计想办法。"这是徐自享给项目公司总经理，笃定而自信的答复。

他马不停蹄地组织专家组对变更方案进行研究，反复论证并重新计算载荷，成都院提出了最终桥跨调整方案：将原设计前5跨，变更为不等长5跨加T梁的先简支后连续结构，使原省道306线从羊老河大桥第2号和3号墩之间穿过。这不仅能节省省道改移工程建设费用，还能大大提高羊老河特大桥施工进度，经济效益十分显著。

现场技术服务，是优质履约的紧密一环。在第一次工地月例会上，成都院就承诺：设代人员将24小时全天候待命，工地出现任何地质状况，随叫随到，及时出动踏勘现场，绝不因设计问题造成工地停工、窝工现象。

自开工建设以来，成都院充分发挥设计施工总承包模式优势，派出多名设代人员常驻工地现场，不缺位，不断档，深入施工一线，及时处理施工现场出现的各种地质问题，充分做到设计施工联动。

动态管理见效了，设计优化见效了，工程投资得到了全面控制。

这是"凯里模式"的成功经验之一，更是成都院在"深化改革、二次创业"道路上开拓成绩的奋斗缩影。

央企担当，铺设责任之路

建一项工程，交一方朋友，树一座丰碑，留一段回忆。无论在哪里，中国电建都没有忘记肩上沉甸甸的"央企担当"。

在凯环高速的建设过程中，项目注重为当地百姓谋福利。建设者为当地修建便道、促销农产品、帮扶贫困居民，同时，还为当地百姓提供大量的就业机会。项目部更是多次组织购买当地爱心惠农产品，创造经济价值数百万。

考虑到当地贫困户多，项目部进场不久就主动邀请当地村民到项目从事一些基础工作。项目自开工建设以来，直接或间接为当地百姓创造近数千个工作岗位，有力地解决了当地就业难、就业远的问题，让老百姓在"家门口"增收致富。

项目部始终谨记党中央及上级党委扶贫工作要求，以实际行动从身边小事入手，为地方扶贫工作热情助力，赢得了当地政府和百姓的信任和支持，营造了良好的外部关系，促进了项目的稳步推进。

2020年初，突如其来的新冠肺炎疫情，又给了项目建设按下了"暂停键"。

为确保复工进展顺利，项目部根据工程需要编制了疫情防控及应急处置预案、复工生产等多项制度，细化重要节点，优化施工推进计划。

　　"今年节点目标多，任务也重，必须提早实现几个特大桥的建成。"项目副经理汤洪介绍，项目部重点盯控全体员工的身体状况，力保疫情防控和工程推进两不误。

　　"2020 年是全面建成小康社会和'十三五'规划收官之年，也是加快建设交通强国的紧要之年。"交通运输部相关负责人指出，四通八达的高速公路网络不仅是人们日常生活的一部分，更将成为支撑中国经济发展的运输大动脉。

　　驾车行驶在宽阔崭新的高速路上，就能看见路旁的村子里，家家修建起三四层的小洋楼。便捷交通已成为百姓幸福与安康的有力支点。

　　中国电建建设者在凯里环城项目上一如既往地努力，以品质和速度打造民心工程，以责任和担当汇入中国经济发展的热浪洪流。

　　架高速驰彩云间，筑坦途承黔凤愿。凯环高速项目必将在中国电建发展史上写下浓墨重彩的一笔，更会在党中央带领全国各族人民脱贫攻坚奔小康的伟大征途中留下鲜活印记。

（杜长劼　邱　云）

从"打通"到"联通"，派墨公路让莲花圣地与世界"相通"

西藏东南部，在喜马拉雅山脉末端，雄伟秀丽的南伽巴瓦峰脚下，雅鲁藏布江水浇灌出一朵神秘的"莲花"——墨脱。

5月16日，作为西藏派墨公路最后一个控制性工程的老虎嘴隧道顺利贯通，标志着中国电建成都院全阶段勘测设计的西藏派墨公路实现全线贯通，比原计划工期提前228天，被央视新闻联播、人民日报等多家中央媒体报道。

派墨公路起点为米林县派镇，终点为墨脱县背崩乡解放大桥，是除现有559国道扎墨公路之外，进出"边境孤岛"墨脱县的第二条公路。

为了"莲花圣地"摆脱"孤岛"历史

墨脱，在藏传佛教经典中被称为"博隅白玛岗"，是"隐秘的莲花"的意思。独特的自然地理环境，造就了这里丰富多彩、千姿百态、气象万千的神奇景观，山巅是白雪茫茫、冰天雪地，山脚为热带雨林、炎热难耐，可谓"一山有四季，十里不同天"。

奇特而恶劣的地质环境影响下，交通成为墨脱发展的最大"顽疾"，建一条公路成为墨脱人民世代梦寐以求的夙愿。过去，进出都要翻越雪山，墨脱因此也被称为"边境孤岛"。2013年，扎墨公路建成通车，我国两千多个行政县终于实现了公路"县县通"，莲花秘境也逐渐向世人揭开了神秘面纱。

由于扎墨公路需经波密绕行，雨季，该路段滑坡、泥石流等自然灾害频发，通行经常被中断；冬季大雪封山，只能单号进、双号出。墨脱出行仍然受到极大制约。在经济发展和人民美好生活期盼中，派墨公路的规划设计与建设被提上日程。

针对墨脱特殊环境与交通现状，中国电建成都院设计的派墨公路，与扎墨公路形成墨脱县对外交通的大环线，可从北部已有公路进入墨脱县城，再从南部的新公路，构建进退兼顾的"双保险"，有效改善西藏林芝至墨脱县交通难题。

如果说8年前修建的扎墨公路，实现了"孤岛"与外界的"打通"，那么派墨公路，则真正实现了墨脱与外面世界紧紧"联通"。墨脱人民口中"山顶在云端，山脚在河滩，说话听得见，走路要一天"的出行难问题彻底成为历史。

徒步翻越"鬼门关"做好线路设计

派墨公路全长66.7千米，分两期修建。成都院长期扎根西南深山大川，劈山筑路、遇水搭桥，积累了丰富的地震带建设桥梁、山区道路勘测设计经验。

经过前期踏勘资料显示，区域地震动参数高、地质条件复杂、不良地质灾害发育，除起点接米林县派镇岗派旅游公路、终点接墨脱线背崩乡背崩至地东公路外，全线基本位于多雄河及白马西路河流域内。路线走向大致由北和南，落差极大。北有多雄拉山阻隔，南有老虎嘴天险，因此，汗密至阿尼桥段人烟稀少，仅有一条供"驴友"通行的探险驿道。派墨公路历时7年建设，勘测设计者无数次徒步丈量，查明全线滑坡、泥石流、水毁、崩塌等地质病害，设计出一条科学合理的线路，让扎墨公路的"痛点"不再重演。

一路上，山峦叠起，激流密布，在茂密植被的掩映下，连绵延伸出与众不同的宏大视角，有着游人们眼中天堂般的风景，但通往美丽的道路却如同炼狱，艰难险阻，崎岖坎坷，更有海拔4221米的多雄拉山垭口，被称为墨脱徒步线路的"鬼门关"。

其时，为推进多雄拉隧道出口至汗密段的勘测设计工作，成都院组织道路、桥梁、地质及测绘专业人员，在与外界几乎隔绝的艰苦环境中连续工作、徒步勘测了两个月。受印度洋暖湿气流影响，多雄拉山垭口常年积雪，气候瞬息多变，经常突然刮风下雨、大雾弥漫甚至下雪，加之高海拔带来的缺氧，给勘测工作增加了许多困难。

为了墨脱人民的愿望早日实现，队员们不顾艰辛，冒着生命危险加快勘测进度。在网络信号隔绝、食品物资匮乏、雨季连绵不休、原始丛林吸血蚂蝗与毒蛇蚊虫瘴气肆虐等极端环境下，勘测设计者秉承成都院勇于担当、敢于吃苦的精神，最终按期圆满地完成任务。

既是"民心路"，更是"景观路""科技路"

派墨公路作为进出墨脱的第二条公路，使林芝市至墨脱县的道路里程由原来经波密县的 346 千米缩短为经派镇的 180 千米，通行时间缩短 8 小时左右，将有力带动沿线群众增收致富，对加快墨脱经济社会发展、巩固脱贫成果有效衔接乡村振兴、提高边防公路通达能力、推进区域旅游业发展等具有重要意义。

雅鲁藏布大峡谷是世界著名景观带，派墨公路作为其中有机部分，沿途贯穿高山草甸区、沼泽区，高山针叶林和阔叶林地带。成都院在选线时充分体现环保生态理念，在不增加造价的前提下，尽量提高线形指标，保证道路运营安全，又充分考虑专项环保、水保措施，将项目建设对环境的影响降到最低，探索出一套"少扰动、少破坏、及时恢复"的生态建设工艺。在公路沿线的派巴沟、多雄河谷重点实施"一廊两点三带"环保提升工程，着力将派墨公路打造成"中国最美生态环保公路"。

与老虎嘴隧道同为派墨公路控制性工程的多雄拉隧道，长4799米，是全国公路行业首座采用TBM掘进的高寒高海拔深埋隧道。隧道穿越多雄拉山垭口，沿线山体雄厚，高程集中在5000米以上，山顶冰雪常年覆盖，隧道地质条件复杂，勘探设计难度可想而知。由于受多雄拉山的阻隔，隧道只能从派镇端单向掘进。

多雄拉隧道具有规模大、隧道长、战线长、专业多、技术新等特点，国内外尚无类似双护盾 TBM 公路隧道的成熟经验。成都院派出经验丰富的技术人员长驻现场，开展大量设计工作和专题科研工作，探索双护盾 TBM 施工环境下的超前地质预报方法，借助各类先进专项测试手段，形成了一套整体预报体系，成功预报了不良地质洞段，保证了 TBM 施工洞段的顺利进行。历时 632 天掘进，隧道绕洞、主洞相继实现贯通，意味着成都院在高海拔复杂地质条件下采用大直径双护盾 TBM 开挖隧道的设计取得成功，也为该区域其他重大隧洞工程的实施积淀了技术储备。

派墨公路，这条承载墨脱人民千百年来交通梦的公路，必将引领墨脱人民走向更美好的明天。

（曹 驰 邱 云）

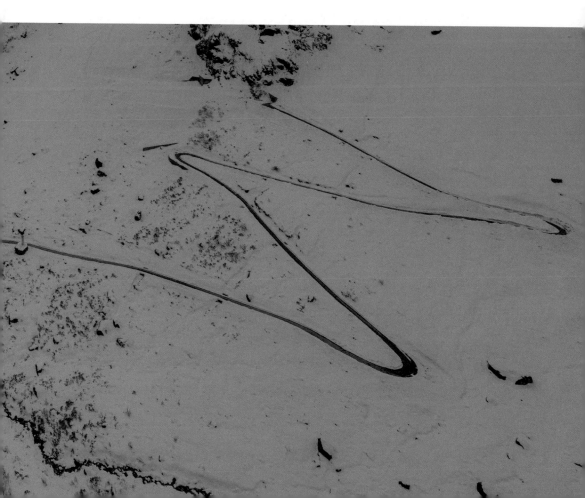

深谷起飞虹　天堑变通途

2019 年 9 月 28 日，两河口特大桥迎来了通车的喜讯。两河口特大桥犹如一条从深谷里腾起的飞虹，将涉藏州县高原的天堑变为通途，成为甘孜藏族自治州雅江、道孚、新龙三县连接 318 国道的重要枢纽，将对改善少数民族地区的交通状况，促进周边贫困地区群众脱贫致富发挥重要作用。

精心筹划　野外勘察

2011 年，成都院正式开展两河口水电站特大桥及其引道工程的可行性研究。同年 8 月，成都院组织基础设施分公司对该项目开展工程可行性方案设计，经过一个月的精心筹划，初步确定了大桥走向区域范围，在大桥可能布置的 3 千米流域范围内，拟定了上游、中游、下游三个桥位比选方案。随即组建了包含桥梁、线路、地质等专业的大桥设计团队对大桥区域进行了一次全面细致的踏勘。

由于大桥区域已临近两河口电站大坝坝址，其两岸地形陡峭且桥面高程距离地面的县道有 200 米以上，这也意味着每一次查勘都需要在 200 米的垂直高度间上下攀爬，而完成三个比较桥位的全部查勘，攀爬的高度则需要超过 1 千米，这相当于在 30 层的大厦里上下来回三次，室内的爬楼尚且如此困难，野外踏勘的艰辛可想而知。由于大桥的基础必须建立在完整的基岩上，而该处往往是植被覆盖稀少、地表光滑的区域，这在无形中又将攀爬的难度提升了一级。因此，踏勘队员的每一步攀登都需要万分小心，稍有不慎，便会坠入深渊。然而，面对重重困难与严峻挑战，踏勘团队没有被吓倒，他们拾崖而上进行了深入细致的勘测，为后续施工图设计提供了翔实准确的第一手资料，也为大桥后续贯通扎牢了根基。

攻坚克难 科学设计

恶劣的自然环境给大桥的设计带来了前所未有的挑战。两河口特大桥的桥位海拔均在 2600 米以上，并且由于地处典型的高原地区，昼夜间温差最大可达 23 度，季节性温差更是高达 40 度以上；不仅如此，该地区还处于地震高烈度区，1978 年的唐山大地震震级为 7.8 级，震中烈度为 6 度，而该地区的基本地震烈度可达 7 度。地震的震级可衡量地震能量的大小，而地震烈度是用来具体确定不同区域所受地震的影响程度，地震烈度为 7 度则要求建筑物不倒。所以大桥还必须具备防震抗震的特性，这也给设计者们提出了更为严苛地要求。

然而，这一切的艰难险阻并没有难倒大桥设计团队，他们遇到的种种困难都被科学的设计一一化解。设计团队选择了超高墩大跨度连续刚构的结构形式，采用的是超高柔性箱形墩，这能很好地适应桥位处的巨大温差变化，并且得益于连续刚构桥自身的框架结构，其也具备足够的强度储备能量，以抵御高烈度的地震作用，从而保证了大桥的稳固和安全。

挑战险境 精确验算

为确保大桥的安全与顺利合龙，设计者们不仅要精准控制箱梁节段高程，还要准确验算大风期间的箱梁结构承载力。两河口特大桥所处位置是真正意义上的深山峡谷，大桥横跨的雅砻江作为金沙江的最大支流，其深谷险峻，河道下切强烈，沿河岭谷高差悬殊，相对高差在 500～1500 米间；其湍流风急，桥位处最大瞬时风速可达十三级以上，这样大的瞬时风速足以让行驶中的列车脱轨。

在主墩桩基开挖过程中，现场设代人员还面临着如下难题：大桥主墩桩基永久处于库区蓄水位以下；最大桩深达 50 米，而最大桩径仅 3.0 米；桩孔孔底不仅光线微弱而且空气中还含有害气体。由于基础的稳固将直接决定桥梁整体结构的安全性，因此现场设代人员不惧危险，通过采取手扶吊桶的方式，多次下桩查看桩孔围岩的地质情况，为大桥的高精度验算收集到了精确的数据。

克服困难　严控施工

两河口特大桥主跨及墩高均居国内电站库区桥梁之最，其施工难度之大，工期时间之紧，远超以往想象。大桥箱梁采用了 C60 高强度等级混凝土，由于峡谷的极速阵风会影响桥梁挂篮的悬浇，而温差大将导致混凝土养护难度增大，从而造成混凝土结构稳定风险的增大。因此，大桥的施工采用了悬臂浇筑法，其最大悬臂长度超过 100 米，但由于桥面高程距墩底186 米，这也给超高度远距离泵送混凝土带来了巨大挑战。

虽然严峻的自然环境给工程物资的运输、施工便道的布置和开挖、混凝土吊装系统的安装都带来了极大的困难，但大桥设计团队严把施工质量，通过与建设业主、设计单位、监理单位和施工单位及地方相关部门的通力合作，最终克服了重重困难，在高质量、高标准的要求下完成了既定建设目标，为两河口水电站的顺利蓄水发电奠定了坚实的基础。

机器轰鸣，犹如跳动的音符；深谷回响，传诵着创业的凯歌。历时 8 年的勘测、设计和施工，经过千难万险，基础设施终于交出了一份圆满的答卷。两河口特大桥作为连接电站与库区人民对外交通的枢纽，对推动地区经济发展，助力乡村振兴，还将产生更加深远的影响。

（李　国）

让幸福如花般绽放

宜宾江安，这个坐落在长江南岸的县城，拥有万里长江第一县的响亮名片。入冬后的黄昏，一个依旧生机盎然的市政公园正安枕在天堂河的臂弯里。等到竹叶点缀的灯柱亮起时，这里会迎来成群跳舞或散步的人们。

即使天色已晚，公园里仍有不少市民游玩，他们纷纷拍照与点赞，满脸的兴奋与期待。天堂河景观工程建成不到一年，周边的高档楼盘早已林立。而天堂河也只是成都院江安市政 PPP 项目中七大子项目之一。

眼前，成都院建设的市政项目，让绿色和美丽浸润着这座现代宜居新城的角落，将成为江安城市发展最鲜明的底色、最持久的优势。

项目，千呼万唤始出来

江安市政 PPP 项目，位于江安县城江安镇，涵盖市政道路桥梁工程、市政管网工程、房屋建筑工程、水环境治理和景观绿化工程等，是财政部第三批 PPP 示范项目。

这是一个城市"面子""里子"兼顾的项目。而就是这样一个项目，并不是一帆风顺。一波三折，是她最开始的基调。经历过两次公开招标流标，一次社会资本方退出，刚开始动工的项目立即停转。

2017 年 3 月，成都院介入该项目；2017 年 10 月，经江安县人民政府批准，并征得四川省财政厅 PPP 中心认可，成都院与中电建建筑集团有限公司以非公开协议转让方式收购项目公司——江安县益民建设有限公司中原社会资本方所持全部 95% 股权，实现社会资本方的变更并备案。按照 PPP 合同约定，本项目合作期 15 年，其中建设期 3 年，运营期 12 年。

2017 年 8 月，项目公司对本项目 EPC 总承包进行招标，成都院与中电建建筑集团公司联合体中标，成都院为联合体牵头人。3 个月后，项目团队进场，停转的项目有望再次启动。

PPP 建设模式的核心在融资和管理。光有团队，没有资金，一切还是空谈。而融资是项目公司的法定责任。然而，受国家宏观金融环境影响，各金融机构对 PPP 项目贷款持谨慎态度。由于本项目属于县级项目，且不具备自营能力，融资异常艰难。

成都院江安项目公司与 EPC 项目部是一套人马、两块牌子。阎士勤作为项目经理兼项目公司总经理，回想起当初融资的艰辛，依旧眉头紧锁。

成都院先后与多家银行进行过深度沟通，各家银行所需资料各有侧重，仅仅在资料准备上，就已让融资团队筋疲力尽。有的银行看在成都院的信誉和经济实力上，同意给予贷款，同时提出很多苛刻甚至"不靠谱"的附加条件，反复磋商到 2019 年，项目都未能实现提款。

回忆起这段往事，阎士勤语速明显变快，略显激动，"这个时间点上不知道为什么，我对成都院信心百倍，我觉得我一定能够继续坚持。"

在各股东累计注入资本金 1.3 亿元后，第一笔贷款 2.68 亿元终于在 2019 年 4 月份到账。阎士勤视其为项目的"救命血"。他终于可以长舒一口气了，这"救命血"不仅解决了所欠工程款，最关键的是赢得了地方政府的信任和支持。阎士勤形容当时的感受，自己几乎是从一个冰窟窿里又爬上来了，差点被淹死。

这时，才是项目真正大干的开始，也是项目公司和项目团队重点转移到项目管理和建设上的开始。

团队，为伊消得人憔悴

时间就是成本，在 PPP 项目显得更为突出。

为确保江安市政项目能够早日建成运营，早日惠及当地百姓和地方经济发展，虽然合同约定建设工期 3 年，项目部自定目标——争取 2 年建成。

而当地政府也希望项目早日呈现。这是一个多赢的目标。

依据本项目 PPP 合同，项目建设期利息由项目公司自行承担，不纳入项目总投资。也就是说，项目工期越短，项目整体成本越低，对项目公司越有利。阎士勤算了一笔账，如果项目提前 1 年，直接节约项目资金成本近 3000 万元。

目标有了，接下来就要看行动了。

项目采用 PPP 模式承建，项目人员几乎没有 PPP 项目管理经验及可借鉴的成功经验，一切都要从零开始。对于首次承担这一任务的项目部来说，是一次全新的挑战，担子落在了这个团队身上，丝毫不能退步。

大家分头行动，迅速进入角色。

虽然工程建设经验丰富，但水电与市政项目存在巨大差异。阎士勤心里有杆秤，江安项目工期要求高，规模较大，但成都院转型需要一张这样的漂亮成绩单。于是，他以规范化管理为基础，严格要求自身与项目团队，组织项目团队一起学习，共同提高，在学习中不断完善和创新。

这注定是一场和时间的赛跑，更是一场勇气与智慧的较量。

他深知自己身上担子的分量，常驻工地，事事亲力亲为。白天在现场检查、协调沟通，夜晚整理内务资料、加强学习。发现施工问题立马要求整改，若图纸与现场不符时，便与政府、设计方协调，工程上的每一个问题的处理与解决都留下了他的汗水。

阎士勤总是第一时间出现在最需要的地方。这样的示范，带动的影响力是巨大的。

EPC 项目副经理兼项目公司副总经理陈世才不仅要管理现场，还负责配合项目融资贷款，工作繁忙。2018 年，妻子怀孕在身，父亲患病，他没能陪伴在妻子身边，也无法抽身照顾生病的父亲。他从一个只懂水利水电专业的骨干，转变为江安项目管理者，项目里小到一株景观植物的特性，都了如指掌。他的转型，是成都院转型的一个生动缩影。

项目总工秦新朝，2018 年 300 多天坚守工地，回家时女儿已经不太认识他。因工作需要，已具有建筑工程一级建造师证书的他，又拿到了市政工程一级建造师证书。在他的带动下，先后有 8 人次参加各类注册考试。

这么一个复杂项目，而人手极为有限，往往是一个人掰成几个人用，适应不同工作岗位。"五加二""白加黑"是项目常态，小年轻杨明东连女朋友都没机会谈，伍华太两口子吃住在办公室。

这里的每一个人，把"晚上当作白天用、雨天当作晴天用、假日当作上班用"。全过程抓工程投资，抓设计方案对比优化，抓建设进度调度，抓工程安全质量，抓施工环境要素保障，只为一个优质履约项目的实现。为此，他们还多次到外地学习参观，借鉴好的经验做法。团队拧成一股绳，全过程现场把关，全时段紧排工期，全节点严保工程质量。责任到人，制度上墙，日夜奋战，严管严督，确保了项目建设进度和工程品质。

正因为有了团队的奉献和牺牲精神，有了他们共患难共进退的初心，尽管过程战战兢兢、如履薄冰，但是江安市政项目整体推进得还是比较顺利。

探索，纸上得来终觉浅

在成都院介入本项目之前，就已有 6 家设计单位、6 家勘察单位、5 家监理机构，外加 3 家跟踪审计单位开展工作。另外，这个项目子项目多，类型多，分散在江安县各处，管理难度可想而知。

相对于前期融资的难度，人力资源也是一大难点。EPC 项目部与项目公司人员一只手就可以数过来——不计临时变动人员与后勤人员，专职项目人员才 4 人。如何有效管理项目的问题摆在团队面前。既要履行项目业主职责，又要履行总承包管理职责，这几个人显然不够。临时招聘，不易找到合适的人选，项目部摸索出与施工单位高度一体化管理模式，从自身挖潜，又借力一切可以调动和利用的资源。

项目建设，安全大于天。为此，项目部将一名行政综合管理人员培训后作为专职安全员，同时将施工单位项目经理纳入 EPC 总承包项目部作为施工经理，施工单位安全总监作为 EPC 总承包项目部安环部主任，施工单位其他主要成员纳入 EPC 项目部一体化管理。这样一来，安全和管控基础就夯实了。

无规矩不成方圆。项目公司作为项目牵头管理机构，进场之初，就制定并下文印发了工作规则，明确各单位工作关系和文件传递流程，做到化繁为简，有所为有所不为，简化工作流程，关键环节重点跟进，从而提高工作效率。

一切似乎走上了正轨。

但很多事是建设者也无法掌控的。对于市政项目和景观工程，仁者见仁，智者见智。多次变更和修改方案是常有之事，一年多下来，累计变更达160余项。有些部位几乎完成，拆除重建或暂停等待新的方案是常有的事情，无形中增加了成本和时间，项目部通过加强沟通与管理尽可能将这些影响消解掉。

成都院的全力支持，是项目团队最大的精神力量。在融资、在项目推进等各方面，成都院都是坚强后盾。工会适时在项目工地召开"保安全、强质量、促进度"为主题的劳动竞赛，影响深远。作业队伍的积极性最大程度得到激发，地方政府高度肯定这种全方位支持模式，当地媒体对工程进行了多次宣传和跟踪报道，提高了成都院在当地的影响力，也助推了工程实质性进展。

清晨，沿着江安主干道一路向前。南屏大道东延线市政公园里的鸟群，敏捷地掠过树梢，在一片绿意里，划出优美的弧线。小坝滨江市政景观工程的三角梅冒出零星花朵，点燃冬天。离开主干道，来到天堂湖工程，再过一个多月，这里将成为江安一颗璀璨明珠。此刻，数十台工程车辆正往来穿梭，数百名工人挥汗如雨，日夜奋战在工区各个角落……这是天堂湖项目建设的火热场景。随着工程推进到尾声，备受市民关注的天堂湖已初显雏形，一幅美丽画卷正在徐徐展开，一个承载自然、同步时代的绿色生态公园正阔步走来。

城市的幸福之花，需要用心浇灌。城市的发展，最终是要造福于人民群众。企业的发展，始终是围绕造福于人民群众而发展。江安项目建设伊始，居者心怡、来者心悦的价值导向便鲜明地刻在建设者心中。

无论是阎士勤、陈世才，或是江安项目的其他成员，他们其实都很清楚最后一千米即将跑完，用不了多久，项目就可以进行签字移交。但不到最后一刻，没人敢真正完全放松。

今后，无论项目团队成员走向哪里，他们仍将为成都院新的项目建设与全新的管理能力正名。

他们是数千名成都院人的代表，承载着发展的历史和故事，守护着未来的底蕴与气质。

（邱　云）

峡谷见证，世界第一高墩的诞生

2020 年 6 月的金阳县云厚雨多，直入云霄的金阳河特大桥主墩下，人声鼎沸、热火朝天。一部部手机举起，一台台摄像机架起，一架架无人机飞起，只为记录下刷新世界桥梁建筑新高度的振奋时刻。

就在这一天，"世界第一高墩"胜利封顶，世界为之瞩目。

世界第一，架起"致富生命桥"

金阳县位于四川省凉山州，从成都驱车出发，要途经高速、国省道，耗时 12 个小时以上才能抵达县城。

当下，在县城外坡急崖陡的深山峡谷中，伸展着一座壮丽的"彩虹"——金阳河特大桥。

这座由成都院代建的金阳河特大桥，又叫三峡连心桥，采用连续刚构的跨径结构，桥梁全长 757.7 米，桥梁跨径最大 200 米，最高墩高 196 米，位居同类型连续刚构桥世界第一高。

金阳河横穿金阳县城，城市建设也依河而建，金阳河大桥便是连接金阳新、旧两座县城之间的快捷通道。金阳老县城依金阳河而建，历经千年暑热风霜，所在山体已出现裂缝，逐年沉降，地质灾害频发。

于是，这座新桥便成为金阳县新旧县城交通联系的重要控制性工程，是老城区地质灾害避险疏散的"生命通道"。作为国家脱贫攻坚重要战场重点交通项目，金阳河特大桥肩负着促进地方经济发展的重要作用，自立项起，金阳县人民群众及社会各界就持续关注这座"致富桥""生命桥"的建设动态。

自合同签署至今，由成都院桥梁、公路、工程管理等基础设施领域专业人员组成的金阳河特大桥代建项目部，始终坚持安全生产标准化管理，持续提高风险防范能力，严格遵守国家安全法律法规、行业主管部门强制性要求、集团及公司的规章制度，牢记生命至上、践行安全发展，确保了项目安全生产持续稳定；在行业主管部门、业主组织的各类综合检查中，获得了金阳县政府、凉山州质监站、金阳宏达国投有限公司的充分肯定。

1000个日夜，守护世界高墩成长

在没有桥的情况下，新旧两座县城之间的车程，需要1个多小时，来往十分不便。一座连接两岸的大桥，就成了金阳各族人民共同的期盼。

成都院人就在人民的期盼中，站了出来。

世界第一高，是金阳桥的耀眼标志。然而，"高"是目标，是责任，更意味着突破、艰难和风险。大桥主墩采用抗震性能好、经济性强的钢管混凝土格构空心墩形式，此类桥梁国内只有一次设计施工经验，并无过多借鉴。面临"超高墩"作业的高难度挑战，成都院人坚守岗位，迎难而上，科学管理，加大科研攻关，每年驻守工地300余天，至今已在金阳的河谷地上度过近千个日夜。

2017年12月，金阳河特大桥桩基工程正式开工。铆足干劲的项目部人员，首先就被现场的冰雪环境浇了一个透心凉。金阳县位于四川省西南部，材料运输需途经索玛花山等3座海拔3500米以上的大山，每年12月中旬至次年3月底，山上云雾缭绕，冰雪封路，水泥无法到达，工程被迫暂缓。

项目部统一部署，组织人员对施工环境进行综合检查，对全年施工准备进行划分及落实，对关键工序进行提前筹备，让项目建设走上了正轨。

2018年，项目正式进入桥梁主体施工阶段。为确保主墩施工技术及安全可行，代建项目部组织进行主墩墩柱专项施工方案评审会，专程邀请了交通行业专家，为优质高效完成主墩施工提供了强有力的技术保障。

2019年11月，持续一年如火如荼的奋战，最高主墩6号墩柱墩身突破"百米大关"，迈进建设的全新阶段。

新年开始，代建项目部以5号墩内横隔板浇筑为实验对象，开展高墩混凝土210米超高层垂直泵送试验成功，为"世界第一高墩"的浇筑做好了关键准备和验证，打下坚实理论基础。在陆续克服钢管吊装质量大、超高超远高性能混凝土泵送、施工工序相互干扰、高空作业风险、异常大风天气等重重困难后，"世界第一高墩"从此屹立于峡谷之中。

由坝到桥，连接转型拓展之路

2020年6月23日，金阳河特大桥6号主墩顺利封顶。196米的高度，刷新了世界同类桥梁的桥墩高度。

大桥使得金阳新旧县城之间的路程，将从一个多小时，缩短到10分钟，极大便捷当地居民出行。

缩短的是时间，但开辟了"生命通道"，更有效拓展城区发展空间。大桥建成后将大大方便两岸联系，提高民族地区干线公路通行能力和服务水平，并进一步激活金阳新区发展潜力，促进民族地区社会稳定和经济快速发展。

对成都院而言，金阳河特大桥也将极大提升成都院在转型拓展领域的话

语权。"世界第一高墩"的成功封顶，向世人展示了成都院身为央企的光彩与风范。

在大桥建设中，成都院与科研单位合作，并组织参建单位开展科技攻关与研发创新，申报十多项国家专利与省部级工法，完成多项关键技术研究报告，攻克了诸多关键技术，如超高墩连续钢构桥结构设计、重达40多吨的钢管高空吊装、超高塔吊电梯运行安全保障等，确保了工程安全、质量、进度，节约了项目成本，推动了中国桥梁建设技术的长足进步。

金阳河特大桥，建设规模及技术难度再创新高，成都院在基础设施领域的成绩和实力更为突出，形成了各种复杂条件下全产业链一体化解决方案的核心能力。

世界高坝，世界高墩，无疑将见证成都院一路不断攀升的高大身影。

（赵占超　邱　云）

一座承载梦想的泸州医教园区的崛起

泸州，地处川渝滇黔四省交汇区域，坐拥长江与沱江两大水系，作为一座国家历史文化名城，因成渝地区双城经济圈建设，迎来了最新发展定位——成为长江上游航运贸易中心和区域医药健康中心。

泸州之所以有第二个中心的定位，与其境内历史悠久的西南医科大学有着极大关系。大学因城市繁荣而发展，城市因大学发展而兴盛。泸州正加快城市建设，完善城市功能。西南医大的提档升级，既是自身发展的需要，更是提升城市品质的有力抓手，两者正协同而为、乘势而上。

在此背景下，由中国电建成都院 EPC+PPP 建设的泸州医教园区项目，对城市和高校的意义不言而喻。"项目建成以后，学校的影响力将会得到极大提升。尤其是科技大楼，对学校博士点的申报起到关键性作用。"看着外立面已完美呈现的科技大楼，西南医大基建处负责人难掩兴奋与期待。

从建筑到建筑群

——不是数量上的叠加，而是一次系统性的重构

泸州医教园区项目，位于西南医科大学城北校区，占地面积1050余亩，总建筑面积25万米^2，包括 14 个子项目，涉及教学、科研、住宿、餐饮、运动场馆，建筑群功能多、分布广、专业要求高。

一个城市的品质，很大程度上取决于文化、教育、卫生的发展。作为泸州在建最大的教学科研建筑群，成都院面对的不仅是一个教育综合体的建设，更是满足一座城市着眼内涵发展的需要。

建筑群作为环境重构中的重要形式之一，具有连接社区和建筑的功能。建筑群的设计，面临着复杂的内部问题及城市环境问题。

"从2016年开始，设计攻关历经了一年多。第一个难题就是定总体方案，最终稿都改了无数个版本。以至于我们都不敢相信'最终'这个词了。"EPC总承包项目经理朱玉明回想起当初，声音有点低沉。

学校作为使用方，对设计布局、建筑形态、外立面都提出了想法。作为设计者，要在规定的投资限额下，综合各方意见，保证环境和谐统一又富有美感和功能性。从整体到局部，从结构到装饰，从外部到内里，成都院的设计者查阅了大量国内外综合教育园区的资料，反复研究每一个细节，只为提出更好方案。

总体方案定了，但学校各院（系）在建筑的功能分区上，又提出了新的要求。西南医大下设19个院（系），仅在科技大楼中，就要容纳相关专业的试验室、检验室等近百个。每个院（系）由于学科、人数的不同，对建筑面积、布局、室内装修等各方面需求又不同。

设计负责人胡斌介绍，不同专业之间的需求，难免存在冲突的地方，又有投资控制线，协调难度很大。满足用户需求是基本底线，通过无数次的协调沟通，终于把细化方案固定在了纸上。

从建筑群整体"面子"，到功能结构的具体"里子"，成都院人通盘思考，凭着一股韧劲，交出了一份各方满意的答卷。

从初识到相知

——不是时间上的累积，而是全面建设能力的碰撞

泸州医教园区是成都院首次在泸州承担基建项目。首次，意味着无限可能，也意味着无限挑战。

成都院在房屋建筑，在园区建设领域，从设计到建管运维，已经具有成熟的经验，但本项目特有的建筑形态、功能要求、建设模式，让人不敢丝毫懈怠。

2016年10月，项目正式开工。"我们将集中优势资源，加快项目建设；确保建成优质工程，助力西南医大扩大在中国西部的辐射力。"成都院在开

工会上的发言，掷地有声。

在泸州这片热土，成都院人满怀热情，带着开拓者的勇气，希望为高等教育事业作出贡献。

项目公司董事长白友波谈起项目的起步，大喘了一口气，那种万事开头难的滋味，像一团阴影压在心头。他说，"融资难、报规难、推进难，这是压在项目牵头方成都院肩上的'三座大山'。"

作为PPP项目的首环，项目融资通道和付费可靠性评价是必须要解决的问题。通过多方斡旋，泸州市支持的专项资金和西南医科大学基建配套资金成为政府+使用者付费的双保险，融资问题得以迎刃而解。

一个企业，"初识"在泸州，被怀疑甚至质疑是难免的。只有拿出一百分的努力和诚意，才可能尽快"破局"，这是成都院整个团队认定的硬理。

不分白天黑夜，推进报规，推动项目，增进磨合与互信了解，有序协调各方资源，实现有效管控，达到"相知"共进。江城泸州，冬寒暑酷，成都院人跑现场、跑政府、跑学校，或管控或检查或协调，努力做好手里的每一件事。

项目建设在磕磕绊绊中步入正轨。相对于质量、进度，朱玉明在安全上花了很多精力。这里多建筑密集同步施工，交叉作业面多，加之园区内师生多，安全压力很大。为此，做好层层防护，严格施工管控，设置警示体验区，人人绷紧安全弦，这是朱玉明坚持念的"安全经"。

成都院给予了项目全面支持与关注，多次组织现场研讨，为项目"把脉问诊"，开展提质增效保安全劳动竞赛，以实实在在的举措推动项目再快点，再精进些。

事业，是干出来的。面子，更是挣回来的。

"成都院踏实，能干成事、干好事，是有内在、有责任、有担当的央企。"经过2年多时间的实战考验，泸州市相关部门和西南医大这么评价团队。

从设计到全产业链
——不是产业上的拼接，而是企业做优做强的内生要求

由单一设计而来，向全产业链走去。不断建立健全 FEPCO（融资＋设计采购施工总承包＋运营）全功能一体化产业链，是成都院发展壮大的必由之路，是站在"深化改革、二次创业"的高度作出的战略布局。

而泸州医教园项目，正是成都院全产业链发展战略的有效承载和实践抓手之一。

成都院党委书记、董事长黄河在调研项目时指出，投资项目要回归投资本质，按照合同及公司章程要求履行职责，保障投资人利益，为社会创造效益；EPC 总承包项目部负责设计、进度、质量、安全等履约；项目公司履行业主职责，根据合同条款对 EPC 实施管理，确保过程监控，根据履约情况及时实施奖惩，并对项目移交运营提前做出规划，积极介入项目长期运营。

特色鲜明，链条完备，成都院的 FEPCO 实践样本已跃然纸上。

作为实际意义上的"业主方"，白友波按照要求，坚持将费用、质量和进度等全过程动态把控。"这是必须紧盯的生命线。"项目公司要求从管理人员到操作层，都要详细掌握自己的工作内容，加大过程管理和质量检查。

离西南医大一千米外，就能看到两栋白色现代建筑宏伟伫立，那是医教园区的科技大楼，已成为当地的地标建筑。体育馆、实验教学大楼等众多子项主体结构已基本完成，正在进行砌体及二次结构施工。接下来，整个项目将全面铺开内部装饰、外部装修以及室外总平施工，力争在年底超额完成装饰和附属工程年度任务。

项目总投资达 14 亿元，合作期 13 年之久，将全产业链引进到新兴领域，对建成后的运营管理，成都院项目公司和运维公司将继续努力。"就像作物一样，从耕耘播种，到开花结果，任一环节都不能掉'链子'。"项目公司经理朱林打了一个形象比喻。

泸州医教园项目慢慢呈现在沱江边，也开始收获到肯定与关注。它被列为泸州市建筑工程质量安全生产标准化样板工程项目、四川省标准化工地，泸州"酒城杯"结构优质奖也即将进入公示。

整个项目预计 2021 年 5 月全面竣工交付使用。这一年，西南医大将迎来 70 年校庆。全面建成特色鲜明的西部高水平医科大学，是西南医大的发展愿景。

毋庸置疑，成都院全产业链实施的医教园项目，一方面将极大改善西南医大校园基础设施，为其快速发展插上腾飞的翅膀；另一方面，对泸州大力发展医药卫生和高等教育事业、提高在成渝双城经济圈话语权都有着重大意义。

在泸州，一座承载梦想与荣耀的医教园区正在崛起。而这一切，正是成都院最乐意见到的图景，由一座城市的厚度、一所学校的高度、一个企业的温度与韧度共同勾画而成。

（邱　云　杜长劼）

让成都"东进"之路更畅通

成都东部新区三岔湖畔，高架车站拔地而起，站下道路纵横交错，花卉苗木随风摇曳，新区日渐成型的基础设施与湖光山景融为一体。

中国电建成都院参与设计的成都轨道交通 18 号线首开段正式运营之后，设计的东部新区南中心道路首批示范段也如约交付使用，填补了东部新区公共出行基础设施的空白。

一体化示范段，新区崛起的必经之路

东部新区南中心作为成都东部的核心中央商务区，毗邻奥体城，是东部新区三大发展核心之一，此次通车的首批示范段道路为汇流南路和 14 号路。作为从轨道交通三岔站通往东部新区政府办公地市民服务中心的必经之路，既为东部新区政府人员前往市民服务中心办公提供了可靠保障，又为市民前往东部新区出游提供了最大的便捷。

东部新区南中心道路由基础设施分公司东部新区项目部承担设计。其中，首批示范段汇流南路和 14 号路设计以《成都市公园城市街道建设技术规定》为设计核心驱动，横断面既要保障机动车高效通行，又要提升慢行空间，保障慢行环境安全；将街道一体化设计理念贯穿其中，东西赏花，南北观果，由传统的"在城市中建公园"理念转变为"在公园中建城市"。

项目部从业主实施角度和施工快速便捷角度出发，结合 PPP 项目建设特点，一体化设计打造整体城市 U 空间；创新性提出以红线作边界，人行道结合建筑退距在道路红线外实施，道路红线内实施机动车和非机动车道，人

行道铺装结合地块性质，与后期建筑风格一并打造。整个慢行空间以曲线布置，兼具开放性、渗透性及可达性，当行人行走时，人与建筑美学融为一体；两侧绿化以组团形式呈现，具有灵活性及层次感，使人慢行在生机盎然、绚丽多彩之中；兼顾考虑防尘降噪、行走舒适，形成连续的林荫游憩慢行系统，打造花园漫步的城市空间。

多彩广场，美丽新区的"门面担当"

轨道交通 18 号线首开段的正式运营，让位于东部新区南中心的三岔站备受关注。作为东部新区出三岔站后的第一门面，三岔站前的广场景观承载的意义便格外不同。但一个非永久性的广场景观，需要在有限控制成本和时间的情况下，结合现有周边环境进行有效的提升设计。

项目部在对周边环境实地调研的基础上，结合业主及多方相关专业单位的诉求，最终确定了以"灌木组团 + 层次空间""疏朗草坡 + 生态花境"的高品质景观风格进行打造。在保留原有林地的基础上，通过丰富的景观地形以及四季秋海棠、金叶佛甲草、金森女贞和雀舌黄杨等多种类多层次的植物配置，为三岔站前广场增绿添彩，丰富了特色生态体验，使得原本单调的广场空间变得丰富多彩。

在此基础上，广场入口附近支路共享停车位的设计，使得三岔站周边的多层次道路景观得以完美衔接车站内部。届时，人们可以在灵活的慢行系统和高效快捷的 18 号线轨道交通中无缝切换，真正融入生态绿色、活力共享、以人为本的城市绿地综合场景中。

面状思考，打通智慧城市的神经末梢

该项目设计中采用了智慧综合杆，其作为未来城市的精神末梢，不仅承载着电子警察、信号灯、标志牌等交管系统，治安监控等公安系统，照明路灯管理系统，以及 5G 宏基站、微站等通信系统，后期还可实现装载 LED 显示屏、无线网络热点、环境气象设备、公共广播、一键报警、手机充电、井盖监测、桥梁监测、智能停车等智慧城市的设备功能。

智慧综合杆的强大功能性是毋庸置疑的，但是仅有《成都市公园城市智慧综合杆设计导则》作为设计参考是不够的。项目部为此特别组建智慧综合

杆设计团队，透过现象看本质，对设计痛点分析得出"各相关单位需求不明确、工程工期紧，目前按导则设计原则布置，担心后期返工量大"。

于是，项目部主动向东部新区政府进行实施方案推进和汇报，向政府倡导智慧综合杆总体设计的理念，以片区总体思路贯穿解决细分道路的具体实施细节，由原设计的线状思维转变为面状思维，主动协调5G通信、路灯、公安、交警等相关部门，根据各家产权单位提资，面状思考，总体设计，现场定位，不放过任何一点微小需求。

不辱使命，添力东部新区的快速崛起

东部新区建设的高标准、严要求，让项目方案在工期最为紧张的9月中下旬，20余天内变化多达6个版本，一方面是方案又有最新变化，另一方面是通知文件对9月底示范段呈现的刻不容缓的要求。如何在方案多变，设计边界复杂，参与设计、建设、施工单位众多的情况下保证道路顺利建成通车，是对东部新区项目部最大的考验。

东部新区项目部与各参建方，将建设东部新区的使命感紧紧绑在一起，

采用设计方案和施工图同时推进，多方案并行，与SPV公司一起主动推动政府相关部门、其他PPP项目总包及各参建单位、地块设计单位、TOD设计单位参与示范段对接协调会、讨论群，经常为方案优化、实施细节讨论至凌晨。在工期最为紧张时期，项目部成员基本处于白天前往东部新区开会，下午到施工现场指导，晚上回单位加班的状态。每逢方案变化、图纸更新，必去现场交底，以实事求是的态度，打磨、雕琢每个细节，将设计难点拆散、分摊，分类可实施及先后实施的方案，对总包单位逐项交代，最大限度保证施工效率的同时，杜绝因方案修改引起的返工拖延进度的影响。

金秋时节，成都东部新区南中心道路与轨道交通18号线，首批示范段与首开段同期开通，胜利会师。18号线首开段的通车对整体优化成都"东进"交通网络布局具有重要的意义，南中心示范段道路及配套基础设施的呈现为"未来之城"东部新区的建设打下坚实基础，两者浑然天成、融为一体，为火热建设中的成都东部新区画下一笔崭新的亮丽。

（李驰昊　曹　驰）

电建速度，加码天府新区新速度

入秋以来，成都迎来持续大幅降温天气。与冷空气迥然不同的，是中国电建西部科创中心项目现场如火如荼的建设热潮。在天府新区在建地铁19号线红莲站南侧，项目部负责人一线调度指挥，参建各方齐心协力解决项目推进过程中的疑难杂症，作业面上工人们紧张有序加班加点赶工期，工程车来往穿梭，机械轰鸣。

由中国电建成都院牵头，与中电建建筑、中国水电七局组成联合体承建的中国电建西部科创中心项目，以一流的素质、服务和技术保障了项目安全、质量零事故，提前圆满实现"地下室结构工程达到 ±0 高程"的关键节点工期目标。

这一天，距离项目正式开工建设仅 112 天。这一天，项目业主与参建各方击掌相庆。带有"探索、攻坚、创新、示范"特质的"电建速度"，赢得了四川天府新区政府和社会各界一致好评。"电建速度"，正在塑造天府新区经济地理的新标志，勾勒出新区经济运行效率的新版图。

开局，从"未来之城"起步

时间倒拨回 3 个月前，2021 年 6 月 28 日上午，中国电建西部科创中心项目在四川天府新区天府总部商务区举行开工仪式。

此时，这片总建筑面积超 10.6 万米^{2}的土地，还是一片荒坡。骄阳之下，天府新区主要领导说道，"天府新区是承载国家重大发展战略的国家级新区；天府总部商务区是四川面向全球配置高端资源的重大平台。中国电建整合集团的产业优势和旗舰企业资源在天府新区投资建设西部区域总部，必将助力天府总部商务区建设成为聚集高能产业的总部基地，助力天府新区打造成为能走好'一带一路'的实体企业和知名机构的聚集地。"

这席话，清晰描绘出了中国电建西部科创中心项目建设的内涵与外延，更让在场的每一位建设者深切地体会到了一个区域、一座城市在全球视野下共赢共享、经济腾飞的梦想与执着。

以天府新区为纽带，四川正在加速拥抱全球。天府新区是国务院批复设立的第 11 个国家级新区，是国家实施新时代西部大开发战略的重要支撑，是"一带一路"建设和长江经济带发展的重要节点，在成渝地区双城经济圈建设中起着举足轻重的作用。2020 年中央作出推动成渝地区双城经济圈建设、打造高质量发展重要增长极的重大决策部署以来，为深化服务四川省和天府新区建设，共同抢抓"十四五"建设重大机遇，中国电建相继与四川省人民政府签订战略合作框架协议、与四川天府新区管委会签订投资合作协议，在天府总部商务区注册成立西部区域总部和中电建西部建投公司，同步启动西部科创中心大楼建设。

作为首批落户天府总部商务区总部基地（西区）的重大产业项目，中国电建西部科创中心定位为"超 5A 电建新门户、总部基地新标杆、科创中心新典范"，总建筑面积约 10.6 万米^2，地上 29 层，建筑高度 130 米。项目建成后，将整合中国电建集团的产业优势和旗舰企业资源，助力天府新区引导商务区发展路径变革、城市价值重塑，将天府总部商务区打造成为能走好"一带一路"的人城境业高度和谐统一的"未来之城"。

蓝图在前，美好未来一触即发。但事实上，为梦想插上翅膀并非易事，自规划设计起步之初，中国电建西部科创中心的建设便面临着诸多困境。

天府总部商务区秉持"公园城市"理念，以 TOD 公共交通为导向的城市发展新概念，实施地上、地下一体化开发。中国电建西部科创中心位于天府新区正兴街道宁波路西段南侧和规划嘉州路、崇德一路北侧之间，建设场地紧邻在建地铁 19 号线，正处于地下空间 TOD 开发核心区域。

而此时，该区域地下空间一体化上位规划尚未确定、地铁规划线路、市政条件缺失……诸多不利因素摊开在建设者面前。前期规划未定，意味着项目建设还未开局就已陷入僵局，所有规划设计方案面临着随时被全盘推翻的风险。时间紧、任务重，一个兢兢业业、克难奋进、有着高度政治责任感的团队，决不会在挑战面前轻易言败。

争先，以"电建力量"提速

时不我待，只争朝夕。作为西部科创中心联合体牵头单位与设计单位，中国电建成都院跨前一步谋划布局，持续发力狠抓过程管理，举全院智慧，主动出击。项目设计团队立即启动规划设计工作，基于上位规划概念，遵循TOD开发策略，以地铁站点为磁极，耦合人流物流，深入挖掘轨道交通资源带来的潜力。不分白昼，鏖战数月，终于克服了地下空间设计开发难度大、人流车流物流的规划设计较为复杂、地下结构与配套设备工程难度较大、地铁保护与接口等多重困难，及时有效地为片区规划建设提出了解决方案。

2021年4月14日，该方案通过四川天府新区公园城市建设局规委会评审；4月29日取得建设用地规划许可证；4月30日获取地勘审查合格书；5月6日取得建设工程规划许可证；5月18日取得图审合格报告，为项目顺利开工奠定了根基，获得天府新区政府及主管部门的高度肯定。

在这串时间轴的背后，建设者们甘苦自知。他们心里清楚，在加快推进天府新区建设的速度面前，他们没有选择，没有退路。

百舸争流，奋楫者进。在西部科创中心项目工地现场，可以强烈感受到项目建设的热度和速度。冒骄阳、战酷暑、抢工期、抓进度、保质量，联合体管理模式新思路、新样板正在酝酿成型。

作为联合体牵头单位，成都院项目团队针对联合体项目管理特点，提前调研学习、提升管理思路，成立了全新的项目管理框架，建立了"基于有限责任下的联合体总承包管理模式"，搭建"联合体管委会 + 联合体总承包部 + 各实施项目部"组织机构；组织联合体各方充分分析项目建设风险，共同梳理项目管控目标及制定计划、明确责任分工，施工提前介入设计规划，强化设计与施工的沟通管理，同时加强建筑信息模型在项目建设中的应用，建立项目工程主要建筑物三维模型，通过建模的过程对施工图纸进行详细审查，实现设计与施工有效结合。

"哪里有问题，我们就想办法第一时间解决！"事实上，早在2021年3月8日进场施工之时，项目建设就面临着现场无施工道路、无临建场地、深基坑开挖与在建地铁接驳、周边交叉施工干扰、雨季施工影响等一系列考验。尤其基坑北侧为成都地铁19号线红莲站，科创中心地下室一层与其接驳，施工过程中需要考虑地铁线路的保护与接口等问题，技术难度大，现场交叉作业、安全质量风险极高。

2021年5月复工，工期目标不变，建设现场压力陡增。从领导层到一线员工，参建各方紧密协作、尽职尽责，高质高效推进项目建设。时间来到10月，总算提前兑现了"早日开工、早出形象"的承诺。

开局落子，作为天府新区的标志性工程之一，中国电建西部科创中心项目缔造了一个新的建设速度。积力之所举，则无不胜也；众智之所为，则无不成也。建设者们用实际行动履行责任与担当，他们将在这片土地上，以"电建速度"不断刷新和见证天府新区新速度。

（邓君恒　王　赫）

从无到有"探路"新业务模式

成都院承担的贵州省凯里环城高速公路北段设计项目顺利通过贵州省交通厅组织的施工图设计评审，实现成都院高速公路设计从无到有的突破，为公司新兴业务拓展"成绩单"再添新笔。

贵州凯里环城高速公路北段设计项目是成都院联合水电十四局、贵阳院中标的 PPP 项目，也是基础设施分公司承接的第一个高速公路设计项目，分公司主要承担施工图设计。作为新模式、新市场的新业务，该项目的设计评审顺利通过，成为基础设施分公司转型升级、迈入市场的又一新起点。

新尝试：PPP 模式谋机遇

根据国家"十三五"规划，国内机场、高铁、公路、市政建设、城市轨道、地下管廊等基础设施建设项目市场巨大。近年来成都院在中国电建集团的支持下，面对新的经济发展形势，不断加快转型升级步伐，主动出击，快速适应新的市场环境，在 PPP 等新模式市场不断斩获订单，在新兴业务领域进一步得到市场认可。

同时，国家鼓励企业采用 PPP 模式参与公共基础设施建设等相关政策，为基础设施分公司的发展壮大提供了绝好机遇。借助 PPP 模式提升杠杆，市政业务逐渐增长。

2017 年 5 月 17 日，成都院总经理黄河，水电十四局总经理洪坤，西藏天路副总经理李福军，贵阳院总经理潘继录代表合作四方，在成都办公区 A713 会议室签订贵州省凯里环城高速公路北段 PPP 项目合作协议书。成都院领导高度重视此次项目合作，并表示，此次合作是多方互学互鉴、合作共赢的有益尝试。

凯里环城高速公路北段是《贵州省高速公路网规划（加密规划）》的重要组成部分，项目的规划建设对加快黔中经济区建设，完善贵州省高速公路网络，缓解凯里城区交通出行压力和促进凯里市过境交通流转换，推进凯里、麻江新型工业化和城镇化建设，落实"大扶贫战略行动、坚决打赢脱贫攻坚战"，同步全面建成小康社会具有重大意义。

该项目全长约75.4千米，其中主线60.66千米、联络线14.74千米，全线桥隧比例达60.28%。按照设计时速100千米/小时，双向四车道，路基宽度26米的高速公路标准建设，规划土建施工总工期22个月。

拿到这一项目，对基础设施分公司而言，不仅是新兴业务领域的一次"试水"，还是一次战略性的"亮相"。项目的成功对于转型阶段的业务拓展，更显迫切。

新挑战：一张白纸绘蓝图

如何完成这次"零的突破"？

虽然项目建设时间紧、任务重，但科学统筹、有的放矢，做好前期工作，是项目成功的关键。

项目中标后，基础设施分公司抢时间、提效率，分公司总经理傅支黔高度重视，迅速指示组成项目团队。2017年8月中旬，项目负责人徐自享带队进场开展施工图设计外业踏勘。

这支由80、90后组成的项目团队，大多是多项目兼职在身。由于项目建设工期紧，推进速度快，需要在短时间内完成全部施工图外业勘察、内业设计，这意味着高强度、高负荷的工作量，对项目人员的工作能力与精力，是极大考验。同时，正是这种紧迫感，促进了项目团队能力的锻炼与提升。

都说路是人走出来的，那些"走"出了路的人，付出了常人难以想象的汗水与艰辛。他们背着干粮及踏勘用品，挂着木棍，在无路的荆棘丛中爬坡过坎，翻山越岭，吃方便面，喝沟渠水；遇到陡峭的山壁，为了摸清地质情况，选好公路线位，有时甚至是"爬"出来的。

此次踏勘，项目团队在设计负责人徐自享的带领下，前往贵州凯里工程区。踏勘团队每日早8点出发、晚6点返回住处，晚上整理踏勘成果，与初设成果进行对比研究，优化、细化设计方案。踏勘正值高温酷暑天气，第一天穿着短袖的小伙子，在大山中走了几个小时，晒得皮肤红肿。由于荆棘刺较多，手臂上、脸上被划出一道道血印子，第二天忍受闷热换上了厚厚的长袖。起初在林中行走还需要用木棒敲打荆棘，开辟一条"小路"，抬脚踩过去。后来为了加快踏勘进度，直接戴着帽子，弓着腰，眯着眼，缩着脖子强行"顶"过去。刺条在衣服上划得咕咕作响，叶子上抖落的灰尘，夹杂着草腥味直钻喘气的喉咙，又干又苦……一个月下来，团队成员脸晒黑了，衣服磨破了，鞋帮子与鞋底"分家"了，但圆满地完成了外业踏勘任务，为下一步内业设计打下良好基础。

"十一"假期期间，项目负责人抓紧时间整理踏勘成果，进行总体设计，根据踏勘成果研究、优化路线方案，并进行布线。初次设计高速公路项目，上手不太容易。项目团队花了大量时间进行前期研究及技术准备，从迷茫逐渐清晰。从熟悉与高速公路设计有关的规范，到使用设计软件解决高速公路特有的设计方法、设计流程；从把握当前流行的高速公路设计理念，到设计方案的具体贯彻执行，项目团队集体学习，充分交流，在理念上、技术上做足准备，避免设计过程中走弯路。设计过程中，项目团队充分阅读初设报告，理解初步设计意图，然后根据现场踏勘情况比对复核，优化调整总体设计方案。

虽然时间紧、任务重，又是第一次设计高速公路，但必须保质保量完成设计任务，打好转型升级第一仗，设计团队决定在会议室"集中封闭"办公，一天当两天用。虽然"规定"每天晚上加班到10点，但是往往半夜12点了会议室还是满满的一桌人。回家的地铁赶不上了，互相搭便车，开了车的把没开车的人送回家……回家洗漱完毕已是凌晨1点多。最终，于11月底按期交出施工图设计成果。一场"硬仗"就是这样拼出来的。

新起点：跬步之功求发展

积跬步之功，成千里之效。从深山到城市，从省内到省外，从国内到国外，从传统水电转到新兴市场，基础设施分公司一步一个脚印，已经走过23年。业务范围也从单一的电站配套交通工程的勘测设计，发展为电站库区淹没复建公路、地方高速公路、市政道路等勘测设计及施工总承包等业务。通过溪洛渡、锦屏、两河口等数十座大中型电站交通工程设计，交通专业积累了丰富的山区公路、桥梁、隧道工程、不良地质及高边坡处治工程的设计经验，打造出了一支具有综合竞争优势的交通专业队伍。近年来通过不断加大拓展市政工程、国外公路、建设总承包业务的力度，生产经营突飞猛进。

正值成都院深化改革进入攻坚期，作为公司转型发展的重要方向，基础设施分公司肩负着公司业务向城市化转型的重任。此次"试水"成功，是新业务领域探索的有益尝试，符合二次创业的转型需求，也为分公司新业务拓展打开良好局面。

改革转型不是一蹴而就，基础设施分公司清晰地意识到，在业务规模逐渐扩大的同时，下一步只有继续加强风险管控，健全人才队伍，才能实现规模发展与质量效益的统一，稳扎稳打促进健康可持续发展。

新的征程已在脚下，自贵州凯里环城高速公路北段设计项目圆满告一段落，基础设施分公司再进一步，又斩获另一高速设计项目——贵州岑巩至镇远高速公路。为实现"从零到有，从有到优"，这些"探路人"的脚步从未停歇。

（张　成　徐自享）

不畏三九寒　唱响第一春

"宝剑锋从磨砺出，梅花香自苦寒来"。由成都院设计施工总承包的高海拔宇宙线观测站（LHAASO）水切伦科夫探测器（WCDA）- 水池工程喜获中国科学院业主通报表扬，对成都院在 2017 年度工程建设中付出的辛勤努力及取得的卓越贡献，给予充分肯定及高度评价。

LHAASO 是国家重大科技基础设施建设项目，在国务院发布的《国家重大科技基础设施建设中长期规划（2012—2030 年）》中被列为 16 个优先安排的重大项目之一，核心科学目标是探索高能宇宙线起源并开展相关高能辐射、天体演化甚至暗物质分布等基础科学的研究。成都院与水电五局联合体承担了其中水切伦科夫探测器（WCDA）- 水池工程设计施工总承包任务。

艰难困苦，随它去

该工程位于四川省甘孜州稻城县 S217 一百里程附近，占地约 2040 亩，距稻城亚丁机场 10 千米，距县城 60 千米，平均海拔 4410 米。通信不畅、空气含氧量极低、自然环境恶劣，大风、暴雨、降雪等恶劣天气频发，一天气候四季，白天俨然春夏秋，晚上则进入冬季模式。

极其恶劣的自然环境，挡不住成都院工程建设者逆势进取的心。总承包项目部克服高海拔特有的限制，本着"缺氧不缺精神、艰苦不言辛苦"的工作态度，自 2017 年 6 月进场以来，切实加强了参建单位各方的协调与配合，挑战高海拔，共同克服了一个又一个的建设难题。

项目自开工建设以来，总承包项目部提前谋划，根据现场实际情况建章立制。以精干、高效、务实为原则成立总承包项目部组织机构，明确各级岗位人员职责，同时建立健全各项规章制度，理顺工作流程，切实服务于现场。

脚踏实地，步步高

安全先行。首先，注重高海拔地区特殊条件，不仅组织一支敢打硬仗的队伍，还积极关爱进场员工的身体适应能力和职业健康，减少和降低高海拔职业病的发生，除体检合格外，配备必要的防护用品、医疗用品，并与稻城县人民医院建立应急联动机制，确保不发生意外。其次，注重环境保护，项目在海子山保护区内，紧邻亚丁机场，在制订方案措施和施工过程中把环水保作为核心控制目标，在临建布置、排污、施工垃圾处理、防尘等方面，满足合同和相关要求。再次，配置专职安全管理人员，树立和强化每位员工红线意识，在施工用电、起重吊装、高处作业、夜间作业、防高原雷暴雨等方面，做好现场安全技术交底，制定针对性安全专项措施

和应急预案，建立安全隐患排查治理制度，定期组织安全大检查和落实整改。同时考虑工程地处涉藏州县，总承包项目部高度重视尊重当地民俗民风，积极做好与当地沟通、协调处理的相关事件。

质量第一。公司充分发挥设计施工总承包的设计龙头作用，严格按招投标文件、合同文件及相关规程规范要求，过程中严格执行业主及监理方相关意见指令，从技术交底、施工准备、过程实施、事后纠偏等进行全过程控制，从测量放线、试验检测、作业监督等进行全方位控制，本年度工程各部位施工质量受控，未发生任何质量责任事故。

进度保障。认真研究相关条件和不利因素，研究高海拔施工降效特点，编制合理的实施性施工进度计划并实施过程动态调整与纠偏，主动出击，主动有为，加强关键节点和阶段性目标推进与考核。总承包项目部克服前期招标进场晚、开工时间晚、系统供电推后、砂石及混凝土生产系统不准在场内修建、主材招标采购、高海拔恶劣天气及环境条件限制、环保督察暂停施工等因素影响，工程建设如期推进。

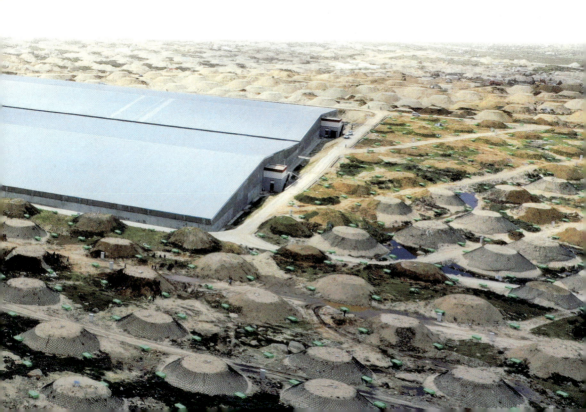

沟通保畅。针对施工图预算的编制、合同签订等事宜，成都院多次出面组织联合体内部召开专题会议研究，并经电话、QQ及微信多次沟通，同时协调公司内部各部门积极投入必要资源进行协同处理；针对工程款支付，项目部积极与业主及合作方（水电五局）沟通、协商，明确工程款（包括预付款）支付流程、办法等。

预见未来，创奇迹

成都院作为联合体牵头方负责总承包项目的综合管理及设计工作，在高海拔艰苦条件下锤炼并夯实工作意志与工作作风，充分发挥每位员工的特点、特长，优化组合，准确把控工程建设重难点，超前思维，超前预判。

在中国科学院的统筹协调及支持下，联合体内部密切协作、各自履职，2017年年度工程建设稳步推进，安全优质完成1号水池施工任务。虽工程建设推动较为顺利，但2018年度施工任务仍较为繁重，剩余1号水池防渗、2号及3号水池除防渗外全部施工、附属工程建设等，工期压力仍较大。

后续施工中，总承包项目部将对2018年施工进度计划再细化研究，尤其是关键线路进度安排、资源配置、具体落实等，并分解形成月进度计划，以切实指导、安排施工；同时结合1号水池施工，2018年在2号、3号WCDA水池施工时，认真总结、扬长避短、汲取经验，从施工组织、工序衔接、资源配置、材料采购、设计优化等方面入手，提前准备充分；继续依托通畅的信息沟通机制、平台，充分利用电话、网络等方式，及时了解工程动态，对工程进展、资源配置、相关急需解决的问题等进行分析、研究、处理；在保障工程进度的同时，充分认识本工程的重要性，对工程质量、安全文明施工等保持高度关注，严格按法律法规、规程规范要求实施。

"不畏三九寒，唱响第一春"，成绩虽代表过去，也能催人奋进未来。总承包项目部有信心、有能力在成都院各级的领导和支持下，不断巩固成果，持续砥砺奋进，为成都院在国家重大科技基础设施建设领域的拓展写下精彩一页。

（陶益民）

虽道阻且长，然行则将至

坐落在雪域高原的甘孜州雅江县、道孚县、理塘县、新龙县 20 多个乡（镇）的崇山峻岭，由成都院总承包的两河口水电站移民代建工程库区道路绵延 200 余千米，是中国最大的移民代建项目。项目建成后，这连接四县的天路像条洁白的"哈达"，将承载成都院水电建设者"建设雅砻江，治水大西南"的梦想，缠绕在甘孜州人民的心中，成为涉藏州县人民通向富裕、奔小康的康庄大道。

众志成城的力

工程自 2015 年开工建设以来，遭遇了自然地理环境、人文社会环境、地方关系协调、施工难度和安全风险等常人难以想象的困难，工程进展一度滞后。面对困境，成都院人"海拔高斗志更高，缺氧气不缺志气，环境苦绝不叫苦，困难多办法更多"的优良品质展露无遗。公司专门成立四川雅砻江两河口水电站建设征地移民安置专业项目代建工程设计施工总承包项目工作促进组，黄河董事长和郝元麟总经理多次亲临现场指导，工程建设分公司及各职能部门负责人多次深入项目施工现场督导检查，推进项目进展。

项目先后克服道路运输不畅、砂石骨料紧缺、电网经常停电、涉藏州县复杂的社会环境、恶劣自然环境（大风季节、超长雨季、冬季高寒）等诸多不利因素的影响，创造性地提出并实现"雅江中转、跨县运输"的砂石骨料运输方案，采取包括约谈分包单位高层领导、组织参建各方召开周例会、优化施工方案、调整平行作业、增加资源投入、夜间施工、雨季施工、冬季施工、激励机制等各种强有力的保障措施，大力推进项目进展。同时，工程建设分公司党委在公司党委的指导支持下，在两河口项目现场开展了以"讲创新、讲奉献、讲发展"为主题的系列党建活动，有力提升了项目一线的实干氛围。

措施是实效的保障。木绒特大桥4号主墩当年开始浇筑，当年主墩浇筑至120米；红顶特大桥当年施工，当年主墩封顶；亿达沟大桥、甲斯孔大桥顺利合龙；跨度110米，垂直高差达100米的折多沟大桥主拱圈顺利合龙；长征、瓦孜、格孜、亚拉坎、教学、格桑、仲尼、洛古等8个隧道相继完成二衬施工。经过成都院人众志成城夜以继日的拼搏，至2018年底取得了令人鼓舞的成果，工程进度已能满足调整后工程计划进度，全年项目收款完成目标的118.23%，项目营收完成目标的107.25%。

2018年12月27日，在成都院亚卓营地举行的两河口项目劳动竞赛暨精准帮扶总结会议上，两河口建设管理局周江平副局长欣慰地说："目前，两河口代建移民工程通过成都院和承包人共同努力，工程滞后的形象面貌、一度严峻的安全形势以及质量控制现状得以扭转，趋于良好……"周江平的一席话，为这个超高难度的移民代建项目2018年的建设画上了一个圆满的句号。

春夏秋冬的难

回望来时路，尽在无言中。面对这简短的"扭转"二字，过程中的酸甜苦辣、五味杂陈，只有项目建设的亲历者才能感受得最真切。过去的2018年，对于奔流亘古的鲜水河，也许是极其平凡的一年，但对于两河口移民工程建设者，却是一个不平凡的四季。

春季的狂风大作、飞沙走石：瞬时最大风力超过十三级，人在室外基本无法正常行走，简易板房、厂棚直接被掀开。至今让人记忆犹新的"3·12"风灾，木绒特大桥工程缆索起重机直接被异常大风刮倒，主索塔倾覆，造成严重的工程损失，幸未伤及人员。

夏季的瓢泼大雨、泥石横流：汛期暴雨频繁，有时连续降雨超过7天，超标洪水导致河床水位暴涨；边坡经常垮塌、道路时常冲毁、泥石流频发。严重威胁工程安全、施工安全和交通安全，现场经常面对陡峭的山体、深切的河谷、单行的交通、一边悬崖一边峭壁的施工道路，以及随时可能掉落的石块……

秋季的气候干燥、尘土飞扬：秋天则进入长时间无雨水时期，气候异常干燥，很多人手脚皮肤皲裂、嘴唇干裂，严重的甚至长期流鼻血；道路灰尘弥漫，车辆能见度不足 5 米，人坐在密封的车里都能轻松地嗅到泥土的"味道"，半天下来鼻孔里全是黑黢黢的灰尘。

冬季的风雪交加、温度极低：大雪成为冬季的常客，山上的积雪经久不化，早晚的室外温度基本都在零下 10 度左右，滴水成冰，穿着两层棉衣站在外面都能体验"透心凉"；且冬季易发感冒及其他并发症，生一次病基本要十几天才能痊愈。

最为恶劣的还应该是高海拔、高严寒，空气稀薄、氧气缺乏。头痛，持续的头痛让人备受煎熬，高原反应让人难以承受。刚来项目部的那几天，有的人连上个二层小楼都会明显感到气短、胸闷，晚上睡觉总是半梦半醒。

来过两河口的人都说：在这里正常生活已经实属不易，能够克服来自自然的、身体的、心理的各种不利因素进行工作，更是难能可贵。这样的环境下，唯一能够依靠的就是每一个人的责任心和勇气。

不畏天公的人

咆哮怒吼、奔流不息的雅砻江和鲜水河似乎在向靠近她的人发出示威警告，绵延伸展、壁立千仞的大峡谷悬崖峭壁容不得凡人之躯亲近半步，如此险恶的环境，建设出一条宽阔的交通大道谈何容易，在建设的过程中所遇到的艰辛和困难也许只有建设者自己才知道。项目部日常维持超过 80 人常驻工地现场、超过 20 人常驻施工一线最前沿，因工程的复杂性，成都院专门派驻了几位经验丰富的老同志在一线把关，长年与一线工人同吃、同住、同工作。

田甫云，标段长，今年已经 54 岁了，在涉藏州县高原属于当之无愧的"高龄"员工，身患高血压、偏头痛等多种疾病，但他克服了身体不适，为确保管理到位，自进场以来长期坚守"绒坝管理点"。那里海拔更高，空气更稀薄，气候更恶劣。住宿、饮食条件极差，冬天洗完的衣服几分钟就冻成"冰棍"，日常连新鲜蔬菜都很难吃到，饿了就啃一口带上山的"冻馒头"……

于乾生，技术质量部主任，今年已经 60 岁了，花甲之年。如此年纪，在平原上工作和生活已属不易，何况在海拔 3000 米左右的涉藏州县高原，如此坚持让人佩服。他经常亲临工作面进行巡视巡查、技术指导和检查验收，和年轻人一起上高墩、爬边坡，工作时一丝不苟。

王玉斌，项目副经理（施工），今年已经 55 岁了，在涉藏州县高原同样属于绝对的"高龄"建设者。从两河口移民代建工程开工至今，一直在现场履职，除了履行管理职责以外，还与标段长、现场工程师共同巡查现场，经常走在平均海拔 3000 米的小道上，部分部位甚至没有路，只能脚蹬岩石、手握树木，攀爬前进。由于长期身患糖尿病，还伴随并发症，每天都要自己注射胰岛素，加之工作辛苦和劳累，经常病倒在工地上。仅今年，他就高烧病倒了 3 次，经过几天基本恢复以后仍然坚持现场工作。自己挑起重任，还要发挥"传、帮、带"的作用。

何旭，施工管理部副主任，进场以后长期坚守瓦日管理点，统筹管理瓦日片区范围标段。瓦日管理点与绒坝管理点"不相上下"，且工作环境更为恶劣。2018年何旭在工地上出勤时间超过320天，经常处于无网络信号状态，承受着自然和心理的双重压力。

像他们一样无私奉献的中青年同志还有许多……

2018年，成都院、分公司领导及各级职能部门多次深入两河口移民代建工程现场检查、指导，强力推进项目进展。分公司总经理郑家祥多次来到现场，与项目部班子共同办公、一起解决施工管理和现场生产中遇到的组织、管理、技术等问题，他要求项目部全体员工"奋进2018，不留缺陷、不留隐患、不留遗憾"。

工程建设分公司党委书记苏鹏云长期值守项目部，给项目建设提供了许多非常宝贵的指导意见。他曾在折多沟大桥主拱圈第一仓混凝土浇筑时，一天来回攀爬100多米的高边坡多次，因高原肌肉缺氧导致小腿无力连续摔倒三次，无法行走被紧急送往成都住院治疗。

工程建设分公司总工邓念元为两河口移民代建工程多次来到项目，查阅大量设计文件、技术标准，并带病深入工地一线了解现场存在的技术问题……还有许许多多的领导、职能部门负责人，不辞劳苦，每月对两河口移民代建工程进行检查和指导。

汗水铸就的功

"丹心筑天路、汗水洒江河"，这群一辈子把工程质量视为生命的成都院工程建设人，用自己的实际行动，再次在雪域高原的鲜水河畔，镌刻下属于自己的光荣和梦想，他们是最美成都院人。两河口建设管理局对项目部2018年的成绩给予高度评价："总承包项目部本年度非常辛苦，主动作为、主动担当、从大局出发，并积极为地方政府想办法、提建议，积极推动两河口移民代建工程进展，成绩是巨大的、收获是可喜的。"

重新走上桥梁，看着桥和复建道路绵延至远方，衬砌施工忙碌而有序，机器设备的轰鸣声仿佛又萦绕在耳边，一张张黝黑、闪着高原红、挂满汗水的脸庞不断闪过脑海……

　　"千里冰封难为阻，朔风凛冽展旌旗。"成都院人发扬"不怕吃苦、甘于奉献、严谨求实、敢于争先"的优良作风和传统，全力、稳步推进两河口移民代建工程建设。我们坚信，未来之路虽迢迢，但只要信念坚定，定能攻坚克难，最终满足两河口水电站下闸蓄水的最终目标。

（蔡现阳　杨　洪　黄佳含）

得妥情深，梦想继续

自 2012 年 8 月正式启动得妥集镇移民安置项目以来，成都院得妥项目部开展了设计方案复核、代建合同谈判、招标规划、编制招标文件、工程招标等工作，第一批人员于当年 12 月 8 日顺利进场开展现场工作。

项目部真抓实干、主动工作、低调务实的态度，团结协作、强化沟通、顾全大局的理念，使得工程进度目标得到较好控制。得妥集镇垫高防护工程已基本结束，土地整理及道路工程也即将收尾，房建项目 70% 已经封顶并逐步进入装修装饰阶段，后续相关工作在紧锣密鼓进行。可喜的成绩，受到了地方政府、综合监理多次肯定和表扬，为成都院在甘孜州后续代建市场打下坚实的基础。"齐心托起得妥梦，携手建设繁荣家。"这是成都院得妥人的真实心声，也是大家的梦想。虽历经艰辛，但一往情深，梦想在继续着。

近三年来的得妥工作，已贴上了"得妥经验"的标签。要在两河口、硬梁包水电站等移民代建项目传承和发展"得妥经验"。

超前介入 精心策划

项目管理上有这么一种观点：项目在初期阶段调整对项目的实施影响最大，而代价最小，因此尽可能早地介入初步设计阶段工作，主动同地方政府、电站业主及相关设计人员进行沟通，将项目实施阶段可能遇到的较大问题在这个阶段进行合理考虑。如，集镇房屋拆迁边界的确定和固化、道路施工的线型选择及影响区等征地红线的规划设计，填筑料、土地整理料、砂石骨料等料源方案的综合选择，市政和房建的专业接口，供水工程的线型及施工方案，火工产品、房建砖、装修装饰、风貌、保温节能等建筑材料。这些工作往往在项目跟踪阶段都已经完成，只有在合同谈判及后续实施各个阶段进行弥补，以减少项目实施风险，在此也建议专业设计人员多一些合同、成本理念。

由于具有专业多、工期紧、制约因素多、协调任务重等特点，本项目最终选择了9个工程标、2个监理标、2个保险标的分标实施方案。项目管理中，根据一期7个施工标段及二期2个施工标段实施的具体情况，项目部本着"把一个项目当成两个项目"的理念进行管理，确保项目的整体推进。

多标段、多专业给项目的管理带来了工作负荷的增加和对专业技能的高要求，但项目团队通过整合共享各类资源、努力工作和辛勤付出，克服了一个个困难，将工作一步步向前推进。

强化沟通 顾全大局

项目部成立后，便着手打造总承包管理团队，不断理顺与统一项目管理理念。虽然团队成员有不同的工作经历，他们来自设计、总承包、业主、施工单位，但通过工作不断深入和协作磨合，培育了"心往一处想，劲往一处使"的工作思路，从"要我工作"到"我要工作"的态度转变，遇到问题及时沟通处理，在工作稳步推进的同时，和谐团队得到打造和历练。项目部每月召开一次内部工作会，将上月工作进行总结，对下月主要工作内容进行层层分解，责任到人。

移民安置项目，以政府为主导，需要多依托地方政府的支持，对此，团队有着清醒的认识。由于参与各方对待问题的出发点有所不同，如政府往往看重维稳及侧重移民利益，与常规项目面临的施工环境不一样，这就要求项目实施者必须强化沟通、顾全大局，解决施工过程中遇到的棘手问题。不同的干系人，沟通管理方式并不一致，大致表现在：同院内建管板块、设计板块的沟通，侧重流程，积极做好同建管部、工程部、控制部、采购部等部门的沟通协调，并按职能部门的要求开展好相关工作，就专业技术、方案的优化调整等积极做好同勘测设计管理部、移民处、水工处、建筑分院、地质处等部门的沟通协调并获取支持；同地方政府及各职能部门、电站业主的沟通，侧重接口，积极同地方政府移民领导小组、移民工作站、各乡镇政府、职能局，如移民局、发改局、水务局、国土局、农牧局、公路局、住建局、安监局、环保局、林业局、公安局、派出所等建立好工作接口关系，确保在遇到移民阻工、施工干扰、各重大协调事项上得到最大可能的协调和支持；对监理、施工单位的管理，侧重协调，严格按照成都院总承包管理相关要求，充分发挥监理作用，对施工单位的全方位管理，督促施工单位做好资源配置、沟通协调工作，加强施工组织并按计划、有序推进各项工作；而对材料、设备供应商的管理，注重跟踪，对建筑材料，如甲供钢筋、水泥材料已经有一套完善的管理办法，对如火工产品、房建砖、装修装饰、风貌、保温节能等非甲供材料及净水、污水处理设备等，均明确了工作思路和原则，过程中不断加强沟通协调和跟踪，及时统计核实及进行材料核销，确保了材料及设备的如期提供。

优化设计 合理控制

根据现场实际情况、施工管理经验及积极主动沟通，设计"龙头"作用发挥明显，进行设计优化及深化设计，对节省投资及加快进度起到积极作用。

例如：设计通过边坡稳定计算，在确保工程安全的前提下，适当抬高有些标段坡脚挡墙建基面高程；将坡脚挡墙外侧防冲齿槽低标号混凝土改成钢筋铅丝石笼；将一些标挡墙外侧的钢筋铅丝石笼及齿槽段混凝土防冲护脚全部改为大块石抛填。这些设计方案调整，无疑是可行而经济的。

当然不止以上这些。再如，根据开挖揭示的地质条件，结合边坡稳定计算分析，又对一些标段边坡进行优化设计调整，减少砂卵石开挖及碾压回填工程量；结合防洪堤岸坡实际填料情况，对坡面贴坡混凝土面板厚度由 40 厘米调整为 30 厘米，并采取了加快进度的拉模实施方案；通过耕植土掺沙比例调整，减少远距离运输坛罐窑土料场开采工程量。

　　项目部还从规章制度上着手，建立管理制度，建立健全各类体系文件，项目管理做到"有章可循、有据可依"。面对棘手的各类现场协调及施工组织，项目部本着细化管理、全面推进的原则，牵头组织项目实施各方及外围协调各方，就相关问题进行专题研究，并尽可能地获得支持，在投资上进行合理控制。

　　"我们水电人，心系祖国的明天……踏遍西部万水千山，银线飞渡茫茫荒原，为着中华民族的复兴，我们扬起风帆奋勇向前……"成都院院歌大气而磅礴。吟唱着奋进的歌谣，在水电移民代建领域，成都院实现了从无到有，从摸索到成熟，一步一步做大做强。"万工模式""得妥经验"为后续市场的开拓奠定了良好基础，锦屏一级移民安置工程老沟水库、章古河坝移民安置点配套工程、汉源矮子店库岸治理、两河口库区移民复建工程、硬梁包移民代建工程……，移民代建项目在总承包业务板块中规模、效益日益凸现，为成都院的发展添砖加瓦、扬帆助力！

（付荣华）

出发！搭上开往"春天"的电建班列

近日，随着中国电建成都院牵头的联合体中标青白江欧洲产业城中片区综合开发项目，标志着成都院贯彻落实电建集团"水、能、城"战略中的"城"发展再次进阶，在青白江转型升级的道路以及成渝地区双城经济圈建设上，留下了成都院浓墨重彩的一笔。

这不是成都市和电建集团的首次合作，也预示着未来双方将会有更多的合作和机遇。

对于青白江，过去给人的印象大致是：高耸的烟囱，灰蒙的天空，一座挨着一座的化工厂和钢铁厂。作为我国西南地区"工龄"最长的老工业基地之一，处在成都上风口的青白江，曾经很长一段时间被定义为成都空气污染的源头。然而，这座国家"一五"时期建设的工业重镇，正借助"一带一路"发展的东风，昂首阔步地走在转型升级的康庄大道上。把"碧水蓝天""绿色低碳""宜居宜业"的标签印在了城市未来发展的道路上。

而转型的背后，藏着一辆开往"春天"的班列——2013 年，首趟成都中欧班列驶出成都青白江，到如今成都中欧班列累计开行超过 8000 列，在深化"一带一路"国际合作中发挥着重要作用。截至 2021 年 11 月底，成都国际铁路港国际班列开行突破 14000 列，构建起以成都为枢纽的通边达海、内畅外联的国际陆海联运通道体系，助推西部地区加速融入全球经济格局。

青白江重启了成都通往世界的丝绸之路，也打开了四川通往世界的门户。而此次合同的签署，也再次夯实了四川与电建集团的"强强联手"，真正实现了资源互享、优势互补。

此次"强强联手"的欧洲产业城来头，必定不小。

欧洲产业城的合作要回溯到今年年初。为了更好地服务"一带一路"，青白江区围绕"陆海联运枢纽国际化青白江"的定位，依托成都国际铁路港，打造国际产业深度合作的产业功能区，2017年，欧洲产业城正式获批。如今，北区的产业园区已经拔地而起，中区的开发也已提上日程，未来十年，欧洲产业城中区将引入顶尖教育学校、医院、品质社区等一流配套设施，打造成欧洲产业城园区城市之窗，吸引到更多的高层次人才和优质企业入驻青白江，形成良性发展。

而这正好和成都院"十四五"发展不谋而合。

"十四五"期间，成都院提出"做强水、做优能、做大城"的整体发展思路，和围绕"深耕城市、运营城市、服务城市"的转型理念，打出了"加

快在房建、市政、轨道交通以及城市综合开发、城市公共事业运营等领域抢滩布点"的组合拳。而这次的合作，正好让成都院这套"组合拳"有了用武之地。

为了更好地契合欧洲城的发展规模，成都院牵头组建了包含5家电建企业及其他有关企业的联合体"超豪华阵容"，采取城市合伙人+EPC+O的总承包模式，将在片区投资开发运作、片区资金有机整合、片区整体开发建设、片区综合管理运行、片区产业导入运营等方面为欧洲产业城的发展提供全产业链一体化集成服务。

抢滩青白江，融入成渝双城经济圈建设，助力新时代西部大开发……成都院正在积极履行作为央企的责任和义务，投入新一轮时代西部大开发战略中，紧扣四川"一干多支、五区协同""四向拓展、全域开放"的战略部署，不断创新商业模式、丰富合作内容，与各界一道共同推动治蜀兴川再上新台阶。

（李林璠）

匠心之作，照亮自贡夜空

四川自贡的年节灯会，源远流长，名闻遐迩。自贡不仅被称为"恐龙之乡""千年盐都"，还有个诗意的名字"南国灯城"。

与灯结缘的自贡，近十年来以其独具的风韵、特有的魅力，载誉中外。年节灯会被称自贡奇观的"三绝之一"，演变至今的自贡彩灯大世界，更将自贡打造为旅游打卡胜地。

日前，中国电建成都院设计的凤凰路大桥塔顶水滴灯饰塑形工程完成安装，一颗塔顶明珠即将照亮自贡的夜空。

滴水成河，汇聚盐都之源

凤凰路大桥坐落于自贡市釜溪河畔，位于双凤片区规划的"三横四纵干道路网结构"中的一条城市次干道，南接凤凰路，北止釜溪东路交叉口，是双河口至凤凰坝片区综合治理示范项目的控制性工程，也是双凤湿地公园的标志性景观建筑。

主桥采用不对称独塔斜拉连续梁组合体系，索塔塔顶设计安装水滴造型灯饰结构。桥塔造型采用从水滴抽取的曲线设计元素，在塔顶部设置了两道横梁，横梁设计为圆形，与水滴造型呼应，意为"滴水成河，盐都之源"；下塔柱做内收处理，形成稳定感良好、左右桥塔呼应的塔型。水滴造型分两部分，水滴上半部分为类椭圆形，水滴下半部分为圆形，结构高度约 14.6 米。

作为成都院设计的第一座单塔斜拉桥，凤凰路大桥的建设需要解决众多难题。主塔竖向预应力调整主塔偏心、剪力钉及隔板增加钢混锚固、主梁预应力调束，设代人员在设计过程中攻克了一个个难题。其中，主桥的合理成桥状态是设计面临的最大难题，设代人员通过布跨、布索、确定主塔样式、加载等综合考虑，成功确定了合理的成桥状态。如今，大桥水滴以蓝色点缀塔顶，同塔身米白色交织，蓝色象征静谧，白色象征纯洁，给人以纯洁安静之感，如同一妙龄少女，亭亭玉立。

匠心设计，点亮自贡之光

如何让这座高空结构登上塔顶，同时达到相应的景观效果，设计之初面临一系列棘手问题。成都院设计人员经过多种方案比较，最终拟定了空间网格框架结构结合空间网壳结构与主塔焊接成整体的方案。其以框架结构实现三维造型，同索塔形成呼应；水滴结构内设置多点式发光源，通过不锈钢面板镂空嵌入光源，以点光源汇聚形成面光源照亮双凤湿地公园。结构表面喷涂防火涂料、安装避雷装置，面板搭接实现温度协调变形，面板间预留孔隙实现通风降温且避免雨水渗入。而大桥塔顶水滴灯饰的所有结构，均在工厂内分单元制作完成，验收合格后分单元运至现场，分块吊装安装。

施工过程中，项目通过专家论证、设计建议，妥善解决了主梁现浇支架的行洪安全、主塔吊装场地地基稳定、钢结构高空焊接作业及主塔支架的面外稳定等技术难题。参建各方积极配合、精益求精，从下塔柱的钢筋绑扎至最后一个钢结构吊装，从主梁现浇支架的桩基到封顶最后一缸混凝土泵送，从第一组斜拉索张拉到最后一块水滴灯饰的吊装，未出现任何质量安全事故，为未来"塔顶明珠"的点亮保驾护航。

西北门户，铸就地标景观

成都院在自贡建设服务多年，凤凰路大桥是公司承担的自贡水环境项目的一个组成部分。仅在双凤片区桥梁工程就有四座桥梁，总面积约 19843 平方米。其中，凤凰路大桥塔顶景观工程是国内同类型在建最大的塔顶灯饰塑形工程，在景观设计中融入了富有时代感和现代气息的元素。

　　桥梁建成后将成为自贡市"西北门户"的标志性景观，以婀娜的身姿矗立在釜溪河畔，与双凤湿地公园相得益彰，铸就自贡另一块网红地标。该项目位置的景观环境和交通可达性，更将使周边各种配套项目具有很好的升值前景。

　　凤凰路大桥不仅是成都院设计的第一座单塔斜拉桥，也是自贡市的第一座市政斜拉桥。未来，深厚的历史文化底蕴，良好的自然山水环境，将为自贡市经济的繁荣与发展提供基础和条件，推动社会文明进一步发展。打造盐都精品，建设美丽自贡，成都院本着体现自贡元素的设计理念，在釜溪河岸画下的蓝图正一步步走向现实，自贡这颗明珠也正冉冉升空。

（曹　驰）

梦想照进现实

城市是一本打开的书，从中可以看出它的抱负。

点开四川省达州市人民政府官方网站，关于这座城市，有一句介绍尤为亮眼：达州地处中国版图中心，是名副其实的中国圆心城。

"圆心城"新戏初亮相

2019 年 10 月，达州市经济技术开发区长田新区Ⅱ号和Ⅶ号地块成功拍卖的消息，从达州市公共资源交易中心迅速传出：

Ⅱ号地块，总面积约 141.68 亩，成交单价 195 万元 / 亩。

Ⅶ号地块，总面积约 196.06 亩，成交单价 265 万元 / 亩。

土拍市场的一举一动，不仅是城市发展的风向标，更紧紧牵系着地产业界和购房者的敏感神经。推出 2 宗，成交 2 宗，11 月 7 日还将推出Ⅵ号地块。3 宗地块，逾 500 亩，如此大手笔，仿佛一个激越的讯号，宣告长田新区建设即将迎来发展新机！

这是长田新区第一次以绝对主角的身份，冲入人们视野，成为街头巷尾热议的焦点。

在此之前，无论土拍市场，或是在售、待售的楼盘，长田新区籍籍无名。

这场在达州掀起的热浪，延续到了 2022 年新年伊始，长田新区应急救灾指挥中心及城市停车场工程完成政府审计工作，又一轮崭新的城市理想正展开双翼。人们从这里，看到了达州未来的样子。

这项工程，为长田新区建设项目画下了一个美好的句号，它标志着长田新区建设项目所有子项目全面竣工。

对于参与这项工程投资建设的中国电建成都院而言，这不仅仅是一个央企躬身入局的实力与情怀，更是"深耕城市、运营城市、服务城市"的创新布局与产业理想。

对于长田新区而言，对于达州市而言，这不仅仅是一个城市建设项目，它托举着"中国圆心城"直冲云天的雄心壮志。

事实上，这个宏大理想，早在 10 年前就已生根发芽、破土而出。

2012 年，四川省政府审议并通过了新修编的《达州市城市总体规划（2011—2030）》，规划期内重点发展达州经济技术开发区、西城片区和南城片区外围地区，拓展河市片区与亭子新区，优化提升老城片区，现代城镇体系的美好蓝图已经绘就。

按照"稳定增势、追赶跨越、加快发展"的工作基调，达州经济技术开发区以"一区两片多园"和"专业化、园区化、集群化"为思路，以工业化为核心、城镇化为依托，以"打造千亿园区、争创国家级开发区"为发展目标，规划有天然气化工区、冶金建材产业园区、汽车及机械加工区、新兴工业区、现代物流区等 5 个产业功能区和以总部、金融、行政、生活为重点的城市功能配套区。

在这份蓝图中，长田新区的功能定位格外明晰——达州经济开发区的生产服务管理和生活配套区，集园区管理、企业总部、金融贸易、生活居住、商业配套及城市休闲等功能为一体，生态优美，具有自然山水的生态型城市新区。

2013 年，达州市政府通过长田新区控制性详细规划，长田新区的建设大幕随之开启。

"长田坝"旧貌绽新颜

10月16日，长田新区项目建设的前期工作正式启动，成都院人站到了建设"中国圆心城"的舞台前沿。

此时的长田新区，还是当地人口中的"长田坝"。

晴时灰尘雨时泥，600余户民房凌乱散布，一条2.5米宽的机耕道是唯一出入通道。人们对这片土地即将发生的改变，喜忧参半，将信将疑。

长田新区规划总面积约12.75千米^2，中国电建采用投资＋施工总承包模式（BT）进行建设，项目涵盖市政道路、综合管网、房屋建筑、园林绿化、生态湿地等，由中电建路桥、中国电建成都院、水电七局共同投资建设，包括19个子项目，累计完成投资约17.71亿元。

2015年8月，中国电建成都院正式进场开工建设，施工项目包括火烽山隧道、大尖子隧道、经开大道、玄武岩纤维产业园项目场平工程以及长田新区一、三、四、六等次干道，最终完成产值9.2亿元。

建设者们为长田新区带来了建设资金和尖端技术，精益求精的钻研精神，更是渗透到建设过程的细节之中。长田新区的版图上，一个个生机无限的现代化城市建设项目正如火如荼地行进。

玄武岩纤维产业园，是达州市经开区建设的重要布局之一。产业园建设场地平整工作工期紧、任务重、要求高，成都院项目建设团队时刻绷紧责任之弦，聚焦攻坚总体目标，仅用三个月时间，就完成了产业园一期2000亩的场平工作，为四川省首个玄武岩纤维产业园的招商工作提供了高效快速的支撑。

2017年底，火烽山隧道、大尖子隧道正式通车，达州市主城区的交通压力由此缓解分流。人流、物流、资金流在这片土地活跃重构，整个长田坝区域乃至达州市的区域经济发展动脉也由此打通。

"长田坝真的变了！"达州老百姓发现，曾经脏污的水凼凼，已是轮廓初成。青山绿水，换了新颜。

宽阔的道路纵横交错，梨树坪湿地公园碧波荡漾，火烽山、大尖子山巍巍矗立……如同城市花园般的景致，让越来越多的人选择这里安家置业。

因为他们相信，安居定能乐业。

长田新区的未来前景，吸引了一汽大众、川投集团、天一航旗、秦巴轻工园、西南国际商贸城等众多企业客商扎根沃土。

从长田坝到长田新区，这片土地已经完成了"破茧"蜕变，一座现代之城、生态之城、希望之城正整装待发。

作为中国西部地区重要的物流枢纽城市，达州被列为四川省培育的百万人口以上特大城市；在《成渝经济区区域规划》"双核五带"发展布局中，达州位于渝广达发展带；在国家新一轮西部大开发和加快革命老区发展中，达州将得到更多的项目、资金、政策支持……

中国圆心城，梦想已照进现实！

（李家锐　邓君恒）

第四章　承 国家之策

——建设清洁能源

舞动"大风车"，成就越南最美风景

富叻风电场一期工程，位于越南中部平顺省绥风县，总装机规模为 24 兆瓦，是越南首个"国字号"风电项目。2016 年 9 月 19 日，项目业主签发越南富叻风电场运行移交证书。至此，12 台风力发电机组迎着弥漫着大海气息的风，舞动着，为越南带去光明和动力，也成为越南一道亮丽的风景线。

"样板工程""越南第一个按期建成的新能源项目"……该工程受到诸多赞誉。而顺利完成这一越南国家风电示范项目的，竟是头一回在越南承担风电总承包的中国企业——甚至，这是成都院真正意义上首次进军海外 EPC 总承包市场。

一个新的开始 成都院的首张考卷有点难

越南，正面临着在未来几十年之内的能源短缺，其经济增长和快速发展需要大量的能源，而能源与资源的消耗，将增加温室气体与二氧化碳的排放量。根据这种矛盾的发展状况，越南将国家再生能源发展战略提上日程。

由于越南国内资金条件的制约，基本无法进行大规模投资建设，需要通过外来融资的模式对资金合理运用。越南富叻风电一期项目虽为本土项目，但聘请了德国 FICHTNER 公司作为项目咨询公司，项目资金 85% 为德国复兴银行（政府）优惠贷款，其余 15% 资金由业主自筹——也就是说，这一项目，使用了德国的援助贷款与技术标准。

该项目采取国际招标的方式，在全球范围内遴选 EPC 总承包商。顾问国际公司通过激烈的市场竞争，击败包括来自项目融资国德国公司在内的多家风电项目承包商，成为该项目的 EPC 总承包方，成都院承担项目的具体实施工作。项目合同工期 14 个月，完建后还将承担其后 60 个月的运行维护工作。

作为成都院首个国际 EPC 总承包项目，其执行的成败，关系着成都院在海外 EPC 总承包市场及集团内的名声和信誉。成都院领导决策层对项目执行给予了高度重视，通过精心甄选，配置了项目执行团队骨干成员。

在富叻风电 EPC 建设工作正式启动前，成都院派出 4 人"出国探路"，开展前期工作。根据规划，项目拟采用属地化建设模式，设计、施工及部分主要设备供应由越南当地单位实施。开展前期工作期间，成都院工作小组与项目设计、采购、施工各专业当地潜在分包商进行洽谈。结果发现，成都院在越南市场的第一次大考，并不轻松——项目面临着各专业交叉多、管理协调难度大、EPC 合同结算货币贬值等不利局面。

都说"好的开始是成功的一半"，成都院作为四川省首个风电项目的投资与建设者，已经在国内德昌、西昌等众多风电项目中积累了许多成功经验，可面对这陌生的环境，面对这种种的不利，成都院的大风车到了国外，还"玩得转"吗？对于成都院来说，这是一项艰巨的挑战，成都院项目团队的同志们，也深深地感觉到了肩上担子的重量……

面对海外的风 项目管理如何站稳脚跟

由于国际货币汇率变动，欧元遭遇了近 10 年来空前的贬值危机。按当期货币汇率结算情况及后续欧元走势，该项目已经成为预亏项目。作为预亏项目开展现场的施工管理，难度增加了。

成都院充分认识到开拓国际市场的重要性，本着为院战略转型发展的需要考虑，作出明确部署及安排，对项目管理提出了极高要求。

与时间赛跑！成都院项目部充分考虑建设属地化模式的特点，加快与推荐分包商的分包合同洽谈工作，争取尽早签订分包合同，确保按计划实施建设工作。

2015 年 7 月中旬，成都院团队再次踏上陌生的土地，在项目经理郝敏及项目顾问陈靖的带领下，开始进场工作。7 月 21 日，项目正式开工。

还在勘测设计与施工准备阶段，各项工作就已紧张有序地进行。项目部积极进行现场地形测量、地质勘查的同时，完成了风机主机设备采购合同的签订，并同步开展工程土建和电气设计工作。

项目分标规划初步确定分为 18 个标段，除风机主机设备生产、运输为越南国外分包商实施外，其余标段分包商均为越南本国公司。成都院将在勘测、设计、设备材料供货、施工、运输、财务及税务等方面，与越南本土公司进行广泛合作。

9 月 14 日，项目施工营地建设动工。越南富叻风电场建设实质性实施的序幕拉开了。成都院项目部未曾放过任何一个影响工程建设质量、进度和投资的细节，在对勘测设计、合同签订、财务税务进行全面管理的同时，加强了现场施工管理，其中 HSE（健康 Health、安全 Safety、环境 Environment）管理更是工作的重点。项目部秉承成都院企业精神，以全方位卓有成效的管理，以全力提供优质服务的诚意，严格履行 EPC 合同，节约项目投资，全面控制进度。

事实证明，成都院项目团队通过完善的管理体系和优质的管理能力，真正实现了一体化管控。

回顾整个项目的执行过程，包含 EPC 分包承包商在内，项目参建单位达 20 余个，共有来自 10 个国家及地区的人员参与。项目部通过精心策划，根据建设实际需求，共划分了 21 个合同标段，最大程度地利用了工程属地优秀分包资源。这也为成都院深入探索越南市场，建立良好的地缘关系，提供了有利条件。

首次亲密接触"接地气"的成都院海外获赞

前往陌生的国度，接触不同的文化，除了克服语言关，"磨合"是必要的过程。成都院项目部与业主刚认识不久，便举行了一场"别有用心"的比赛。

2015 年 8 月 4 日，成都院项目部进场两周。处理各项工作的同时，成都院团队还在积极适应地域间隔，克服语言障碍、技术要求差异、文化理念差异等诸多困难。

此时业主发来盛情邀请，希望与成都院项目部来一场"足球联谊"。比起繁重的工作，这无疑是个"利好"消息！

可这场"国际赛事"要是输了，好没面子。要是赢了，他们会怎样？

比赛当天，业主方负责人宣布规则：双方人员混编组成四个队，淘汰赛制，每场比赛 15 分钟。原来如此！这是一场真正意义上的友谊比赛。大家深深领悟到业主这套"别有用心"的比赛方案的真正目的，这也是项目部得到越方接纳和认可的强烈信号。

通过球场上的磨合，双方人员的共同语言不自觉多了起来——普通话、越南语外加英语，多种语言组合沟通，气氛热烈、欢笑连连……有了这第一次的亲密接触，虽然冒着酷暑，大家的心却感觉畅快。

过了业主这关，面对咨询方、投资方的德国朋友，面对极为严格的德国标准，成都院团队从未马虎，带领分包商一丝不苟地开展建设工作，全力推动工程建设进程。

富呦风电项目在建过程中，投资方德国复兴银行对项目的建设状态及 HSE 落实工作一直保持着高度关注。2016 年 3 月 1 日，投资方德国复兴银行前往越南富呦风电场 I 期工程项目现场，进行了为期 2 天的访问。

这是成都院项目部与复兴银行的第一次正面接触。

交流过程中，复兴银行高度赞扬了成都院在项目建设中的专业与奉献精神，并在与越南国家电力公司的会晤中，肯定了成都院项目团队的管理水平，并决定将富呦风电一期项目，作为复兴银行与越南国家电力公司合作开发新能源市场的样板工程，在越南进行推广。

另外，成都院项目团队在繁忙的工作日程中，依然挤出时间和驻地社区互动，开展了慰问在校贫困少数民族儿童，向地方中学提供力所能及的助学资金，义务清理旅游景区的海滩白色垃圾等公益活动，同越南政府及地方民众建立了和睦友好关系，树立了中国企业的良好形象。

不怕吃苦的人 他们让承诺在点滴中兑现

面对艰苦，不怕吃苦；面对预亏，不怕吃亏。成都院越南富昀风电场现场项目团队，是一个睿智、顽强、进取、团结的战斗团队。

项目管理团队由成都院控制部、工程部、采购部、新能源处、财务部抽调的精干人员组成。项目建设经过不到13个月，其中现场土建施工及安装有效时间仅仅只有6个多月，时间不长，收获不小——在越南项目现场，他们和越南各项目干系人建立了友好的关系，还"就地取才"，招聘并培养了5名越南籍员工。

在这个炎热湿润、充满激情的国土，一批乐于挑战的成都院人既忙碌，又充实。常驻现场的生活较为不便，大家如同亲人般，照顾彼此。"团结一致，协同作战"，是项目部常提起的一句话。

越南与我国一样，有过春节的风俗和习惯。2016年春节，按照越南官方规定，在此期间必须暂停工程建设。成都院项目部为保证春节大假期间工地安保安全，以及节后及时复工并进入全面建设施工状态，按照集团和成都院的既定部署，在春节期间安排人员驻扎工地，继续工作和值班。

项目管理顾问陈靖和施工监理兼安全总监李涛，主动放弃了与家人团聚的机会，坚持继续驻扎工程现场。虽然已有4个月没有回家，但是为了倾力做好项目建设现场管理工作，"这点苦也不算啥子"。

控制部的徐恒，是成都院项目团队里的"菜鸟"，也是"老幺"。刚从学校毕业的他，有幸得到机会参与该项目。"虽然偏远，但是有干净卫生的办公和生活环境，再加上地处海滨县城，每天都可以吃到不少海鲜，也算是可以和国内的小伙伴嘚瑟一下。"作为新人的初体验，看来他的心情不错。徐恒表示，总承包现场合同管理工作是一个长期且渐进的过程，工作经验需要慢慢在具体项目活动中积累。"每天看着自己规划的项目像孩子一般成长、成熟，这大概是我能想到的，对项目工作者最大的赞誉了吧。"

成都院团队经过了 13 个多月艰苦卓绝的努力，克服了国别文化的差异、语言沟通的困难，经受了酷热大风恶劣自然条件及生活条件困难的考验。针对项目资金到位严重不足、对国外管理对标要求不熟悉、业主及其德国顾问管理要求极其严格、分包商对分包项目实施及管理理念差异等具体问题，采取群策群力、加强沟通、督促落实等方式，予以及时解决，成功实现了工程勘测设计、设备采购、土建施工、风机及升压站安装调试、升压站投运等项目建设控制目标，并在过程中时刻注意做好职业健康环境控制和社会影响控制，未发生任何责任事故，确保了富叻风电项目安全、高质、高效地完成建设。

正是这种以工地为家、舍小家顾大家的奉献精神，仔细严谨、吃苦耐劳、团结高效的工作作风，为成都院开展海外工程建设积累了宝贵的经验和精神财富。

交出满意答卷 成都院有诚意更有实力

2016 年 9 月 18 日，越南共产党中央政治局委员、中央书记处书记兼中央经济部部长阮文平率队访问富叻风电场。阮文平对成都院承担的项目如期建成给予了高度评价，称赞本项目为越南第一个按期建成的新能源项目。越南多家地方、国家电视台及媒体网站对阮文平此行进行报道，称赞项目建设让越南多家企业提升了建设经验。

此次成都院走出国门，开拓海外总承包市场，以优秀的履约能力，为电建集团海外项目增添光彩。项目的顺利完成表明，成都院在越南工程总承包市场"进得来、站得稳"，还能"走得远"。

成都院团队在工作过程中，积累了大量工程管理经验，打造了一支精明睿智、工作严谨、吃苦耐劳、团结协作的 EPC 总承包管理精英团队，获得了极其宝贵的海外 EPC 项目执行经验。

越南富叻风电项目部在越南开展具体项目执行工作的同时，临时驻办机构已经开办。成都院在立足于项目自身建设的同时，也为成都院在海外亮出一张名片。

通过项目的成功实施，彰显了成都院的建设管理能力及雄厚的技术、经济实力，在越南树立了优秀总承包商形象，确立了成都院在新能源领域的领军地位。

出于为后续海外 EPC 总承包项目拓展提供有效经验及指导的目的，成都院项目团队组织进行经验总结，准备在后续项目中推广，为成都院开拓越南及其他国际地区新能源总承包市场，奠定坚实基础。

成都院的脚步没有停下，也不会停下。迎风而上，优质履约，成功走出国门的成都院，将在继续加快战略转型升级、做优做强做大海外总承包的道路上，走得更加自信、从容。

（李 爽 陈 靖 邱 云）

别样的风

你见过的风，是什么样子？是绿杨结烟垂袅风，是水榭风微玉枕凉，是东风夜放花千树，是春风拂槛露华浓？

对于已在哈萨克斯坦札纳塔斯 100 兆瓦风电项目部驻守两年的执行经理李兴华来说，风不是浪漫，它充满理想与能量，它是"夜阑卧听风吹雨，铁马冰河入梦来"的磅礴浩荡。

800 多年前，南宋诗人陆游写下这千古绝唱，渴望以身报国的爱国情感炽烈滚烫。远在异国他乡的李兴华，时刻为这句话而心潮澎湃。

风之力量

2021 新年第二个周末，哈萨克斯坦札纳塔斯市郊寒风呼啸。收音机里正在播报未来数日将迎来极寒降温天气，部分地区气温将低至零下 40 摄氏度。

李兴华习惯性拿起手机，熟稔地拨出一个号码，却在电话铃响起一声后匆匆挂断。他突然意识到，这是一个永远不会再有人接听的电话，万水千山之外，电话那头再也不会有母亲温暖的声音。作为项目执行经理，李兴华工作以来的每一个新年，几乎都在项目现场的忙碌中度过。新年第二个周末，是母亲的生日，给母亲去一个电话问候报平安，是他多年来的习惯。

4 个月前，李兴华的母亲突然病危入院，进行开颅手术。所有人都在劝他立即起身回国。一边是亲情，一边是项目建设节点，李兴华犹豫了。

2020 年 9 月底前，必须实现首批风机并网发电，此刻距离目标节点仅剩 55 天，项目建设正处在最不容出错和停滞的关键时期。疫情之下，即便动身回国，也要经历漫长的隔离期，重返项目同样需要再次隔离。

李兴华明白，高质量、高水平、高效率推进项目建设，不仅仅是展示中国电建的优质设计方案、先进工程技术、卓越管理能力，更代表着"一带一路"上中国企业的务实形象。作为执行经理，此时离开势必会严重影响进度。随之影响到的，是中国电建的信誉和担当，以及中亚市场的后期开拓。

在中国电建全球化版图中，哈萨克斯坦有着举足轻重的地位。早在2013 年 9 月，国家主席习近平在哈萨克斯坦首次提出共同建设"丝绸之路经济带"倡议，一个月内，他在印度尼西亚提出共建 21 世纪"海上丝绸之路"倡议。哈萨克斯坦由此成为"一带一路"倡议开始的起点。为了提升哈中经贸合作，为哈萨克斯坦经济带来新的动力，两国政府落实产能合作计划，其中就包括札纳塔斯 100 兆瓦风电项目。

抉择是艰难的。李兴华记得那个格外漫长的夜晚，窗外风声飘摇，他心里却渐渐注入了一股巨大的力量。晨光初起，彻夜不眠的李兴华满眼血红，与亲人反复确认母亲暂时无恙后，他遥对家乡的方向，请母亲再给他一点时间，等儿子归来。

风之挑战

地处北半球风带的哈萨克斯坦，拥有强对流气候，常年盛行东北风和西南风，50% 的地区年均风速为 7~8 米 / 秒，不少地区可达到 9 米 / 秒，是世界上最适合开发风能的国家之一。

由中国电建成都院实施的札纳塔斯风电 EPC 总承包项目，年发电量 3.5亿千瓦时，能满足一百万户家庭的用电需求，有效改善哈国南部电力结构，为环保事业和去碳化起到示范作用。

2018 年冬寒料峭，冷风萧瑟。李兴华率领项目团队，开赴哈萨克斯坦，启动札纳塔斯建设。作为哈最偏僻地区，札纳塔斯经济形势下滑，失业人数增多，社会治安环境堪忧。

他带领项目部拜访札纳塔斯市长、政府各部门和当地长老，详细介绍项目情况，扩大社会影响；他直面当地黑恶势力头目，动之以情晓之以理，反复拉锯、抗衡、博弈。项目建设，终于获得了执行的基本条件。

然而，一轮他未曾预料的新挑战才刚刚开始。

2020 年 1 月，项目送出线路和升压站土建施工紧锣密鼓地进行，工人们顶着彻骨冷风安装箱变等设备。此时，国内新冠肺炎疫情暴发的消息传来，李兴华第一反应是：签证政策可能发生变化。他果断提出，将原计划办理签证延期手续的时间由春节后改为春节前。这一方案，意味着项目部成员春节期间有可能无法回国团聚，但所有人都选择了认同。这是一次具有前瞻性的决定，全体人员通过签证续签的 8 天之后，哈政府宣布，暂停中国人员签证办理。

李兴华迅速组织项目部编制疫情防控应急预案，开展应急演练，采购抗疫物资。后来，哈萨克斯坦疫情严重，项目所在地更是位于重灾区，防疫任务异常艰巨。项目营地实现封闭管理加网格化隔离，严格做好疫情防控多项措施，督促保安加强夜间巡视，参与各方保持通信畅通，实现了零疑似病例和零确诊病例的双零控制。

风之起舞

哈萨克斯坦即将停飞所有中国航班的消息传来，刚回国一周的李兴华毅然选择了逆行。他辞别母亲和家人，带领团队辗转北京，赶上了赴哈的最后一趟航班。

李兴华没有想到，这次和母亲的道别，就此成为永诀，他再也无法拥抱那个白发苍苍的老人。

重返建设一线，李兴华肩头沉甸甸的任务就是抗疫复工复产，确保项目不停工。

每年十月就已入冬的哈萨克斯坦，大雪、结冰、低温、大风，无一不对项目建设造成严重影响。此时正是项目升压站设备安装高峰期。李兴华事必躬亲，严格执行疫情防控措施，带领项目团队投入到施工过程中，甚至干苦力、打下手。通过微信群、视频指导会等与厂家远程沟通，及时解决技术难题。在充分确保人员、基础、设备等安全的前提下，项目建设稳步推进实施。

凛冬中，参建各方斗志昂扬战风雪，4 月中旬，升压站已具备带电条件，整体进度超出了预期。

在十多年项目管理工作中，李兴华将人生理想深深扎根在了他所建设的每一片土壤。从四川风电，到非洲苏布雷水电站，再到中亚札纳塔斯项目……李兴华一路走来，收获了荣誉，以及荣誉之外的很多东西。

比如，坚韧。长期疲劳和压力让他的健康出现问题，但他没有一句怨言，每年坚守项目现场近 300 天。比如，柔情。身在异乡的现场人员，在疫情笼罩之下不同程度出现了失眠、焦虑等状况，他利用空闲时间，开展团队建设，舒缓员工心理压力，增强团队凝聚力。还有无畏。面对黑恶势力的胁迫，他选择了稳定项目部军心，独自勇敢面对。

人们看到的李兴华，永远带着笑容，冲锋在前。

9 月 26 日，项目首批风机并网成功。这是一份疫情下交出的成绩单，比原计划目标提前了 5 天。

"没想到疫情之下，中国企业能用这么快的速度达成目标！"面对项目业主的高度认可，李兴华感受到了作为中国建设者的骄傲，这是中国电建速度，这是中国速度！

李兴华舒了一口气。但这一次，他没有笑，他惦记着还躺在病榻上的母亲。归心似箭的李兴华，终于克服疫情下的重重阻碍踏上回乡路，经第三国转机飞抵祖国。在广州 14 天疫情隔离和成都 7 天居家隔离解除之后，带着满身风尘辗转抵达南充老家。然而，李兴华没能见到母亲最后一面。那个此生最爱他的人，最终没能等到儿子归来。

树欲静而风不止，子欲养而亲不待。从小，母亲就教育李兴华，男子汉就要全力以赴、肝胆相照。李兴华这样去做了，他用最朴素的行动证明了一名中国建设者的不凡。

元旦刚过，李兴华再次踏上了奔赴哈萨克斯坦的旅程，开展札纳塔斯风电项目后续工作，以确保项目 8 月底实现全容量并网发电。

"夜阑卧听风吹雨，铁马冰河入梦来。"李兴华伫立在札纳塔斯的冰原之中，风卷起漫天飞雪。他相信，在风的另一边，母亲一定会为自己微笑，像从前一样。

（邓君恒　邱　云）

做风电，就得有点"疯"劲

随着最后一车商品混凝土卸料、振捣、收面结束，哈萨克斯坦谢列克60 兆瓦风电项目首台风机基础浇筑完成，标志着项目主体工程施工进入了一个新的阶段。

谢列克风电项目于 2019 年 6 月 21 日签约，合同要求 2020 年 8 月 31日 24 台风机全部并网发电，另外购电协议（PPA）对 2019 年 9 月 8 日作了进度节点要求，致使整个项目呈现"两头紧，中间难"的严峻态势。

"兄弟们，让我们一起疯！"这是成都院总包团队进场后定的调。总包团队也正是凭着这股"疯"劲，全力推动项目进度以满足工期节点要求。

夜以继日的"疯"劲，推动首台基础具备浇筑条件

总包团队自 2019 年 7 月中旬进场后，面对当地文化、社会、分包商管理等综合因素的制约，"5+2""白＋黑"已成为他们工作的常态。

哈国悠闲的文化和人口紧张的国情致使项目初期人力资源紧张，也曾一度让项目团队有着"工人不够，我们上！""脑力、体力一起使！"的疯狂想法。当地分包商提供了外围稳定的社会环境，但施工组织策划能力的欠缺迫使总包团队深度参与到现场管理，"以教强管"，与分包商共同制定总体策划、周计划、日计划以及资源调度等工作。

另外，总包管理团队在过程中不断总结，共同探索当地分包商的管控之道，启动"分级督促""高频督促"等机制，使工作压力由其总部高层快

速下传至现场，提高现场工作执行力。

在总包团队的不懈的努力下，工程施工逐渐步入正常轨道，现场管理呈现良好状态。8月28日，项目也于迎来了首台风机浇筑的重要节点。

全方位协同的"疯"劲，保证首台风机基础浇筑成功

受设备通关影响，自建混凝土拌和系统还未具备生产能力，9月8日PPA工期节点要求倒逼总包团队产生了"远距离、大体积商品混凝土浇筑风机基础"的疯狂想法。

设计487米^3，172千米运输距离，30辆罐车双趟循环浇筑。这在国内也是极为少见的。这种疯狂想法的背后是总包团队缜密的考虑和团队协同的能力。

浇筑前，总包团队对每一个环节精细策划：多次试车测算罐车运输时间；实地考察拌和站，计算洗车、下料、拌料等时间；统筹策划浇筑方案，每台车发车、到场、浇筑时间精确到分；提前现场布置浇筑设备、人员、养护等。

浇筑中，现场人员对到场的车载混凝土进行质量管控，确保各项指标达到标准。有条不紊安排卸料，确保混凝土连续浇筑。同时，拌和站人员和现场浇筑人员从凌晨4点至晚上10点全程18个小时保持信息畅通，动态实时更新到车信息，以方便团队动态调整发车和卸料时间。

2019年8月31日现场拆模后，基础表面平整光滑，由内到外透出一种坚实的力量，标志着首台机基础混凝土的成功浇筑。

全力以赴的"疯"劲，满足项目PPA进度节点要求

首台机的成功浇筑增强了项目团队的信心，更坚定了团队这股"疯狂劲"。此时，团队早已兵分两路，共同为满足项目PPA要求而努力。

国内，团队成员按照之前周密的行程策划，不辞辛劳带着业主、监理等早出晚归，走访考察国内长春、大丰、盐城、西昌等地厂家的设备生产情况。

现场，团队成员对首台风机基础商品混凝土浇筑经验进行总结，进一步优化商混浇筑施工方案，确保浇筑质量，并制定后续浇筑计划与方案。

成都院项目团队懂得谢列克项目的意义和分量。该项目被列入中哈产能重点项目清单项目。项目建成后，年发电量2.3亿千瓦时，将有效促进哈萨克斯坦电力结构调整，缓解哈萨克斯坦南部用电紧张和季度性缺电的现状。

　　"做风电，就得有点疯劲"，这是谢列克总包团队的口号，更是他们的工作态度。总包团队将继续凭着"疯"劲，以雷厉风行的作风，全力以赴满足PPA进度节点及项目总工期的要求，用成功的履约为成都院在哈国后续风电市场带来新的契机。

（龙海涛）

干好了，才能有个交代

数九寒天，大凉山。

德昌大六槽乡一栋居民楼，升起腾腾热气。

这是成都院德昌山地风电场总承包项目部所在地。

这一天是德昌铁炉风电场建成投产之日，也是项目开工以来的第二次除夕团聚过年。

"兄弟们，大家辛苦了，今天踏踏实实地睡个觉！"项目经理陈光提了一杯，一饮而尽。声音中带着几分颤抖。

道路再难，也要登上山顶

山地风电项目，最大的难点在于征服"山"。从场镇上山至垭口，20多千米的乡道，海拔攀升1500米。道路连续曲折回环，高度快速拉升。

转晕了才到达垭口，但距离设计的升压站位置还有三四千米。此时的路况变得愈发复杂。路面没有硬化，加之雨季一来，变成了泥潭，八缸的越野车都犯难。

运输设备的车辆根本进不去，升压站在直线工期上，如果不能按时完工，将直接影响总工期，投产发电就只能后延了。

时间等不起，项目部当机立断，开始换填，修整。初步估计，换填这短短三四千米需要3万米^{3}石料。如果从附近就地取材，势必涉及砍伐，影响植被和环境。

在涉及生态的问题上，项目部没有任何犹豫。料源方案很快确定为外购，运距 50 千米。

运输成本增大了，但建设者心里却踏实了。

一台风机，由三组叶片、塔筒、机舱、轮毂、发电机等主要构件组成。叶片半径为 61.9 米，是四川省风电场中尺寸最大的叶片，足有 20 层楼高。机舱设备 120 吨，相当于 30 头大象绑在一起的重量。

项目部挑战不可能，这场声势浩大的长距离运输便在弯折道路上开始了。

而第一台运载车辆上山，用了整整一周。

大件运输，山高坡陡。上下道路只有一条。场内交通布置没有先天条件，83 台风机却要在规定时间内就位。问题还不仅仅来自于此，这条唯一的乡道还承担着附近矿区出矿、地方农户进出的功能。

"无论如何，一定要保障当地运输车辆通行顺畅。"陈光已经忘记签过多少承诺书，保证在运输过程中不影响铁路桥、林地和交通，承诺对设备上山过程的在途风险负责。

面对各方压力，常常乐呵呵的陈光也有睡不着的时候。他明白，只有自己扛起担子，项目部的兄弟们才能放得开手脚。

责任压到项目部，方法只有一个：调度管理，统一协调。

项目部综合办胡健，调度车辆时必须认真盘算，他要最大程度满足现场用车需要，又要保证每个驾驶员充足睡眠。忙的时候，他大半年都回不了一次家。他的微信头像，是一台离天空最近的风机。他说，孩子一看到，就知道爸爸在干什么。

20 多千米的上山路上，头发花白的郑建民、肤色黝黑的陈景和步履匆匆的刘培禄，三位项目副经理在各个交通控制点上来回张望，有点气喘，脖颈上血管显露出来。

"老刘，6 号车上你那儿去了，那个弯道要打三把方向才能过，听到没得？"郑建民各种建设路况都碰到过，老道，把得准。

"晓得晓得。大家都尽量把半径控制住，不要让叶片扫到树了！"刘培禄急了。

"啥子数？听不到！机舱车上来了，爬不动了，等我先看车！"个儿不高的陈景一溜烟就跑去了，像极了一道变形了的黑色闪电。

刘培禄听着对讲机里传出的沙哑声音，还有丝丝的电流杂音。又把对讲机信号拨到现场通道，一路小跑冲了过去："快点！重车来了，准备牵引，动起来！"

整片建设区域没有通手机信号，通信靠对讲机吼，消息基本靠挥手。

项目部不记得囤过多少喉片喉糖。但大家都记得，重车上山时间由最开始的一周，已经缩减到 24 小时。

3000 多次大件设备进出"天路"，实现了车辆零事故、设备零损伤。有人说，这样的成绩，在高速公路上也很难做到。

风机再高，也要立在云端

规划设计者沿着山脊选定的风机位，独立而迥异，以最大程度接受风的能量。

项目副经理赵铁山，在山道上连爬带走，不知往返多少回，对这些机位熟记于心，每个机位需要征地多少了如指掌。

18 米的风速卷着雪花砸在脸上的时候，让人对山下通透的阳光生出无限渴望。海拔超过 3300 米，对身体是一种考验，对工程建设也是一种挑战。

风机越大，塔筒越高，对基础的要求就越高。配合比选择、混凝土温控防裂研究、预应力锚栓试验……要解决的问题不少。混凝土连续浇筑，从运输、入仓、振捣，关键环节除了监理旁站，项目部也随时待命。山顶上的连续作战，甚至会让人忘了白天黑夜。

"混凝土质量咋样""保温被及时跟上了没""罐车到哪儿了""感冒还没好哇"……呼啸的风中，频率最高的几句话总是在回响。

"人着凉都行，混凝土可要保暖"，他们已经把感冒药当成了办公桌上的必备品。不到二十人的团队，每天总有几个人感冒发烧，咳嗽声此起彼伏。

浇好了基础，小平台吊装又遇到了新难题。由于场地限制，设备不能堆存。来了就要吊，吊了就要装，装了就要走。一台吊装，一台预备，一台待命，就是保证作业连续流畅，更要确保安全。

针对吊装、拆卸、安装，项目部不知道出了多少专项方案。而每一项、每一条、每一款都凝结着团队在实践中摸索的经验。

也就是这样的经验，才保证了83台风机、1000多件主要设备吊装的"零事故"。

天蒙蒙亮，不满三十岁的康莙佰和驾驶员刘茂醒已经出发准备上山。

"刘师，你今天开得慢哦！"

"是撒，昨天接设备厂家来的人，上山一路吐了三盘，整安逸了。"

"我刚来走这路还不是一样，现在练出来了，感谢你把我的晕车治好了啊。"

越野车里两人说着，笑声回荡在寂静的山林里。这一次，是重复无数次登塔验收最平常不过的一次。

不多久，海拔到了3360米，这是33号风机平台所在的高程。康莙佰拍了下有鸣响的耳朵，搓了搓手，拿出验收单再次确认了下要点。准备爬塔了，幽闭的塔筒内，噪声被多次反射叠加。

这里山上山下两世界，塔内塔外两重天。塔外零下几度，塔内却压抑闷热。山顶含氧量不高，康莙佰徒手攀爬铅直的爬梯，背着安全绳，没爬几步就大口喘气。

安全员张欣摸索出爬塔筒的一套经验。先紧握扶杆，手腕用力，胳膊使劲，抬腿找到步梯，然后深深吸一口气。越往上，塔筒在大风的吹动下摆幅越大，像海浪上的船，攀爬者眩晕感迎面袭来。

每一次爬到机舱，要这样重复300多步。

到了塔顶，开始正式工作：检验叶片轮毂、主轴力矩，检查盘柜、主线缆接线……

把脚步留给大山。项目部仅验收检查风机的攀爬高度已经超过了两个珠峰。

项目再难，也要干出名堂

德昌县的麻栗镇本是一个农业小镇，现如今成为四川风电开发的"第一镇"。

2010 年，德昌安宁河峡谷风电场一期示范项目在此开工建设，拉开了四川风电开发的序幕。这个带有试验性质的项目，虽只有区区 8 台机，装机仅 1.6 万千瓦，却有着不同寻常的意义。

作为我国内陆大省的四川，尽管能源储备丰富，但在风能这一新能源项目上，却有些尴尬，一直未有风电的影子。四川省迫切希望打破这一僵局。

成都院肩负了这个使命，历经艰辛，投资建设的德昌项目，在不断摸索中竟然十分成功，让四川风电开发走上正途，带动了四川整个风电产业极大发展。

从西昌沿京昆高速一路向南，两百多台的风力发电机矗立道路两侧，近百米高的塔筒上叶片徐徐转动，与成昆铁路、京昆高速、绵延的大山相融，形成安宁河谷一道独特美景，在大风机下拍张婚纱照成为当地年轻人结婚时髦的选择。

每个路过的成都院人，应该都有满满的自豪感吧。

现在，这条风电长龙还在继续延伸，爬上了茨达山，站上了高高的山脊。

茨达、铁炉风电场，是典型的高原山地风电项目，也让成都院在大凉山建设的风电数量突破 10。拿到德昌山地风电项目时，项目团队就掂量出其中的分量。这是德昌首个高原山地风电场，四川省在建规模最大的新能源项目，与多年前成都院进军四川首个风电，颇有几分类似意味。

就是这么一个团队，以成都院强大的管理经验和技术能力为依托，发挥多年建设经验，终于实现了建设目标。83 台风机从吊装到并网，一次投产成功。设备之多、战线之长、投产之顺，刷新了山地风电建设史上一次投产设备最多、投产时间最短的纪录！

问及项目遇到了哪些困难，攻克了哪些难关，每个人都不愿多说。其实，只要坐一次车到山顶，那种艰难的画面就会自然而然地跑进脑海，答案自明。

不过，他们都憋着一句心里话：干好了，才能给公司交代，给自己交代！

尽管没有豪言也没有壮语，那种憋足干劲后的释然，让人顿觉可敬可爱。

陈光很自豪。他说，这个团队的每一个人，没有一个孬种！这是团队走到今天，并干出一点名堂的最大法宝。

从河谷走来，向山地走去，成都院从中积累了风电建设的成套经验。短短几年，成功实现了从 1 到 10 的跨越。

德昌风电建设，有助于实现四川电源结构多元化，缓解四川电网枯水期电量不足的局面，有效减少发电煤炭和排放的二氧化碳，可以让天更蓝、山更青。创造的就业岗位、拉动的社会经济也一定可以让彝族同胞过上更美好生活。

这是建设者乐于见到的图景。而这些图景已经变成现实。项目部所租民房的租金，相当于一名劳动力在外打工的收入。房东的女儿，在项目部担任秘书。一家人脸上的笑容，像花一样。

从风居住的山巅，到风居住的海面，成都院追风者将沿着风的轨迹，继续走向海上、走向国际，乃至走向未来。

我们坚信，从 10 到 100，这一天不会太远。

疾风烈日，是风电场上的快意江湖。

建设使命，是成都院扛在肩上的责任担当。

（邱 云 杜长劫）

起航万家山

　　四川省攀枝花市盐边县金沙江左岸的炭山坡坡顶，本是一片寸草不生的荒地。现如今，荒地竟成了"海洋"。极目远眺，一道道湛蓝的"波浪"起起伏伏，金色的阳光洒下，"海面"上顿时波光粼粼。驱车前往，沿着螺旋式上升的山路好不容易爬上陡坡，走近一看，原来是一块块蓝色的太阳能电池板组成的光伏阵列，一字排开，蓄势待"发"。

　　2015年1月30日，万家山光伏电站119430块电池组件全部安装完成。这座由成都院以总承包形式开发建设的世界最大山地光伏项目群的首期工程，进入了最后冲刺阶段，已具备投产发电条件。

花城阳光照亮新能源之路

　　攀枝花盐边县是四川省可开发利用太阳能最好的地区之一，年日照时数在2200小时以上，在太阳能产品的应用上具有非常优越的自然条件，其太阳能资源具有极大的开发利用价值，对四川省能源可持续发展具有积极意义。

　　自2012年以来，我国陆续出台了一系列扶持政策，极大地促进了我国光伏产业的发展。中国电建集团与成都院敏锐地捕捉到了攀枝花盐边县光能资源待开发的市场资讯，以总承包方式合作建设万家山光伏电站，通过该项目的积极探索，共同迈出了转型升级、经营拓展新能源项目强有力的一步。

　　该项目位于盐边县桐子林镇安宁村，站场平均海拔1400米，占地面积 60 万米^2，全部为荒地。该工程装机容量 3 万千瓦，总投资约 3.2 亿元。综合考虑光伏电站附近地区电力系统供需现状、负荷增长预测及电网建设等因素，电站建成后年发电量为 3991.5 万千瓦时，年利用小时数为 1330.5 小时。

万家山光伏电站是一个综合性新能源项目，其"农光互补"的发展模式，为国内首创。电站利用荒山荒地，探索灵活的土地供应方式，建成后将在太阳能板下栽种喜阴植物，如药材、农作物等。

以科学管理打造精品工程

万家山光伏电站作为成都院第一个总承包光伏项目，是他们必须打赢的一场硬仗。

2014 年 5 月 16 日，成都院派遣人员入驻盐边，进行前期技术和施工准备；7 月 1 日，总承包项目部入驻现场，进行开工前准备工作；7 月 23 日，工程正式开工；8 月 2 日签订总承包合同，项目开始全面施工；8 月 20 日，光伏阵列开始施工；8 月 23 日，本工程施工关键线路项目——开关站开始场平；10 月 25 日，开关站主要建筑物封顶，在受连续降雨 18 天的不利自然因素影响下，比原计划提前 16 天完成。

光伏电站建设具有"短、平、快"的明显特点，如何抢占先机、争取时间、按期优质完成任务的难题，摆在项目经理郝敏和施工经理邓永耀的面前。

前瞻策划，聚合资源，科学管理，创新思维，郝敏认为这是项目成功的关键。提前对工程进行跟踪，抓住光电设备价格处于低谷的有利时机进行合同谈判，节约投资 3000 余万元；建设团队实现集团内部一体化，紧紧围绕在业主周围，有效整合团队，充分发挥业主、监理及分包单位的资源优势，通过奖罚并处、友好沟通的方式，全面调动施工单位的积极性；采用适合项目特点的建设管理模式，承诺项目建设管理过程"全透明、可追溯、可申诉"，人力资源管理扁平化，设计、管理精细化，无不彰显出创新思维的魅力。

邓永耀介绍，万家山光伏电站总承包项目部编制了工程质量方针、质量目标、质量管理机构及岗位职责，除按院质量安全目标为控制目标之外，还将总承包合同中各种建筑物、设备等的技术指标纳入质量管理目标，以保证总承包项目运行的标准化、程序化。

万家山光伏电站作为成都院新能源总承包板块的亮点工程、精品工程，为彰显该院实力又添一张名片，同时，也对世界最大山地光伏项目群后续项目的建设起到重要的示范和带动作用。

从未停下脚步的成都院人

万家山光伏电站项目的成功，离不开项目部全体员工夜以继日的努力，团结拼搏的风骨，以及为集体荣誉而战的精神。他们中有人在工地一待就是3个月，长期在项目现场进行工程技术管理。与从事传统设计项目相比，从事总承包项目的工作人员需要付出更多的工作量，具备更强的责任心，以及承担更大的风险。

据了解，万家山光伏电站总承包项目部编制人员16人，实际长期在现场工程技术管理人员只有6到7人。谈到新能源总承包项目的人力资源调度，郝敏说，总包项目部能够在人手紧张的情况下，保持高效有序地推进工作，取得现在的成绩，非常不容易。他认为一个成功的项目，一个优秀的项目经理，不能仅仅依靠个人魅力来管理项目。对于人力资源扁平化的新能源总承包项目来说，需要能迅速适应岗位的人才，实现效率最大化。应转变思想，将"项目经理"的定位从人的层面转化为岗位的层面，项目经理岗位的人才培养，应该是"标准化、程序化、可复制"流水线模式。

成都院"以设计为龙头"从事总承包的核心思想没有变，但是传统设

计人员的思想理念，已经逐渐开始转变。许多基层设计人员，从单纯的设计理念，逐渐增加投资控制的理念，并且，对总承包项目设计的服务意识、管理的优化意识有很大的转变。从未停下脚步的成都院人，永远都在路上。

蓝海扬总承包发展之帆

万家山项目作为成都院新能源总承包项目群之一，是一个崭新的成功开始。该院新能源总承包项目群包括会东拉马风电、西昌风电一期（黄水、洼垴）、德昌风电四五期项目（德州、黄家坝）、万家山光伏项目。总装机容量280兆瓦，共计108台风电机组、三座220千伏升压站、一座35千伏升压站、130多千米集电线路、场内道路53千米。2015年4月，会东风电已经全面发电，其余项目均在2014年8月后签订总承包合同，处于在建状态。

新能源项目在成都院总承包项目中属于新兴板块，从最早德昌一期风电示范项目开始，在经历短短3年多时间后，从最早的8台风电机组发展到108台风机，合同从1亿元发展到20多亿元，业务领域也从单一风电建设拓展到光伏项目。2012年以后，借助西昌、攀枝花新能源基地的规划及开发资源战略，成功撬动了新能源总承包业务的拓展，成为总承包"后水电时代"新的业务增长点。

阳光下，等风来，扬帆奋进再起航。该院将以新能源总承包项目群为驱动，为成都院战略转型提供关键助力，进一步探索以设计为龙头的总承包管理模式，研究、推动管控模式及体制机制的创新，推进精细化和标准化管理，增强成都院建设业务管控能力，打响总承包业务品牌知名度。

（邱 云 李 爽）

我是风电人，我为风电人骄傲

有着"小春城"之称的西昌，以秀丽的山水风光和独特风情而闻名四周。以往提到西昌，人们总能想起"邛海""螺髻山"等关键词，如今，在成都院人的共同努力下，她又将增加一个新的标签——风电。

西昌风电一期工程包括黄水和洼垴两个风电场工程，均位于西昌市黄水乡境内的安宁河谷，场址区海拔在1350—1600米之间，地势较开阔平坦，场区存在西攀高速公路、国道G108、成昆铁路、高压输电及民房等较多地物。两个风电场分别布设单机容量为2500千瓦的风力发电机组19台，总装机容量95兆瓦。

西昌风电一期工程EPC合同于2014年8月26日签订，因风电项目"短、平、快"的特征，加上此次EPC合同范围较之前成都院承接的风电项目多了征地这一工作内容，成都院在收到业主——飓源风电开发有限公司的工作委托函后，立即着手组建了项目部。为保证工期目标的顺利实现，提高成都院的履约资信，项目部相关人员于2014年6月入驻营地，积极开展工程现场前期工作。

为保证施工高峰期项目部人员的住宿及工作条件，项目部人员刚入驻时，营地正处于改造期间，办公环境较差，但这并未打消项目部人员的工作积极性，大家每天严格按照项目部规定时间作息，利用宿舍电视柜等作为办公桌，进行前期工作。

征地环节为本工程的关键线路，征地工作进展的顺利与否直接关系到工期目标能否按时实现。为了保证征地工作的顺利开展，项目部组建了征地小组，专门负责征地工作。因风电项目建设场地分散、地物较多及当地处于少数民族地区等特点，使得征地工作开展异常困难；征地小组工作人员迎难而上，通过积极了解当地村民的诉求、印发风电宣传手册、宣贯落实征地标准、获取当地乡政府的支持等措施，动之以情，晓之以理，说之以法，利用人和的方式逐渐摸索出了适合西昌风电项目的征地工作模式，并打开了征地局面，排除期间因村民集体阻工这一非项目部可控因素而导致的全面停工的现象，征地工作进度基本满足了工程建设的需求。

随着工程建设如火如荼的进展，时间也跟着流逝，转眼就到了 2015 年 7 月——西昌雨季的开始，当时西昌风电工程建设正值施工高峰期，伴随着降雨的增加，施工难度也跟着增加。为充分利用雨季有效的工作时间，项目部领导利用每周二下午 7 点到 9 点这一业余时间，组织项目部各部门成员及各分包商主要负责人，就上周工作情况进行分析、总结，依据总的进度目标、结合现场到货、征地及工作完成情况制定下周工作计划，根据气候情况灵活调整工作界面及内容，为缩短建设工期做了十分的努力，只为获得业主百分的肯定。

在项目部各部门人员的共同努力、积极协作下，西昌风电一期工程排除万难，向着机组全部并网发电这一节点目标稳步前进：2015 年 1 月 20 日西昌风电一期首台机组基础环安装；3 月 21 日首台机组基础混凝土开始浇筑，当天下午 2 时开仓至凌晨 4 时混凝土浇筑完成，浇筑混凝土 486 米³；5 月 30 日，首台风机完成吊装。

作为项目部的一员，我对项目部领导及同事为此项目做出的努力和牺牲深有体会。因工期紧张，加班是各部门的工作常态；因人力资源紧缺，长期出差短期休假是各部门的工作常态；因工作强度大、责任心强，带病上班也时有发生。为了保证工程的顺利推进，初为人父的同事没能享受到见证子女一天天成长的快乐时刻，只能通过视频或照片弥补自己错过的子女成长；为人子女的同事没能陪伴父母过生日或病期，只能通过电话致以祝福和关怀而内心却感到深深的愧疚；久为人父的同事，没能参加子女的入学或毕业典礼这一神圣的时刻，只能对孩子说以后一定多陪陪你；刚入爱河的同事没能享受恋爱的甜蜜，只能一边受着相思的煎熬，一边对恋人说多理解。

作为一名入职刚满两年的新员工，在经历此项目后，深感自己的业务水平和工程经验的不足，还需要学习更多的专业知识、熟悉各个工作流程和积累工程项目经验，以提升自己应对多变的未来。

西昌风电一期工程，作为成都院承接的第一个包含征地工作范围的EPC风电项目，挑战与机遇并存。风电人发扬成都院的优良传统，克服一切困难，将西昌风电打造成精品工程。

我是风电人，我为风电人骄傲！

（代春林）

"哈儿"成长记

"哈儿"，四川方言，意为傻瓜。天性达观的四川人，为这个词语赋予了可褒可贬、可退可进、可嬉闹、可撒娇的丰富含义。

在哈萨克斯坦，一群年轻的中国建设者，把自己称作"哈儿"。他们，用青春和汗水为这个词注入了新的语义。2021年6月14日，新华社以中、英、俄多种语言向全球发布报道《中亚最大风电场助力哈萨克斯坦新能源布局》，让札纳塔斯和一群建设者，开始让世人知晓。

札纳塔斯的郊外

哈萨克斯坦江布尔州札纳塔斯市郊外，夜幕低垂。来自中国电建成都院的建设者正为一个迫在眉睫的目标不舍昼夜。他们为之奔忙的，正是报道中的主角——札纳塔斯100兆瓦风电项目。

5天前，风电场最后一台风机顺利完成吊装。

"爱的魔力转圈圈……"仰头看着随风转动的扇叶，项目施工经理兼工程部主任付小波快乐地哼唱了起来。这个眼睛圆圆、脸圆圆，爽朗笑声也仿佛转着圈往外流淌的成都小伙，是个超级乐天派，他总说"哈儿有傻福，天大的问题，如果一顿美食解决不了，那就两顿。"

然而，在札纳塔斯，还有许多美食无法解决的难题。

这座因磷矿石而兴，又因矿产工业没落而衰的城市，地处偏远，交通闭塞，经济形势下滑，社会治安环境堪忧。

"我是江布尔州人，到项目部之前，都没听说过札纳塔斯。"硕士毕业于新疆师范大学的哈萨克斯坦籍员工哈萨拜，此前在首都努尔苏丹工作。初到项目部第一周，哈萨拜就已经萌生去意。

2018年冬寒料峭，付小波和同事们来到了冰天雪地的札纳塔斯。陌生的中国面孔，在这座小城激起了涟漪，社会势力不请自来，付小波人生中第一次面对了AK步枪黑洞洞的枪口。

"感觉心跳瞬间飙升到了180！桌子下面我的小腿都在抽筋，手也在颤抖。但我全程保持了微笑。"付小波回忆起当时场面，还是一脸微笑。

为了推动项目建设，成都院各级领导拜会札纳塔斯市长、当地长老，多方斡旋协调，项目建设终于获得了执行的基本条件。

休息的夜晚，大家意外发现了"宝藏"——过去的矿坑荒废后形成人工湖，盛产小龙虾和鱼。这些当地人不爱吃的食物，在付小波手里变成了麻辣鲜香的开胃大菜，抚慰着远在异乡奋斗的所有人。

哈萨拜选择了留下来，因为在这里，同事们让他感受到了另一种温暖，"这不仅仅是一份工作，他们就像家人一样。"

不平静的旅程

2019年8月一个黑如漆的夜。项目计划合同部主任邓志强和司机开着满载用品的皮卡车，从塔拉兹市返回180千米外的项目部。路况极差，皮卡车突然爆出一阵异响，随即熄火。此时气温骤降，方圆几十千米荒无人烟，远处不时传来野兽的嘶吼声。

这片荒原，是项目部外出采购必经之地，大家都曾在这里见过近在咫尺的狼群。邓志强赶紧掏出手机准备求助，然而此地毫无信号。

"先上车，外面不安全。"邓志强一拉车门，门被锁住了，钥匙还在车里，两人在寒风中一筹莫展。终于等到路过的车辆，到有信号的地方拨通了求助电话，回到项目部已近凌晨4点。

类似这样的经历，邓志强没有告诉新婚2个月的妻子。因为他深知，自己和同伴们所面对的，是不平静的旅程。

2019年1月9日晚，安静的机舱内突然响起机长通知返航的广播。这趟从乌鲁木齐起飞的航班，已经飞抵阿拉木图上空，然而大雾笼罩，飞机无法降落。

这是项目控制经理兼安全副总监高捷第一次奔赴项目现场。两天后，高捷再一次从乌鲁木齐飞往阿拉木图。

这一天，仍是浓雾弥漫。飞机在空中数次盘旋之后，开始盲降。舷窗外白茫茫一片，所有人的心都提到了嗓子眼上。直到离地仅50米，机场跑道终于出现在眼前。安全着陆的刹那，机舱内爆发出热烈的掌声和欢呼声。只有高捷安静地坐着，脑海里梳理着此行任务的时序。

"可能我神经比较大条，从小老师就觉得我很淡定。"2019年7月12日，项目第一台风机吊装。看着高度超过30层楼的风机，第一次伫立在札纳塔斯的戈壁草原之上，高捷不淡定了。

在看不见的地方

这一幕，也留在了王建军的心底。

2019年7月，项目财务经理王建军第一次飞抵札纳塔斯。这个丝绸之路的沿线小城，在他面前缓缓铺开——经济滞后，房屋破旧，照明灯光忽明忽暗，停电时有发生。

站在高耸的风机下，王建军想象着40台风机全部吊装完成的壮阔景象。

札纳塔斯风电项目，是中国电建成都院在哈萨克斯坦执行的第一个EPC总承包项目。王建军梳理项目合同架构，与成员测算履约阶段整体税负，发现依照哈萨克斯坦税法规定，需要缴纳大量额外税费。

如何降低额外税负？王建军开始寻找最佳方案，多方咨询专业人员，讨论可行办法和经济性，终于成功摸索出了解决之道，还可以应用在其他国际项目。

成长，总是与挫折、困难相伴相生。回首项目执行的过往，设计经理刘顺华百感交集，这是他第一次全过程参与执行海外项目。

工期紧、任务重，项目团队克服了极短的磨合期，从设计、报价到谈判，仅几个月时间便完成了35千伏集电线路方案变更。两年多时间，整个团队在设计、财税、外汇、工程结算和当地雇员管理等方面都积累了一套完整的过程资产。

"我们做的，都只是些基础工作。"谈起项目经历，王建军笑得腼腆羞涩。他只去过现场两次，项目秘书周亚宁从没到过现场，他们的工作几乎都在后方远程展开，方寸之间，仿若看不见硝烟的战场。

2020 年初，新冠肺炎疫情突如其来，哈萨克斯坦第一时间中断了中哈往来航班。高捷与项目经理李兴华等 3 人毅然逆行，一定要赶上断航前的最后一班飞机。

办理入境许可、签证与机票的重任，落在了周亚宁的头上。

疫情暴发后，办理入境许可所需时间，从最长 1 个月变成 3 个月，签证机票更是棘手。这个风风火火的"川妹子"，瘦小身体蕴藏大能量，早已提前准备好了入境许可和签证手续。

项目一线的同事白天奔波在工地现场，晚上回到营地才能挪出时间处理事务，和后方联系已是半夜。凌晨时分，手机信息不断，国际长途接踵而至。这一幕，对于周亚宁的家人来说并不鲜见。

来之不易的胜利

哈萨克斯坦疫情暴发，两次进入国家紧急状态，航班断航、签证停发、货运中断。正处在建设高峰期的札纳塔斯项目，举步维艰。

怎么办？项目不能等，更不能停！

项目团队迅速展开自救，营地实行全封闭防疫管理，多通道协调国内人员从第三国入境，借助外部力量让滞留设备进场，协助业主落实并网手续，确保现场进度不停摆。

项目建设过程中，未发生一起安全事故。现场坚守的 73 名中方员工和当地雇员无一人感染，创下了零疑似、零确诊的"双零"防疫战绩。

当地时间 2021 年 6 月 20 日，札纳塔斯 100 兆瓦风电项目提前实现全容量并网投运。

苍穹之下 40 台风机挺立，宛如引驭风之力量的巨人，源源不断将清洁能源送入哈萨克斯坦国家电网。每年 3.5 亿千瓦时的清洁电能将直接改写哈萨克斯坦南部地区的缺电现状，满足一百多万家庭的用电需求。

2020 年，高捷连续驻守项目现场 300 天，这个寡言少语的年轻工程师，胸有激雷而面如平湖，他把最汹涌的情感都藏在了内心深处。

"真的感谢这个项目，让我们有机会用行动告诉所有人，人生有无数可能，梦想可以延伸到如此遥远的地域。"在付小波22年职业生涯中，札纳塔斯项目建设的记忆，仿佛一个斑斓碎片融汇的多棱镜。

这群人，一起见证了这片戈壁从草色枯黄到白雪覆盖，再到绿意盎然的季节更替。脚下的荒土，扑面的寒风，夜晚的星宿，都是他们再熟悉不过的生活。他们在札纳塔斯磨砺成长，又将继续奔赴新的建设岗位。

有一种"傻"，从不渴望被看见，却一直都在。

"哈儿"不傻，一股"傻"劲儿才能赢！

他们的姓名或许无人知晓，但这片土地的人们，都曾看见他们点亮的灯火。

（邓君恒）

点亮加勒比明珠

　　古巴西部比那德里奥省一处村庄的荒地上，整齐排开的光伏板，静谧且有序。蓝色"海面"在阳光照射下，转化成源源不断的清洁电能。

　　2018年4月，中国政府首个设计、采购、施工一体的援外试点项目——援古巴太阳能电站，经过一年多建设和试运维，正式移交古巴政府。

　　居住在电站附近的冈萨雷斯，开着一家小餐馆。他高兴地说，"古巴以往的电力供应主要是靠燃油电厂，因为燃油短缺，这里经常停电，生意不好做。现在不怕了，停电的次数明显少了许多，生意也更好了。"

　　电站并网发电至今，成都院持续关注项目运维，全方位提供后期技术服务支持，在全球疫情形势严峻之时，积极协助古方人员抗击疫情、保障项目正常运维，炙热的兄弟情仍在这片热土上延续。

备受关注的光伏项目

被誉为"加勒比明珠"的古巴，日照强度高、时间长，太阳能资源极其丰富，由于资源未得到有效利用，面临电力资源紧缺的困窘。因此，援古巴太阳能项目备受关注。项目于 2016 年 11 月正式开工，包含比那德里奥 4 兆瓦和西恩富戈斯 5 兆瓦两个发电场，其中西恩富戈斯为古巴最大光伏电站。

电站建成后，可满足 2 万居民用电量。同时，可替代部分燃油电站运行，降低了二氧化碳排放，为古巴清洁能源与低碳绿色经济发展带来示范效用。

项目还解决了当地百余人就业，提升了工人施工水平。电站电气工程师黑斯，每周固定要去现场检查设备运行。黑斯参与了项目整个建设过程，掌握了光伏电站主要设备的操作和维修，后来留在电站工作。他由衷感谢项目带给他的变化，"在这里学到了技术经验，工作也稳定，人也更开心了，对未来的生活充满信心。"

该项目执行中国标准，并结合古巴当地标准。中方负责整体设计、提供设备和技术指导，古方负责施工及建设。中国企业带来了宝贵的技术，古方积累了足够的太阳能电站设计和建设经验，成功应用于古巴后续电站的建设中，正在持续推动古巴新能源事业发展。

经受飓风考验的建设过程

2017 年 9 月，超强飓风"艾玛"（Irma）在古巴中部卡马圭省北部岛屿登陆，持续时间长、瞬时风速大，最大移动风速达 280 千米 / 小时，风

力已至"极度危险"级别，为近 80 年来最强飓风之一，实属罕见。光伏项目建设现场正处在飓风经过的中心区域。

古方项目经理古斯塔沃回忆道，艾玛登陆古巴后，暴风骤雨，人员在室外几乎无法站立。低洼地带积水深达 1 米，随处都是倒下的树木和电线杆。飓风离境后，部分房屋垮塌，通信设施损毁严重，电力设施基本瘫痪。

经过排查，项目组件基础及支架、已安装的太阳能电池板、主要户外电气设备等均经受住了飓风考验。同时，成都院的设计质量也"风雨无惧"，光伏组件支架和混凝土桩经过飓风的肆虐，完好地屹立在场地上。"这是飓风也吹不散的兄弟情谊"，古斯塔沃动情地说。

中古双方能源合作典范

由于当时古巴国内电力紧缺，应古方要求，项目工期由原定 2 年缩短为 1 年。唯有科学谋划抢时间，才能实现这一要求。成都院项目团队深入调研古巴"特色"，吃透古方建设规范、设计标准、管理制度，最终成功实现项目新目标，体现了中国企业在太阳能建设方面的实力和丰富经验。

据成都院项目负责人周少平介绍，设计工程师根据古巴当地特殊地形和气候，因地制宜设计了合理的光伏面板布局和拼接方式，大幅节约了施工成本和时间。中方所供设备质量优良，并在项目土建及安装施工中提供技术指导，通过中古建设团队共同努力，成功实现项目一次性并网发电。

成都院党委书记、董事长黄河表示，"作为央企，成都院积极践行'一带一路'倡议，携手与能源合作伙伴一道，以绿色、环保、共赢、共享理念，发挥企业实力与担当，共同建设人类美好家园。"

古巴能矿部副部长鲁本·卡博内尔认为，中国积极参与古巴可再生能源计划，系列援助项目实施不仅帮助古巴人民改善了生活条件，更为古巴的现代化建设贡献了不可磨灭的力量。"中古绿色能源和包容性能源合作的潜力无限。"卡博内尔满是期待。

在援古巴项目成功建设的推动下，古巴光伏电站建设渐成规模，持续供应的清洁能源将让"加勒比明珠"更加璀璨。

（李　爽　邱　云）

在高原之巅上演"追风"传奇

山南市措美县，喜马拉雅山脉北麓，海拔超过5100米。在哲古镇苍茫的山顶，缺氧、寒冷、紫外线强，人迹罕至。

在这里，雪山纵横，大小山脉连绵起伏，狂风呼啸。也是在这里，中国电建建设者上演了一场追风"新片"，建成了全球首个超高海拔风电科研示范项目。

随着最高5158米海拔的风机并网发电，哲古风电场拓展了能源无限延展的可能，也成了中国电建勇闯能源开发"无人区"新的试金石。

试戏，新的无人区"主角"

哲古风电的"片场"，位于西藏山南哲古镇措湖附近的高山上，海拔4850—5500米间。

自风力发电机组始发地——青海吴忠基地出发，需开启2700千米漫漫行程，横跨可可西里无人区。重达88吨的风机，成为无人区迎来的第一批超重"客人"。

在超高海拔地区运输风电设备，是建设者面对的一个极大考验。因青藏公路从未运过如此超重、超宽、超长设备，桥梁和道路承重试验、大件运输方案及证件办理成为延缓周期的主要因素。

举目望去，无人区全是荒漠和黄沙。夜晚温度骤降，人的缺氧更加严重，只能在车上闭目养一会儿神。为了避免制氧机停机，或其他意外发生，熟睡是绝不可能的。

风电场安装 5 台直驱机组和 5 台双馈机组，所涉及的超大件运输设备机舱、轮毂、发电机、桨叶、塔筒，需 104 辆车辆运输。

12 月，措美气温近零下 20 摄氏度。山脊的风呼呼吹过，唱着孤单的"独角戏"，这里常年缺少"主角"，直到哲古风机屹立在舞台中央。

这个冬天，10 座由中国电建成都院 EPC（设计－采购－施工）总承包建设的风机拔地而起。

这是西藏第一个分散式风电项目。为了项目成功立项，成都院在风电场选址、测风、设计等前期工作中，付出了艰苦卓绝的努力。荒原上，没有居民，更别提餐馆，煮出来的米饭夹生，技术人员大多只能靠干粮充饥，身体疲惫不堪。

哲古风电场对探索解决高海拔风能资源特性、地理特性、气候特性，以及开发建设、运营管理方案，特别是风电机组设备选择、控制策略具有重要意义与实践价值。

全球海拔最高的风电项目，是哲古风电的闪亮名片。哲古自然成为这个领域中的"新星"。

开机，"导演"不可能的任务

措美县地处高原地带，大风天气居多，极端风速可超过 30 米／秒，可开发的风能资源巨大。

但这里气候高寒，氧气稀薄，夏季时间短，冬春季时间长，此前未有该条件下开发风电的先例。

哲古风电建设，似乎是"不可能的任务"。成都院敢为人先，立志闯出一条新路。一系列选址、设计、研究之后，编制的风电场可行性研究报告通过审查。自此，空白领域下，风电能源开发拿到了全新的"剧本"。

全新，意味着每前进一步，都会困难重重。机组生产制造、机组基础施工、吊装作业等多环节，时常因恶劣的气候被迫停止或延期作业。

超高海拔地区，大气压力和空气密度极低，导致风电机组推力严重下降，更容易造成叶片失速；风机基础浇筑必须一次性浇筑成功，中间不能有间隙和断档，稍有不慎，就会出现断层、冷缝等质量事故。

难题面前，成都院新能源领域专业人员，以"缺氧不缺精神、艰苦不怕吃苦"顽强意志，精心策划、科学组织、周密部署，克服强紫外线、冰雹霜冻、大雪风沙、极度缺氧等恶劣条件，向世界纪录持续迈进。

2021 年 5 月，在首台机组吊装的 12 天里，有 7 天因为暴雪天气暂停施工。项目负责人蒋建红介绍，"不能作业的时候，团队也必须不间断轮流看护现场，解决可能出现的技术问题。"

12 月 20 日起，风电场开始升压站带电。所有作业人员知道又会是一场鏖战。夜间温度低至零下 25 度，再多的衣物也无法抵御严寒。21 日，进行箱变高压侧合闸送电操作时，寒风达到当地有记录以来最大风速，作业人员搀扶前行，手脚冻得失去知觉。

22 日，哲古风电场迎来了"杀青"的日子——两台机组主断路器闭合，并网接触器闭合，叶轮在天空中划出完美弧线。建设者的欢呼声，散落在哲古每一个角落，向世界宣告奇迹的诞生。

前传与续作，大片的未完待续

5158.4 米，定格了哲古风电场创造的全球风电项目海拔之最，带来了能源建设新的开端，填补了国内和国际超高海拔风电开发领域的空白，彰显了中国电建强大能源电力建设与开创能力。

这是国家能源安全和"双碳"目标下，一家央企的责任担当与滚烫情怀。

这并不是中国电建第一次在藏能源发展中"导演"如此创新之作。自1956 年首次进藏以来，服务西藏、建设西藏的"前传"已铺展整整 65 年。

成都院以鄂穆楚河（扎曲）昌都电站选址为序，先后建成世界海拔最高的抽水蓄能电站——羊湖电站；雅鲁藏布江干流第一座水电站——藏木水电站；金沙江上游最大水电工程——叶巴滩水电站；世界海拔最高的乡——普玛江塘乡输电工程……一个个开创性成果，勾勒出西藏能源事业新高度，也给当地带来了发展的强劲动力。

如今，在风电领域开疆拓土，再一次展示了中国电建能源建设的使命感与成就感。高耸风电，倒影在措湖中，已成绝美画卷。措美县县长桑旦介绍，哲古风电有效促进农牧民就业，与哲古湖旅游景区深度融合后，将会丰富旅游资源，为措美县振兴乡村经济、促进高质量发展提供新路径。

不难看到，哲古示范风电的成功，对西藏国家清洁能源基地的体量，必将激发更大的潜力。而措美县也有了更大的信心，将打造藏中风光互补一体化清洁能源基地。

环境的恶劣，氧含量过低，随时会出现脑水肿、心肌缺血、哮喘等症状，但这些没能阻止建设者前行的步伐。参与哲古风电建设多个环节的罗俊刚动情地说，"从一个风场转战另一个风场，每每看到风机转动的那一刻，心中的自豪感油然而生。如今有幸参与到世界最高海拔风电场的建设，尤使我自豪和满足。"

无论项目如何变，身份如何变，唯一不变的，是对"追风"的执着。他们，才是一个个风电"大片"中真正的主角。

（李国弘　邱　云　罗俊刚）

让"不可能"成为"可能"

成都院总承包的乡城正斗（二期）光伏项目赶在 2017 年 6 月 30 日前成功并网发电。该项目装机容量 50 兆瓦，位于海拔 4000 米以上的川西高原少数民族聚集区，是四川省 2017 年投产的单体最大、海拔最高的山地光伏项目，也是甘孜州康南地区首个光伏发电项目。至此，公司新能源项目成长之路再添重要一笔。

作为总承包"后水电时代"新的业务增长点，公司新能源项目近年来发展蓬勃，积累了较成熟的项目管控经验。"以设计为龙头推进精细化、标准化管理"的能力，创造了诸多"可能"。再次承担光伏项目，莫不是轻车熟路，水到渠成？

然而，回顾项目本身特点及建设过程发现，该项目的成功着实"步步克难，来之不易"。这一次，成都院人，让"不可能"成为"可能"。

从"举步维艰"到"千钧一发"

乡城正斗（二期）光伏电站位于乡城、得荣、巴塘三县交界地带——正斗坝子，距离甘孜州乡城县城约 150 千米。项目占地面积 1.5 千米^2，平均海拔 4000 米以上，年日照高达 2400—2600 小时，年平均太阳辐射量为 6000 兆焦 / 米^2 以上，年利用小时数为 1401.6 小时，是四川省太阳能最丰富的地区，也是全国太阳能最丰富的地区之一。

该项目也是乡城县实施"12463"战略发展思路中，围绕全面建成小康乡城奋斗目标，突出脱贫奔康、长治久安两大主题，统筹抓好发展、民生、稳定、党建四件大事，深入实施扶贫攻坚、依法治县、产业富民、交通先行、城乡提升、生态文明建设六大战略，强力推进旅游产业、全力壮大特色农业、大力发展光伏产业，奋力建设美丽生态和谐小康新乡城中的产业能源的重要抓手。项目的建成，具有重要的政治和经济意义。

公司受业主委托，承包工程建设项目一体化设计、采购、施工。乡城正斗（二期）光伏项目，是四川省内高海拔地区单体规模最大的平单轴跟踪式光伏电站，也是成都院首次承担跟踪式光伏项目。该类型太阳光伏阵列能够自动跟踪系统，通过实时跟踪太阳运动，使太阳光直射光伏阵列，从而增加光伏阵列接收到的太阳辐射量，提高太阳光伏发电系统的总体发电量。设计合理的光伏跟踪系统，可以将整个系统提高 40% 的效率。

同时，在这样高海拔的"不毛之地"建设山地光伏项目，也是成都院的首次尝试。气候多变、交通不便、条件艰苦、工作环境极其恶劣……诸多困难摆在成都院人面前。

4000—4100 米的高原地区"危乎高哉"，含氧量只有平原的 60%，高原反应的头痛是平常事。项目副经理王旭红回忆，项目部的一个小伙子头次上高原，"豪气冲天"地要求在工地现场值班，而且想连续值班 5 天。结果，整晚头痛得厉害。气候也"毫不留情"说变就变，"秋裤从 2 月穿到 5 月，基本上没脱过"。5 月的项目现场，仍在下雪。山脚下本来艳阳高照，上山后随时随地会遇见冰雹，恶劣天气对工程施工影响极大。

由于项目现场高海拔等制约条件影响，只能在距离现场 80 千米的地区设立项目部营地。通往项目现场的道路崎岖，路况堪忧，交通运输条件差。每次前往现场，项目人员都要经历四五个小时的往返路程。去程中有一半是泥结石路面，30 多千米连续攀升海拔近 900 米的颠簸路面，身体的辛苦可想而知。

地理环境的影响导致"举步维艰"，而政策环境的影响，更是"千钧一发"，成为该项目的难中之难。

2016 年，国家对新能源开发出台新的政策，尤其对光伏发电项目上网价格进行大幅度调整：2017 年 6 月 30 日前发电的光伏项目享受以前的价格，

6月30日以后投运的光伏项目价格降低0.13元/千瓦时。面对如此巨大幅度价格的调整，各投资建设单位争先恐后推进项目，造成材料、设备产能严重不足，建设项目材料和设备不能及时供应的风险加大。

公司自2017年1月13日，与项目业主签订总承包合同。由于全国"6·30"要求具备并网投运光伏发电项目较多，仅四川境内就有9个光伏项目。受国内设备的产能不足影响，设备供应成为光伏发电项目最重要影响因素，乡城光伏二期工程是受该因素影响最严重的项目之一，存在着材料和设备供应不足的风险。

如何确保"6·30"目标的全面实现，摆在成都院人的面前。

"时间是抢出来的，节点是盯到位的，任务是扛过去的"

新能源项目的总体特点是工期短、任务重，"抓人力，抢时间"是决胜之道。而面对"6·30"目标，项目时间更是紧迫。2017年2月20日，项目全面开工建设。为争取顺利实现总目标，在新能源项目群人力资源非常匮乏的情况下，总承包项目部仍决定增加项目技术管理人员，由初期规划的8人增加到15人，并且每个人都做好了"打硬仗"的准备：现场技术管理人员轮流在4000米施工区域内，值夜班督促分包人加快施工进度；后期为保证关键节点完成，确保工程建设质量和进度，值班人员每日早晨六点半出发至现场工作，晚上九点多返回。最晚的一次，回到项目部已接近凌晨了。

受恶劣天气干扰施工、材料设备供应滞后等影响制约，项目面临工期进度和分包人资源投入不足、技术水平低和管理不到位的困境。迎难而上，与时间赛跑！公司领导时刻关注现场施工状况，多次赶赴施工现场，对工程建设进行指导，解决工程的实际问题和困难。"以设计为龙头"是成都院的核心优势，更是对项目实施提出了更高的专业要求——由于现场老旧的太阳能通信基站信号飘忽，严重影响工程的对外联系，为保证工作效率，项目设计经理曾长军及主设易一鹏，以"本专业问题当天解决，外专业问题24小时内回复"为原则，积极做好技术支撑服务；地质测量人员在工程刚开工时，由于C1标钻孔工作量较大，人手不够，项目部通过"借人、调人", 连续紧张战斗7天, 及时完成了测孔与成桩后的复核任务。

项目最复杂的, 是设备采购问题。面临材料设备不能及时供应的情况, 项目采购人员直接前往材料设备厂家"盯梢"催货。同时, 由于材料零配件数量多且繁杂, 到达现场后需要确认与分配。高峰时现场采购人员多达5人, 还有10多人在外催货。项目经理邓永耀表示, "那段时间公司整个采购部都快找不到人了, 基本都在为这个项目服务。"在最关键的主变压器运输时, 4月30日, 采购人员专门从成都出发前往新疆昌吉迎接, 并提前做好协调工作, 确保主变压器在5月20日到达现场。一路风尘, 5200千米, 20天的长途跋涉, 采购人员全程押货, 为帮助物流提前运至现场而努力。5月20日6时30分, 主变压器从得荣县城出发, 项目业主现场负责人、总监理工程师及邓永耀全程"陪同"护送确保了主变压器的顺利到场及就位。

项目部人员经历如此紧张且艰苦的高强度作业, 还得面临"后顾之忧"——由于高原地区条件制约, 后勤供应不足。邓永耀表示, 中午能吃到新鲜饭菜的次数"实属罕见", 冷馒头、腌肉甚至有些变质的肉是"家常便饭", 项目部多人多次吃得拉肚子, 泡不开的方便面吃到想吐。而印象中吃得最好的一顿, 是端午节时, 现场刚蒸出锅的肉包子……回忆起这些, 他有些心疼地说道, "下个项目, 争取让同志们的工作条件好一点。"

项目打的是时间仗, 也是成本仗。新能源项目由于工程特点, 其设计方案及设计要求, 对项目成本及工期影响较大。设计管理工作既要承担风险, 又要不惧冒险。在加深项目理解、保证项目安全的前提下, 项目团队通过优化资源、互动沟通和精益管理, 实现"降本增效, 提质升级", 使项目获得了更多价值。

131天的"高山光伏建设奇迹"

4月21日, 甘孜州副州长何飚一行, 前往乡城光伏项目检查时强调, 乡城光伏电站是甘孜州的重点工程, 要积极克服高原恶劣环境, 工程进展顺利, 保质保量按期完成发电目标。

与此同时, 四川省电力建设工程质量中心站组织专家组一行, 对乡城光伏电站进行首次即地基处理阶段质量监督检查。项目顺利通过检查, 完全具备进行下一工序施工的条件。

但是"巧妇难为无米之炊"，项目部全体成员深刻地认识到，工程设备供应不及时的风险依然存在，尤其是光伏组件和主变压器供应滞后，将对后期施工造成极大困难。下一步，怎么走？

4月底，黄河公司电气专家、相关监理人员等，前往工地检查。面对工地的总体形象面貌，他们说的最多的一句话就是，"这个电站，6月30日发电已基本不可能"。

眼看着"6·30"目标时间紧迫，总承包团队急却没有慌，忙但没有乱。面对复杂的外部环境，项目部全体人员毫不气馁，咬牙作战。面对极其严峻的工期压力，众志成城，放弃所有周末，更不用说清明节、劳动节、端午节……根据现场施工情况，一次又一次调整工期计划，细化节点，跟踪落实，加快工期。

通过成都院本部与现场的协同努力，项目团队在极端困难的情况下，仅仅用时一个月，完成了一座220千伏送出线路的安装与吊装。5月初的升压站还是一片空白，到6月初时，已是主变压器就位、出线塔架高耸，2个生活仓、2个SVG预制仓、中控室、厂用变、接地变、蓄电池仓8个预制仓全部安装完成且带电调试完成，用时近两个月，完成了178772片组件的安装。

6月5日，主体工程完工；6月11日，220千伏送出线路正式具备带电投运条件；6月26日，升压站设备完成倒送电任务；6月27日12时56分，电站第二回路第23号子阵的箱变带负荷运行，项目成功并网发电。

经过全体项目人员及各方的艰辛努力，仅用时131天，提前4天完成"6·30"生产任务。王旭红表示，当步话机传来中控室的消息："已看到电流了，发电并网成功了"，他的心情，"竟然出奇地平静"。

7月1日，项目业主甘孜正午光伏开发有限公司向公司发来感谢信，对奋战在高寒高海拔地区的一线人员及所有项目参建人员表达感谢。业主表示，自签订总承包合同以来，成都院投入了较常规项目更强的技术管理人员和更多后勤保障资源，精心组织设备材料采购及运输工作。在全国光伏组件产能严重不足的情况下，组织调动各方资源，确保了设备材料的及时供应。关键环节协调力度加强，公司领导关注密切，现场人员不惧高寒高海拔地区的恶劣环境，精心策划、科学管理，日夜奋战高原，攻坚克难，团结奋斗，创造了仅用时4个多月投产50兆瓦的高山光伏建设奇迹。该项目的建设速度，也刷新了四川地区高山光伏项目的建设纪录。

在项目进入工程扫尾阶段，项目部继续做好安全防护、植被恢复及竣工验收等工作，保障项目各项指标满足达标投产要求，确保项目全面目标任务的圆满实现。

从"不被看好"到目标的"提前完成"，离不开坚守高原一线、奋力拼搏的"硬骨头"项目团队，更再次证明了成都院"以设计为龙头"总承包模式的"硬底气"实力。

4000多米的海拔项目现场，131天的日夜奋战，1500亩的阵列面积，178772块组件面板……一个个数字见证了项目团队的辛勤付出。正是这样一支能打硬仗、能打胜仗的队伍，践行着责任与担当，让一个个"不可能"，逆转成为可能。

"若你是高原上的雄鹰，就应该在蓝天上翱翔……"这支队伍这样说道。

（李 爽 王旭红）